凤凰出版传媒集团
PHOENIX PUBLISHING & MEDIA GROUP

凤凰文库·历史研究系列

主　　编　钱乘旦

项目执行　王保顶

凤凰文库·历史研究系列

美国外交文件中的日军南京暴行研究

杨夏鸣 著

江苏人民出版社

图书在版编目(CIP)数据

美国外交文件中的日军南京暴行研究/杨夏鸣著
.—南京:江苏人民出版社,2017.10
(凤凰文库·历史研究系列)
ISBN 978-7-214-21133-0

Ⅰ.①美… Ⅱ.①杨… Ⅲ.①南京大屠杀—史料
Ⅳ.①K265.606

中国版本图书馆 CIP 数据核字(2017)第 189363 号

书　　名	美国外交文件中的日军南京暴行研究
著　　者	杨夏鸣
责任编辑	戴宁宁　莫莹萍
装帧设计	姜　嵩
出版发行	江苏人民出版社
出版社地址	南京市湖南路1号A楼,邮编:210009
出版社网址	http://www.jspph.com
照　　排	江苏凤凰制版有限公司
印　　刷	江苏凤凰通达印刷有限公司
开　　本	652毫米×960毫米　1/16
印　　张	20.75　插页4
字　　数	264千字
版　　次	2017年12月第1版　2017年12月第1次印刷
标准书号	ISBN 978-7-214-21133-0
定　　价	52.00元

目　录

序

张连红

在纪念南京大屠杀遇难同胞80年周年即将到来之际，夏鸣先生的大作《美国外交文件中的日军南京暴行研究》顺利出版了。作为研究同仁和多年老友，有幸先睹为快，首先对夏鸣先生大作的出版表示热烈祝贺！

夏鸣先生毕业于南京大学国际关系史专业，曾在南京大学-霍普金斯大学中美文化研究中心学习。在我们研究南京大屠杀的团队中，夏鸣先生精通英文，具有国际视野，是一位不可或缺的学者。早在1995年，张纯如女士第一次来南京调查南京大屠杀幸存者和查阅资料时，夏鸣先生曾担任她的翻译。张纯如女士的成名作《南京浩劫——被遗忘的大屠杀》出版后，夏鸣先生是该书中文版的译者。2000年南京师范大学南京大屠杀研究中心组织翻译的《魏特琳日记》，夏鸣先生是最为重要的译者之一。在张宪文先生主持的72卷《南京大屠杀史料集》中，夏鸣先生承担了《东京审判》《美国外交文件》《英美报刊报道》等多册英文资料的搜集整理翻译工作。近十余年，夏鸣先生曾先后数次专程前往美国国家档案馆，查阅南京大屠杀档案文献资料，多次应邀前往美国哈佛大学、布朗大学、迈阿密达德学院(Dade College)等参加学术研讨会和报告会,参与和协助国外多部南京大屠杀纪录片的拍摄,用流利的英文发表有关南京大屠杀的演讲,在国际舞台上向世界讲述南京大屠杀的故事。

由于夏鸣先生对南京大屠杀的研究极具特色,2011年,他申报的"美国外交文件中的南京暴行研究"课题获得国家社科基金的立项资助。其后经过近六年的潜心研究,该项研究成果获得了评审专家的高度评价,并顺利通过结项。现该项成果即将付梓出版,作为该书最早的读者之一,谈几点读后感,与各位分享。

关于南京大屠杀暴行的定位。中国学界开始重视南京大屠杀研究起于1980年代日本右翼教科书事件。由于受到日本右翼否定论的影响,长期以来,我们在研究南京大屠杀的过程中,往往更多地从中国受害者的视角,将南京大屠杀定位为日本侵华暴行中一个典型事件,研究的目的重在揭露日军南京大屠杀暴行。而夏鸣先生的新著则从美国外交文件资料出发,从美国政府和民众的视角来观察日军在南京的暴行,其观察起于1937年8月15日日军对南京近四个月的无差别轰炸,到12月12日袭击美国"帕奈"号军舰,再到南京大屠杀。这一研究时空的放大以及观察与受害主体的转换,对我们重新思考南京大屠杀的定位具有十分重要的启迪意义:一是南京大屠杀显然不是一个孤立偶发的暴行,从日军对南京进行无差别轰炸、袭击英美军舰货船到占领后的大屠杀,这是一个连续不断的系列暴行;二是南京暴行的受害国不仅只是中国,而且还包括美国在内的一些西方列强国家;三是包括南京大屠杀在内的日军南京暴行,在当时已经引起世界舆论,特别是美国政府和民众的关注,它不仅仅是发生在中日战争之间的暴行事件,同时也是一起国际性的暴行事件。

二、关于南京大屠杀发生的原因。30余年来，国内外学界对南京大屠杀发生的原因进行了较为深入系统的研究，夏鸣先生的新著则从美国外交文件中梳理了当年美国外交官对南京大屠杀发生原因的分析和思考。美国外交官认为日军在南京发生的一系列暴行，其主要原因有：一是“消除西方影响说”，即为了消除西方人在中国人心目中的地位。二是“奖赏与报复说”，即“抢劫、强奸和屠杀的许可正是对获胜日本军队的正常奖赏”。三是“失控说”，包括美国总统罗斯福在内的一些美国外交官认为，日本政府已经失去了对日本占领军的控制。美国外交官在外交文件中还报告了日本方面对南京暴行原因的解释，如日本上层军官对士兵暴行的放纵、日军当局对日军士兵控制力不足、日本军队供应力不足及军队纪律松弛等。今天当我们读到当年美国外交官根据各种特殊渠道所搜集和破译的情报，读到他们对南京暴行原因所作的综合分析和判断，虽然感觉较为零散和感性，却从另一视角揭示了日军南京暴行的真实性。当时不仅美国政府和媒体高度关注，而且日本政府高层包括广田外相等对南京暴行的发生也非常明了，只是当时对日本国内民众进行了舆论封锁。

三、关于日军南京暴行的美国反应。1931年日军侵略中国，打破了第一次世界大战后远东国际关系的平衡，触犯了美国等列强在中国的利益。但是，由于世界经济危机，1930年代的美国盛行孤立主义思潮，并没有对日本的扩张采取行动。1937年7月，日本扩大全面侵略战争，其后日军在南京的暴行持续不断侵犯到美国的利益，特别是在占领南京前夕，日军击沉美国军舰“帕奈”号事件的发生，促使美国政府特别是罗斯福总统进行了有力回应，包括罗斯福发表芝加哥“隔离演说”、讨论包括英美海军联合海上封锁日本、实施经济制裁、冻结日本在美财产、扩大对日“禁运”、舆论揭露日军暴行等方案。虽然这些应对方案最后都未能进入实际操作阶段,但日军在南京的暴行导致美国民意反对日本的倾向日益增强,民众抵制日货运动也不断升级。所以,我们沿着夏鸣先生新著的深入分析,可以得出日军南京暴行最后成为促使太平洋战争爆发不可忽视的重要因素。

另外,由于夏鸣先生运用了美国外交档案文献、美国政府官员的私人日记和美国时人调查报告等大量第一手原始资料,挖掘了许多鲜为人知的历史事实,诸如日本拒绝美国设立南京防空"安全区"的倡议、"多德电报"中有关中国遇难的人数、罗斯福总统对日军暴行的反应、美国民众抵制日货运动等,这些新论述极大地拓展了南京大屠杀研究的视野和空间。

2015年10月10日,南京大屠杀档案正式入选世界记忆遗产名录。如何用世界的眼光来研究、思考南京大屠杀,推动世界人民共同反省人类悲剧,无疑是我们今后亟需努力的方向。在纪念南京大屠杀遇难同胞80周年之际,夏鸣先生新著《美国外交文件中的日军南京暴行研究》的出版,标志着国内南京大屠杀研究的国际化水平迈上了新台阶。

2017年10月25日于南京仙林

导 言

一、缘起

在相当一段时期内，日本右翼否定南京大屠杀的一个重要论点就是所谓的“不知道说”，即在东京审判之前世人并不知道日军的南京暴行，因此，包括南京大屠杀在内的日军南京系列暴行是东京审判编造出来的。如田中正明将其著作一节的题目定为“第一次知道的‘南京大屠杀’”[①]；藤冈信胜也称，南京大屠杀是东京审判“突然提出的”[②]；竹本忠雄、大原康男称，当时日本高官“没有人知道南京大屠杀”[③]；松村俊夫称，从东京审判到南京审判“非常清楚地让人看到此事作为谣传的成长过程”[④]。尽管上述论调无论在史实上，还是在逻辑上都完全站不住脚，但在日本却有着广泛的影响，因此，让史实说话显得非常必要。

---

① 田中正明:《“南京虐殺”の虚構——松井大将の日記をめぐって》，日本教文社，1984年版，第287—289页。

② 自由主义史观研究会编:《教科書が教えない歴史》，日本产经新闻社，1996年版，第72页。

③ 竹本忠雄、大原康男:《再審“南京大虐殺”——世界に訴える日本の冤罪》，日本明成社，2000年版，第65页。

④ 松村俊夫:《“南京虐殺”への大疑問》，日本展转社，1998年版，第396页。

另外,日本右翼还不遗余力地将否定南京暴行的相关著作和论文翻译成英文,并建立英文网站,向英语世界免费推介他们的"研究成果"。如田中正明有英文译著 *What Really Happened in Nanking: The Refutation of a Common Myth*(《南京究竟发生了什么:反驳一个常见的神话》);竹本忠雄、大原康男有 *The Alleged Nanking Massacre: Japan's rebuttal to China's forged Claims*(《所谓的南京大屠杀:日本对中国伪造的故事的反驳》);东中野修道有 *The Nanking Massacre: Fact Versus Fiction—A Historian's Quest for the Truth*(《南京大屠杀:事实vs虚构——一个历史学家对真相的探寻》)、*Analyzing the "Photographic Evidence" of the Nanking Massacre*(《分析南京大屠杀的图片证据》)和 *Top-Secret Chinese Nationalist Documents Reveal the Truth about the Nanking Incident*(《中国国民党的绝密文件揭示了南京事件的真实情况》);茂木弘道有 *China's Anti-Japanese Propaganda Warfare in the United States*(《中国在美国的反日宣传战》);阿罗健一有 *The Nanking Hoax: A Historian Analyzes the Events of 1937*(《南京的恶作剧:一个历史学家对1937年事件的分析》);黑木悟有 *American Missionaries Who Played a Significant Role in Anti-Japanese Propaganda Warfare*(《美国传教士在反日宣传战争中扮演了一个重要的角色》);松村俊夫有 *No American Witnessed the Nanjing "Massacre"*(《没有美国人见证过南京大屠杀》);富泽繁信有 *Using Primary Sources to Clarify the Nanking Incident*(《用一手资料澄清南京事件》)。[①]

除了一些明显罔顾事实、颠倒黑白和荒唐的逻辑推理外,我们也应该看到日本右翼试图以学术研究的形式,并以英文为载体来表达他们的观点,在英语世界,特别是在美国学术界,争夺这个问题的话语权。从上

① 详情参见杨夏鸣、吴泽林:《日本屠杀虚构派"外宣"研究:现状与影响》,《南京大学学报》,2013年第3期。

面的英文题目可以看出，由于南京暴行的许多一手资料来自留在南京的美国公民的日记、信件等，所以一些日本右翼将其批判目标对准了留在南京的美国传教士、其他人士及所谓的“中国在美国的反日宣传”，并以“用一手资料澄清南京事件”这样看起来似乎是学术研究和价值中立的标题来实现其否定日军南京暴行的目的。

因此，用英文的一手资料进行相关的研究不仅是反驳日本右翼的需要，更是深化日军南京暴行研究之必须。本研究正是基于这一考虑，并选择美国外交文件——这一独特的一手资料进行相关的研究。

之所以选择这一研究课题，原因有四：一是美国驻南京大使馆与美国国务院之间的通讯涵盖了这一时段的全过程。时间跨度从 1937 年 8 月 15 日，即日本飞机开始对南京进行轰炸，到 1938 年 10 月 15 日，当天日本士兵侵犯位于南京郊区铜井的美国教堂，并烧毁美国国旗。这些资料包括电报及通过外交邮路邮寄的信函，是丰富的一手史料。尽管美国外交文件关注日本军队不法行为的焦点是对美国利益的侵害，包括非法闯入美国房产、侵害美国公民人身权利及美国财产，但由于在美国房产内，如金陵大学、金陵女子文理学院、鼓楼医院等都有大量的中国居民在避难，因此美国外交文件也展示了日军在南京暴行的一个重要方面，具有很强的代表性。可以说在这一时间跨度内，美国外交文件完整地呈现了日本军队在南京的行为模式。二是第三方外交档案的可靠性和权威性。基于这些档案的研究更容易体现或是实现价值中立的学术规范，而非仅仅从民族主义的立场上来声讨日本右翼。三是尽管本研究并非是用英文来写作的，但绝大部分注释都是规范的英文注释，读者很容易查到相关的英文资料来源，这在一定程度上也是对日本南京大屠杀“虚构派”在美国推销其观点的一种回应，特别是几乎所有的英文资料均来自美国外交档案以及时为美国决策者的回忆录、日记等，其说服力是其他资料无法比拟的。最后，也是最重要的，就是本研究关注的一个焦点为如此众多的反映日军暴行的资料对美国政府、美国官员、美国民众以及美国对日政策产生了哪些影响。这是之前相关研究未曾涉足的领域，尚属空白，这对深化日军南京暴行的研究有着重要的学术价值和现实意义。

二、研究综述

早在1992年，日本"南京事件调查研究会"(左翼)编译出版的《南京事件资料》就收录了美国驻华外交官致国务院的部分电报，这也是国内外最早系统地收集和出版美国外交文件中南京暴行的相关史料。① 但就数量而言，其仅占美国国务院相关文献的十分之一，而且在翻译方面也存在不少错误，更没有进行系统的研究。

2012年，南京出版社出版了美国学者陆束屏编译的《美国外交官的记载——日军屠杀与浩劫后的南京城》。该书的特点：一是围绕1938年1月7日返回南京的美国大使馆三等秘书阿利森(John. M. Allison)发给国务院的电报和调查报告的内容展开。就史料而言，这也是迄今为止围绕这一主题(阿利森至国务院电报)收集最全面、完整的一本书，包括了日军在南京的种种暴行，但这些暴行主要是针对美国人及对美国公私财产的抢劫和破坏的内容。二是作者花费了大量时间对相关电报和报告中出现的人和事进行了考证，并在注释中加以说明和解释，方便了读者，难能可贵。该书的不足之处：一是只有阿利森的电报或报告，没有收录国务院的回复电报，更没有这些报告对美国决策者、美国民众产生了何种影响的分析研究。总体上看，该书仍停留在证明日军南京暴行存在的思路之上。二是每个章节收录的电报并非总是与章节的题目相一致。如第三部分题目为"爱利生(阿利森)遭日军侮辱"，但本章节收集的资料中有相当一部分内容与阿利森被日军殴打无任何关联。②

迄今为止，尽管尚未见有关日军南京暴行对美国对日政策影响的专

① 南京事件调查研究会编：《南京事件资料》，日本青木书店，1992年版。

② 陆束屏编译：《美国外交官的记载——日军屠杀与浩劫后的南京城》，南京出版社，2012年版。

题研究，特别是将日军占领南京后的屠杀、抢劫、强奸、纵火等暴行作为影响变量的研究，但 1939 年美国著名的战争研究和国际法专家昆西·赖特(Quincy Wright)和卡尔·纳尔逊(Carl J. Nelson)在美国《民意季刊》(*The Public Quarterly*)发表了题为《美国对日本和中国态度:1937—1938》的文章。他们的研究结论为:第一，在其研究的时间段里美国民意从未出现过支持日本的情况。第二，卢沟桥事件爆发后，美国民意对日本所持的负面评价持续加强。9 月份随着日本对南京进行的大规模轰炸及对其他中国城市的轰炸造成大量平民伤亡的报道，美国民意对日本所持的负面评价达到顶点。10 月 5 日罗斯福发表了"隔离"演讲，第二天，国联和美国国务院宣布日本为侵略方后，美国民意由于担心美国卷入战争，因而对日本的反对态度有所缓解。但在 11 月日本占领上海后，民意对日本的负面评价有所增强。12 月由于"帕奈"号事件，特别是日本占领南京后的暴行被报纸广泛报道，美国民意对日本的负面评价达到一个新的高度。至于"帕奈"号事件和南京暴行哪一个对美国民意影响更大，昆西·赖特和卡尔·纳尔逊认为:"12 月(民意)对日本的极端敌意毫无疑问部分是'帕奈'号事件造成的，这一事件直接触及美国的利益，不过对日本在南京暴行的震惊似乎是更加重要的原因。"①由于民意与罗斯福政府外交政策之间存在着紧密的关联度，因此从这个意义上说，南京暴行对美国对日政策的影响是显而易见的。

其他的研究者似乎只了解"帕奈"号事件，或是认为该事件对美国而言更加重要，而将其作为唯一的变量来考察对美国外交政策的影响。如汉密尔顿·佩里(Hamilton Perry)断言日本对"帕奈"号的攻击是故意的，美国"没有退让的打算"，该事件实际上是珍珠港的序曲②;小约翰·

① Quieny Wright and Carl J. Nelson, Attitudes Toward Japan and China, 1937—1938, *The Public Opinion Quarterly*, Vol. 3, No. 1, Jan., 1939, p. 52.

② Hamilton Perry, *The Panay Incident: Prelude to Pearl Harbor*, New York: Macmillan Company, 1969.

海特(John Haight,Jr.)认为1937年10月5日罗斯福对包括日本在内的"侵略国家"进行"隔离"的著名演讲后,并没有像一般所认为的那样,由于遭到民意的反对就放弃了这一想法,而是在"帕奈"号事件后,试图联合英国对日本进行海上封锁。尽管罗斯福将对日本的封锁行动确定为"下一次严重暴行发生后",但美国于1937年底派海军参谋部的军官前往伦敦落实了罗斯福的这一计划,因此,罗斯福的"隔离"战略是有延续性的①;孟明铭认为,表面上"帕奈"号事件"由于日本的迅速道歉和美国的克制而平息,但实质上这一事件对美国摆脱孤立主义的羁绊和日本'南进'战略的确立均产生了重要影响"②。总的来说,迄今国内外的研究只是将"帕奈"号事件作为变量纳入美国外交政策和美日关系的研究视野。本研究不仅关注"帕奈"号事件对美国外交政策影响,而且将日军占领南京后的暴行作为影响美国民意及美国对日本外交政策的研究变量加以考察。

三、研究内容

本研究认为日本在南京的行为模式(暴行)开始于8月15日对南京及其他中国不设防的城市的轰炸,并造成了大量平民伤亡及非军事设施的毁坏。③ 12月12日轰炸并炸沉美国炮艇"帕奈"号,炸沉或重创三艘美国商船也是日军在南京行为模式的一个重要内容;这一行为模式还包括日军在芜湖等周边地区的暴行,除了占领芜湖的第十八师团隶属第十军,而第十军又隶属华中方面军这一因素外,更重要的是日军在芜湖的行为与在南京的十分相像。实际上,在东京审判中,国际检察局收集的

---

① John M. Haight, Franklin D Roosevelt and a Naval Quarantine, *The Pacific Historical Review*, Vol. 40, No. 2, May, 1971.

② 孟明铭:《试论日美"'帕奈'号"事件对两国关系之影响》,《历史教学问题》,2009年第5期。

③ 实际上,日军对南京及其他中国城市的轰炸所引起的国际社会的关注远远超过了对日本在中国其他暴行的关注。国联专门通过决议进行了谴责,西方主要大国都进行了抗议。

有关日军南京暴行的证据也包括了日军在芜湖的暴行。当然,日军占领南京后对放下武器的士兵和平民的大规模的屠杀、对中国妇女大规模的强奸、对中国及外国公民和机构公私财产的抢劫和毁坏,对南京城的纵火是日军南京行为模式的主要方面,更重要的是这些行为模式之间存在内在的联系。这里如果用南京大屠杀来概括这一模式显然存在着概念的内涵与外延的错位,因此,本研究将日军的上述行为模式概括为“日军南京暴行”。

1937 年 8 月 15 日,日军开始了对南京的轰炸。美国外交文件中有大量电报往来记录了轰炸对南京居民的生命和财产所造成的损失,及美国驻南京外交使团所进行的外交交涉的详细过程。本研究的第一章除了叙述这一过程,以及国际社会对日军轰炸的反应和日本外务省的应对之策外,还分析了日本当局拒绝西方驻南京大使们提出的在南京设立一个可以免遭轰炸的“安全区”的建议的原因,以及日军企图迫使外交使团及外国人撤离南京的意图和目的。

在日本占领南京前,美国大使馆二等秘书艾奇逊等三名外交官直到 1937 年 12 月 11 日才撤离南京①,而他们撤离所乘坐的美国炮艇“帕奈”号在距南京 27 英里的长江上游水面遭到了日军飞机轰炸并沉没。作为亲历者,他们不仅留下了大量的有关南京沦陷前的资料,也留下了有关“帕奈”号事件来龙去脉的一手资料。本研究将在第二章重点探讨日军轰炸“帕奈”号的原因及其隐含的逻辑,特别是对在南京“安全区”内避难的中国民众的含义,及其与南京大屠杀之间的关联性进行了探讨。

1937 年 12 月 26 日,美国大使馆三等秘书阿利森与其他两名外交官奉命返回南京,重新开启艾奇逊等撤离南京后关闭的美国驻南京大使馆。但直到 1938 年 1 月 6 日,日军才允许阿利森一行在南京登陆。在日

① 12 月 9 日,艾奇逊上午曾返回南京,但在下午 3 时被迫重返“帕奈”号上,11 日“帕奈”号因遭炮火威胁,被迫撤离其停泊的三叉河锚地。

军占领南京后的相当一段时间，日军一直设法阻止其他外国人重新返回南京，直到各种借口都不能再使用的情况下，外国的医务人员、传教士和商人才陆续得以返回南京。联系到日军对南京进行轰炸时千方百计设法迫使外国人离开南京的做法，本研究将在第三章综合探讨这一现象的背后原因以及与日本南京暴行之间的关系。

返回南京后，美国外交官通过与留在南京的美国人的交谈及亲自观察，了解了南京陷落后所发生的种种暴行。1 月 25 日，美国驻南京大使馆官员埃斯皮起草了题为《南京的现状》的长篇报告，由阿利森授权寄往美国国务院及在中国汉口的美国大使约翰逊。之后，阿利森还将《美国公民财产损失调查》和《中国财产损失调查》的长篇调查报告寄往美国国务院及约翰逊大使。另外，还有大量的电报及时报告了日军对美国房产和居住在里面的中国人，特别是中国女性侵害的情况。其中的一些电报引起了罗斯福总统的高度关注，罗斯福还作出了具体的指示。还有大量的电报是关于美国大使馆所遭受的损失、国务院与日本方面交涉及日本赔偿的内容。本研究的第四章将分门别类概述日军在南京的暴行及对中国和外国公民生命及财产造成的损失。

面对如此众多的日军暴行，美国官员是如何分析其背后的原因？日本官员对此又是如何进行解释的？罗斯福对日军南京暴行是如何进行回应的？美国官员及美国民意受到了哪些影响？本研究的第五章将探讨上述问题。

四、资料来源

本研究的资料来源：第一类是由美国国务院编辑出版的《美国对外关系文件》（FRUS）系列文件中的《美国对外关系文件，日本：1931—1941年》第一卷（United States Department of States, *Papers Relating to the Foreign Relations of the United States, Japan: 1931—1941*, Vol. 1,

Washington: U. S. Government Printing Office,1943)、《美国对外关系文件,远东:1937 年》第三卷(United States Department of States, *Foreign Relations of the United States Diplomatic Papers, 1937, The Far East*, Vol. 3, Washington: U. S. Government Printing Office, 1954)、《美国对外关系文件,远东:1937 年》第四卷(United States Department of States, *Foreign Relations of the United States Diplomatic Papers, 1937, The Far East*, Vol. 4, Washington: U. S. Government Printing Office, 1954)、《美国对外关系文件,远东:1938 年》第三卷(United States Department of States, *Foreign Relations of the United States Diplomatic Papers, 1938, The Far East*, Vol. 3, Washington: U. S. Government Printing Office, 1955)、《美国对外关系文件,远东:1938 年》第四卷(United States Department of States, *Foreign Relations of the United States Diplomatic Papers, 1938, The Far East*, Vol. 4, Washington: U. S. Government Printing Office, 1955)。

这批文件的优点是经过了编辑整理,编者还对一些人和事及历史事件加了注释,另外,对一具体事件不仅有美国驻南京大使馆的报告,也有美国国务院的指示,便于读者了解事件的来龙去脉。缺点是编者认为不重要的或者是内容相近的外交电报被省略,未收入《美国对外关系文件》,而这些电报对本研究却可能是非常重要的。另外,《美国对外关系文件》只收录了外交电报,而通过邮路邮寄的长篇报告未能收录。

第二类是收藏于美国国家档案馆的国务院外交文件(Record Group 59)。正如前文所言,该档案是对国务院编辑的《美国外交文件》的很好补充。但由于国务院的外交档案汗牛充栋、浩如烟海且在不同时期使用了不同的归档规则。如从 1911 年 1 月至 1963 年 1 月,国务院档案是依据小数主题分类的方案(decimal subject classification scheme)存放。一般来说,档案根据国别以宽泛的类别归档,之后再以某一主题分类。另外，部分档案是以纸质形式保存，而另一些却是以微缩交卷的形式，而本研究所需的一些档案则被归档于国务院驻外使领馆档案（Record Group 84）。因此查阅本研究所需的档案十分繁琐和困难，需大量的时间和坚忍不拔的意志。

第三类资料来源是罗斯福政府的高级官员的日记、回忆录等。如罗斯福的个人书信（Elliott Roosevelt，eds.，*F. D. R.：His Personal Letters，1928—1945*，Vol. III，New York：Dull，Sloan and Pearce，1950）、国务卿赫尔的回忆录（Cordell Hull，*The Memoirs of Cordell Hull*，New York：Macmillan Company，1948）、内政部长哈罗德·伊克斯的秘密日记（Harold L. Ickes，*The Secret Diary of Harold L. Ickes*，Vol. I，II，New York：Simon and Schuster，1954）、财政部长摩根索的日记（John M. Blum，*From the Morgenthau Diaries*，*Years for Crisis，1928—1933*，Boston：Houghton Mifflin Co.，1959）、前国务卿史汀生的回忆录和日记（Henry L. Stimson，*The Far Eastern Crisis：Recollections and Observations*，New York：Harper and Brothers，1936）、副国务卿维尔斯的回忆录（Sumner Welles，*Seven Decisions that Shaped History*，New York：Harper，1950）、美国驻日本大使格鲁的回忆录（Joseph C. Grew，*Ten Years in Japan：A Contemporary Record Drawn from the Diaries and Private and Official Paper of Joseph C. Grew，United States Ambassador to Japan，1932—1942*，New York：Simon and Schuster，1944）、劳工部长帕金斯的回忆录（Francis Perkins，*The Roosevelt I Knew*，New York：Viking Press，1946）等。这些资料非常重要，是对外交文件的重要补充和延伸。如伊克斯在其1938年1月23日的日记中写道："总统一直都有收到日本人在中国（南京）的暴行的报告。他说这些暴行在细节方面如此可怕以至于他不能在内阁会议上朗读，他的意思当然是因为帕金斯（Perkins）小姐（在场）。然而，总统还是透露了日本士兵常常闯进美国教会或商用住宅，并将中国

妇女掳走。显然，日本士兵，甚至是军官，在肆无忌惮地强奸中国妇女。”该日记是对美国外交文件中罗斯福就阿利森和格鲁根据有关日军暴行的电报而给赫尔所写信件的重要的诠释和补充。

另外，英国外交文件（*Documents on British Foreign Policy 1919—1939*，Vol. 22：*Far Eastern Affairs*，*November 6*，*1936—July 27 1938*）也是一重要一手资料，是对美国外交文件的重要补充和相互印证，特别在“帕奈”号事件中及之后的美国政府如何回应方面提供了重要的研究资料来源。如英国驻美国大使与罗斯福秘密会见后给英国外交大臣的报告、英国财政大臣有关其与美国财政部长通话的电报等是研究罗斯福回应日本南京暴行极其重要的一手资料。

同样，美国国家档案馆收藏的美国破译的日本外交文件档案（Record Group 457）也是本研究重要的一手资料来源。日本外务省与驻上海及其他日本外交机构之间的电报往来包括了许多有价值的信息，这些资料也是对美国外交文件中的相关内容的重要的补充和印证。如被破译的日本外交文件中的“广田电报”和日本外务省向日本驻美国使领馆提供用于在美国的公关和宣传资金的绝密电报，都是本研究不可或缺的资料。

最后，耶鲁大学神学院图书馆馆藏文献也是本研究的重要资料来源。

第一章　初露端倪

第一节　轰炸南京

一、对非军事目标的轰炸

1937年8月13日，淞沪战事爆发。两天后，即8月15日，日本就开始了对南京的轰炸。根据亲历轰炸的金陵女子文理学院的临时负责人魏特琳的日记记载，从日本飞机首次轰炸南京到12月10日日记所载的最后一次轰炸，在长达近四个月的时间里，南京共响起114次防空警报，有时警报是在凌晨时分响起，有时一天多次响起警报。①

这些警报及随后的空袭严重影响和威胁到了南京市民的生命和财产安全，给他们造成了极大的心理压力和恐惧。为了躲避轰炸，人们纷纷逃离南京。尽管日本方面多次声称，日军轰炸的是军事目标，但在很多情况下，日本飞机的轰炸波及非军事目标，或者是直接对准非军事目标，对南京市民的生命及公私财产造成了重大的损失。日军对南京的轰

① Minnie Vautrin, *Diary of Wilhelmina Vautrin*, *1937—1940*, Yale Divinity Library, Special Collections, Film Ms62, pp. 7-102.

炸是日军南京暴行的一个重要组成部分。这一暴行在美国驻南京大使馆与美国国务院的外交文件中有着详细的记载。

图 1.1 日机飞临南京上空

1937 年 8 月 15 日下午 2 时，美国驻华大使约翰逊用电报向美国国务卿报告了日本飞机(见图 1.1)对南京首次轰炸的情况：

> 大约下午两点钟，日本飞机造访了南京，丢下了一批炸弹，显然是针对城南的目标，据推测是那里的机场。①

当天下午 3 时，约翰逊再次给国务卿发电报。在电报中，约翰逊大使除了报告日本驻华参赞日高(Hidaka)已经向美国大使馆官员表明，日本大使馆人员将撤离南京，以及“如果日本与中国在通讯联络方面变得困难的话”，请求美国大使馆在二者之间充当联络人等情况外，还进一步报告了当天日本飞机对南京轰炸的详情：

① The Ambassador in China(Johnson) to Secretary of State, United States Department of State (Aug. 15,1937), *Foreign Relations of the United States Diplomatic Papers, 1937, The Far East, Vol. 3*, Washington: United States Government Print Office, 1954, p. 415.

间歇了20分钟，日本轰炸机又来了两次，第二次是两架飞机，第三次是四架飞机。炸弹主要落在了城内的机场和城南的兵营。飞机编队飞行，飞得很低，显然毫不在意无数防空火炮的攻击。直到日本飞机最终消失后，中国飞机才出现。中国人的报道说有两架日本飞机被击落，但观看到整个过程的大使馆官员并没有观察到。大使馆距城里被炸地区约有两英里，距城外被炸地区约三英里。因为[使馆的]①地势高，所以一切行动清晰可见。据报道城里的飞机和机库未遭损坏。②

随着轰炸的升级，日本飞机越来越多地将位于南京市区内的中国政府机构作为轰炸的目标，如8月19日，日本飞机轰炸了位于市区内的中央陆军军官学校和中央大学。前者造成10名平民死亡。在中央大学，一枚炸弹落在图书馆的后面，图书馆所有玻璃都被震碎；一枚炸弹落在学校礼堂附近，礼堂的后墙被炸毁；一枚炸弹击中并炸毁了化学实验室。另外，学校的女生宿舍也被炸塌。当时金陵女子文理学院的陈美玉就在宿舍内，她躲在脸盆架下，倒下的墙没有砸到她，奇迹般地得以脱险。③

8月26日夜，日本木更津海军航空队8架九六式陆上攻击机分两批从日本海军第一基地起飞，于次日凌晨2时左右轰炸了南京宪兵司令部、航空署。④ 同日，日本鹿屋海军航空队6架九六式陆上攻击机从台北起飞，轰炸了南京兵工厂等目标。⑤ 此次轰炸殃及国民政府卫生署（见图1.2）。8月27日，卫生署长刘瑞恒在致行政院的呈文中称："本署邻近军

---

① 文中方括号标注的内容均为译者注，以下不再复述。

② The Ambassador in China(Johnson) to Secretary of State, United States Department of State (Aug. 15, 1937), *Foreign Relations of the United States Diplomatic Papers, 1937, The Far East*, Vol. 3, Washington: United States Government Print Office, 1954, p. 416.

③ Minnie Vautrin, *Diary of Wilhelmina Vautrin, 1937—1940*, Yale Divinity Library, Special Collections, Film Ms62, p. 9.

④《昭和12年8月26日南京攻擊戦鬥詳报》，日本防衛省防衛研究所図書館藏，(2)支那事變33。

⑤《昭和12年8月27日南京攻擊戦鬥詳报》，日本防衛省防衛研究所図書館藏，(2)支那事變34。

事区域，至昨日(八月二十六日)夜十二时，敌机飞经本署上空时，投落炸弹数枚，其中二弹落于本署，当命中制药厂后部……制药厂被炸后旋即起火，由本署消防班及警察厅消防队施救，延烧至一小时始告扑灭，统计房屋、药品、设备等各项损失，约值四、五万元之谱。”①

图 1.2 遭到轰炸的卫生署

9 月 22 日，日本海军航空队对南京实施了大规模轰炸。从当天中午起，日本海军第十二、第十三航空队及“加贺”号航空母舰舰载攻击机和舰载轰炸机，分三批对南京实施了猛烈空袭。第一波空袭“半数飞机轰炸了航空署，另一半飞机轰炸了防空委员会，共投下 60 公斤炸弹 24 枚，其中数枚命中目标，另有两枚炸弹落在附近的街道，到处都燃起大火。”第二波空袭“其大部轰炸了中央党部，另一部轰炸了市政府，共投下 60 公斤炸弹 28 枚，其中数枚命中中央党部，其他炸弹命中附近街区”。第三波空袭“轰炸了南京火车站及附近仓库，共投下 250 公斤炸弹 8 枚、60 公斤炸弹 20 枚，其中大部分命中北火车站②和江边车站③以及附近仓

①《刘瑞恒为卫生署被日机轰炸致行政院呈文》(1937 年 8 月 27 日)，中国第二历史档案馆、南京市档案馆编:《侵华日军南京大屠杀档案》，江苏古籍出版社，1997 年版，第 3 页。

② 南京下关火车站。

③ 南京浦口火车站。

库，并燃起大火”①。

9月25日，日本海军航空队对南京实施了自八一三淞沪战事以来规模最大的空袭。日本海军第十二、第十三、第二十二航空队，“加贺”号航空母舰舰载攻击机、舰载轰炸机和战斗机，“神威”号水上飞机母舰的水上侦察机等近百架飞机，空袭了首都电厂、南京市政府、国民党南京市党部、中央广播电台、财政部、卫生署、南京兵工厂、南京防空指挥部、军政部、浦口火车站等地，并殃及中央医院（见图1.3）和商业街区。其中日机对“位于下关的首都电厂进行了低空轰炸，投下60公斤炸弹22枚，几乎全部命中电厂，全厂被猛烈的大火所包围。南京的电力供应，由于本次轰炸而大部中断”。日机“冒着猛烈的防空炮火，轰炸了市政府和市党部，投下60公斤炸弹24枚，两处各有数枚炸弹命中，造成很大的破坏。此外，也有相当数量的炸弹落入了附近街区”②。

图1.3　中央医院附近的弹坑

日机的轰炸还导致外国驻南京大使馆险象环生。尽管日本海军第二联合航空队曾指示称：“英国大使馆和法国大使馆距军政部300米至

①《第二聯合航空隊戦門詳报（昭和12年9月—昭和12年12月）》，日本防衛省防衛研究所図書館藏，（二）支那事變39。

②《第二聯合航空隊戦門詳报（昭和12年9月—昭和12年12月）》，日本防衛省防衛研究所図書館藏，（二）支那事變39。

400 米,在轰炸时必须十分谨慎,要稳妥实施轰炸,不能对其有任何危害。"[①]但"在 9 月 25 日日本轰炸那里时,数枚 500 磅的炸弹落在法国大使馆四周不到 100 码的地方"[②]。

对日本政府声称日军轰炸的只是军事目标的说法,约翰逊大使在 9 月 29 日给国务卿的电报中进行了驳斥,指出南京能够被称得上是军事目标设施只有城墙外的"军用机场、弹药库和营房"。他还对日本轰炸目标在法律上和道义上的合法性进行了强烈的质疑:"'军事设施'一词不能在法律或道义上被曲解为这样的设施,如中央大学、中央医院、卫生部、立法院、财政署、国民警察协会(国民经济理事会)、教育部和发电厂,而这些地方显然成了日本轰炸机的目标,其中一些已经被炸弹击中和损坏(中央大学已经被轰炸了三次了)。"另外,"在道义或法律上轰炸一国首都是否正当的问题,攻击者的政府并未宣战,还通过驻东京的中国大使以及在理论上至少通过现在上海的日本大使与该政府保持着外交关系"。因此,"在这种情形下,日本轰炸南京在法律和道义上都没有正当性"[③]。

日本这种违反国际法和人道主义原则的行为,引起了国际社会的高度关注和强烈反感。国联专门通过了决议,谴责日本对中国不设防城市进行轰炸(见图 1.4)。

图 1.4 轰炸南京

---

① 《第二聯合航空隊戦鬥詳报(昭和 12 年 9 月—昭和 12 年 12 月)》,日本防衛省防衛研究所図書館藏,(二)支那事變 39。

② The Secretary of States to the Ambassador in Japan (Grew), United States Department of State, *Foreign Relations of the United States Diplomatic Papers*, *1937*, *The Far East*, Vol. 3, Washington: United States Government Print Office, 1954, p. 555.

③ The Ambassador in China (Johnson) to the Secretary of State, United States Department of State, *Foreign Relations of the United States Diplomatic Papers*, *1937*, *The Far East*, Vol. 3, Washington: United States Government Print Office, 1954, p. 556.

这也是西方,特别是美国媒体,对日军暴行大量报道的起源和缘由。

二、拒绝同意设立"安全区"

日本当局对一个未经宣战的国家首都进行轰炸,不仅威胁到了中国平民的生命安全,也严重威胁到仍在南京工作的各国外交官及侨民的安全。德国、英国、法国、意大利和美国驻南京的大使协商后,决定由美国大使约翰逊出面,通过美国国务院要求美国驻日本大使格鲁,并联合各国驻日本大使向日本外务省表达他们希望在南京建立一个可以免遭日本飞机轰炸的"安全区"。大使们要求建立一个避免日机轰炸的"安全区"的理由是:"日本飞机已经两次在南京城内投下了炸弹,这使他们对自己、部下及大使馆的档案的安全忧心不已。他们认为作为友好国家的外交代表,其职责要求他们留在南京履职。"因此,日本政府应当下令禁止日本轰炸机对下列地区进行轰炸:

> 从汉西门到中心区[新街口]划线,再到北极阁[气象台],一直到城墙,沿着城墙往北直到长江边上的火车轮渡。这条线以北和以西的地区包括了长江和下关,从那里往上游到靠近汉西门的地区应免于攻击。这条线还应包括城市和浦口之间的长江,因为外国军舰和商船都停泊在那里。①

在给国务卿的电报中,约翰逊还表示,现在从南京发给东京的电报需要两天时间才能到达,因此请求国务院将大使们的要求转发给东京的格鲁大使。当天,即1937年8月21日,美国国务卿将该要求转发给了美国驻日本大使格鲁,同意格鲁与各国驻日本大使进行联系,并在适当的时候与日本政府进行交涉。8月23日,格鲁向日本副外相提出了在南京

---

① The Secretary of State to the Ambassador (Grew) in Japan (Aug. 21, 1937), United States Department of State, *Foreign Relations of the United States Diplomatic Papers, 1937, The Far East*, Vol. 4, Washington: United States Government Print Office, 1954, p. 274.

的特定区域内禁止日机轰炸的要求，并要求日本政府将这一要求告知日本海军。前一天，英国和意大利驻日本大使也向日本政府提出了类似的要求。法国和德国大使表示他们也将采取类似的措施。当晚日本外务省以备忘录的形式进行了回复，拒绝对上述地区做出不进行轰炸的承诺。其理由为：

> 日本政府理解所建议之地区包括大使馆所在地及各国战舰及商船停泊地点。然而，在该区域中，有几处中国军事工事和一些与军事行动有关的建筑物以及一些中国战舰及炮台。日本政府希望预先警告各国，如果中国人利用这些建筑进行任何敌对或挑衅行为，则日本将被迫采取相应的对付措施。①

从这一回复中可以看出日本军方的蛮横与嚣张。不仅如此，日本还将避免伤害各国财产的责任转嫁给在南京的各国外交机构和公民：

> 日本政府亦将竭尽可能以避免损害各有关国家的大使馆及其他财产等。因此，作为预防措施，日本要求各国显著地标记出它们的大使馆、战舰及商船，以便日本飞机容易从空中识别出它们。②

换言之，如果各个使馆、战舰和商船不能显著地标识出自己的身份，或者日本军队没有能够辨别出这些建筑、船只的外国身份，那么被炸的责任就不在日本军队，而是在这些外国机构。日本不仅仅在口头上强硬，在行动上更是如此。几天后，即 8 月 26 日下午，日本飞机袭击了行驶在前往上海途中的英国驻华大使许阁森的汽车，并炸伤英国大使。③同日的午夜时分，日本飞机又轰炸了南京的贫民区，并投掷了多枚燃烧

①② The Ambassador in Japan (Grew) to Secretary of State, United States Department of State, *Papers Relating to the Foreign Relations of the United States*, *Japan: 1931—1941*, Vol. 1, Washington: United States Government Print Office, 1943, p. 490.

③ 根据美国破译的日本外交文件，9 月 3 日，两辆意大利使馆的汽车在例行的从南京前往上海的路上遭到日本飞机的射击，但未造成损害。由于这一事件在日本和意大利被绝对保密，所以不为人们所了解。

弹,造成150多名平民丧生,数十人受伤的惨剧。

事后,美联社记者在美国大使馆的一名官员的陪同下察看了遭受日本飞机轰炸的现场。他们发现在土屋的废墟堆里,多具被烧焦的尸体保持蜷缩的姿势,惨不忍睹。

对日军的这一野蛮行径,8月30日,英国、法国、德国和意大利驻中国大使再次要求美国大使约翰逊将一份电报发给格鲁,请他将电报转给各国驻日本大使,并代表驻南京的大使们采取交涉行动。该电报内容如下:

> 在南京的五国外交使节已经要求日本的轰炸行动远离城市的一些特定地区,该地区是他们以及一些外国公民居住的地方,而且也是外国船只停泊的地方。此外,大使们认为该问题的其他方面也需给予同等的考虑。例如,8月26日夜,日本对南京城的滥炸将非战斗人员的生命和财产处于危险之中,这包括外国人,也包括中国人。在这些外交使节看来,这一事实应该引起日本当局的注意,他们应当以克制的态度限制未来的行动。在轰炸一国政治首都时应考虑到人道主义和国际法的相关规定,特别是在战争状态尚不存在之时。在最初提出保护特定区域的要求之前和之后,南京城遭受了轰炸,房屋被大面积毁坏,国立中央大学的几名雇员被炸死,贫民区内无数的中国平民被活活烧死。外国外交官已经探访了这些毁灭性的场景,这些外交官所代表的政府和人民与中国和日本都有着友好的关系。因此,基于这些友好关系和一般的人道法则,他们呼吁并要求停止轰炸。尽管空袭的目标是军事的,但结果往往是不分青红皂白地毁坏用于教育和其他非军事目的的财产,伤害和炸死无辜的平民。①

① The Ambassador in China(Johnson) to Secretary of State(Aug. 30, 1937), United States Department of State, *Foreign Relations of the United States Diplomatic Papers, 1937, The Far East*, Vol. 3, Washington: United States Government Print Office, 1954. p. 496.

在收到电报后，美国驻日本大使格鲁(见图 1.5)以代表各国驻华大使观点的这封电报为基础，起草了一份给日本政府的抗议照会，主要内容如下：

图 1.5 美国驻日本大使格鲁

在先前要求建立一特定区域[免遭轰炸的“安全区”]之前和之后，日军进行了轰炸该城市的军事行动，这些轰炸大面积地破坏了国立中央大学的建筑物，炸死、炸伤多位大学雇员，另外，轰炸还活活地烧死了一个贫民区内的大量中国平民。外国外交使团官员去了轰炸现场。美国政府和人民与中国以及日本有着友好的关系。因此，基于这一友好关系及一般人道主义的原则，美国政府呼吁停止这类行动，尽管这些活动是出于军事目的，但实际结果却是不加区别地破坏了用作教育或其他非军事目的的建筑物，并导致平民受伤和痛苦地死亡……鉴于日本军队正在中国境内进行广泛的轰炸行动，美国政府认为应该向日本政府提出恰当的抗议，为的是劝说其不要轰炸不设防的城市、医院、火车及汽车等。否则存在着极大的风险，即迟早会发生某个导致美国公民伤亡的事件，而这些美国公民在中国内地从事合法的职业，他们是不该有这种危险的。日本人并未宣布与中国处于交战状态，然而其飞机却深入到中国内地轰炸，投下杀伤力极大的炸弹，并导致其他国家的权益受到严重损害。①

9 月 1 日下午 5 时，格鲁大使应约前往日本外相广田的寓所，在递交该备忘录之前，格鲁试图从美日关系的角度，几乎以苦口婆心的方式试

① The American Embassy in Japan to the Japanese Ministry for Foreign Affairs(Sep. 1, 1937), United States Department of State, *Papers Relating to the Foreign Relations of the United States, Japan: 1931—1941*, Vol. 1, Washington: United States Government Print Office, 1943, pp. 494 - 495.

图说服广田及其背后的日本政府停止对中国城市的轰炸。格鲁强调过去几年他一直在致力于改善和巩固美日关系。现在由于“日本军队不加区别的轰炸行动,可能导致美国公民的伤亡”,这样的事件必然会使美国舆论哗然,因此“对美日关系产生非常不幸的后果”。

格鲁在向广田宣读了备忘录后,将备忘录留着广田那里,并指出,作为日本外相,他是“负责日本与其他国家政治关系的,这些关系被认为比军事考虑要重要得多”。格鲁敦促广田要在这方面行使其权力,特别要“避免出现重大的事件”。

广田询问了 8 月 26 日轰炸导致大量平民伤亡的事件是否发生在驻南京外国大使们要求避免轰炸的那个特定地区之内,即格鲁于 8 月 23 日向日本外务省副外相递交的抗议信中要求日本避免轰炸的区域。在得到美国大使肯定的答复后,广田表示他“将提醒陆军省和海军省重视(外交使节的)抗议”①。

但格鲁的苦口婆心,并没有换来日本政府,特别是日本军方的任何让步。9 月 15 日,广田正式答复了格鲁 9 月 1 日的照会:

> 如阁下所知,南京是全中国人对日本采取敌对军事行动的筹划和源起之中枢。考虑到该市有许多防卫工事,并在城内及周边地区拥有许多其他的军事机构和设施,日本人才针对这些设施进行轰炸行动的,这是很适当的行为,且必须明确地说明轰炸的目标是有限度的,是从人道主义立场出发的,严格限制于军事机关和设施,在任何情况下都不以非军事财产和平民作为直接袭击的对象。不过,尽管我们非常小心地执行任务,非战斗人员有时会成为敌对行动的受害者,他们生命或财产遭受无法预料的灾难,日本政府对此感到非常遗憾。然而,这是历代敌对行动中都不可避免的伴随物。为了尽

① Memorandum by the Ambassador in Japan (Grew), United States Department of State, *Papers Relating to the Foreign Relations of the United States, Japan: 1931—1941*, Vol. 1, Washington: United States Government Print Office, 1943, pp. 492 - 493.

可能地保证在目前情况下的非战斗人员的安全，我们相信，在日本方面谨慎执行任务的同时，中国方面也必须采取适当的措施，例如，将非战斗人员从军事机关和构筑物周围撤离。

正如已多次表明的那样，日本政府对包括美国公民在内的第三国公民的生命、财产的安全十分关心，并准备竭尽全力帮助他们撤离到安全地点和保护其财产。日本政府希望向阁下保证，日本军队绝不会攻击阁下在备忘录中提到的没有被中国人用作军事用途的不设防的城市、医院、火车和汽车。①

该照会以“南京是全中国人对日本采取敌对军事行动的筹划和源起之中枢。考虑到该市有许多防卫工事，并在城内及周边地区拥有许多其他的军事机构和设施”为由，拒绝停止对南京的轰炸。它还以“非战斗人员有时会成为敌对行动的受害者，他们生命或财产遭受无法预料的灾难”是“历代敌对行动中都不可避免的伴随物”为借口，搪塞日本轰炸南京造成平民伤亡的事实，这充分展示了日本政府，特别日本军方的非人道和狂妄。这些人可能做梦也没想到的是日本凭借其空中优势对南京及其他中国城市进行狂轰滥炸的事件数年后会在日本本土上演，不过那次日本成为了被轰炸的对象。

后来的事实也证明日本政府关于日本军队绝不会攻击“没有被中国人用作军事用途的不设防的城市、医院、火车和汽车”的保证完全是一纸空文。

第二节 赶走外国人

一、大规模空袭威胁

由于日本飞机不断地“误炸”医院、火车、汽车及其他民用设施，日本

① The Japanese Ministry for Foreign Affairs to the American Embassy in Japan (Sept. 15, 1937), United States Department of State, *Papers Relating to the Foreign Relations of the United States, Japan: 1931—1941*, Vol. 1, Washington: United States Government Print Office, 1943, pp. 497 - 498.

军方显然非常不喜欢外国人,特别是在南京见证日军轰炸非军事目标罪行的西方外交使团。于是,日本军方展开了一场针对驻南京外交使团和外国居民的心理战。9 月 18 日,美国驻上海总领事高斯向国务卿报告:"今天晚上,当日本总领事离开我的办公室时,他悄悄地告诉我,他非常担心南京的安全问题,他可能过几天再来看我。"①国务院推断,日本可能要对南京进行大规模的空袭。当天美国国务卿赫尔发电报给格鲁,告诉他,根据可靠的情报来源,日本人可能正在策划对南京安全造成重大威胁的行动,并要求格鲁有机会向日本外务省表明美国国务院的立场,即日本在南京的轰炸应该避免威胁到美国大使馆和美国公民的安全。②

图 1.6　日本海军第三舰队司令长谷川清与上海派遣军司令松井

果然,第二天日本驻上海总领事给高斯带来了日本海军第三舰队司令官(见图 1.6)的声明:

日本军事行动的目标是通过终止中国军队的敌对行动,使目前

① The Consul General at Shanghai (Gauss) to the Secretary of State, United States Department of State, *Foreign Relations of the United States diplomatic Papers, 1937, The Far East*, Vol. 3, Washington: United States Government Print Office, 1954, p. 337.

② The Secretary of State to the Ambassador in Japan (Grew), United States Department of State, *Foreign Relations of the United States Diplomatic Papers, 1937, The Far East*, Vol. 3, Washington: United States Government Print Office, 1954, pp. 337 – 338.

> 的敌对状态早日结束。由于南京为中国军事行动的主要基地，日本海军航空部队可能在1937年9月21日中午后采取轰炸及其他的进攻措施打击中国军队以及在南京市内及周围地区一切与军事活动有关的设施。
>
> 毋庸赘言，在预计的进攻期间，我们将充分考虑友好国家公民的生命及财产的安全。然而，尽管采取了各种安全预防措施，由于这些国家的公民仍有可能危险地卷入到中日敌对行动中，因此，日本海军第三舰队的司令被迫真诚地忠告这些仍居住在南京市内及周边地区的官员或居民应采取充分的措施，自愿转移到比较安全的地点。所有外国军舰及凡希望避免在长江遭遇危险的船只将被忠告从下三山(Hsiasanshan)停泊点转移到上游锚泊。①

声明一方面假惺惺地表示“采取了各种安全预防措施”保护“友好国家公民的生命及财产安全”，但同时又警告外国公民和船只撤离南京。考虑到之前日本当局拒绝五国大使提出的在南京市区建立一个免遭日机轰炸的“安全区”的要求，其赶走外国人的意图就更加明显了。为了达到这一目的，日本总领事还要求高斯将这一声明转发给美国国务卿以便其通知生活在南京的美国公民撤离。另外，日本总领事还进一步要求美国国务卿将“这一声明通知南京其他国家的大使馆和公使馆”。显然，日本政府希望通过这一策略使美国政府成为动员外国人撤离南京的代言人和榜样。

面对日本军方对南京进行大规模空袭的威胁及要求外国人“自愿转移到比较安全的地点”的蛮横要求，居住在南京的外国人士面临着一个两难的选择。一方面，如果日军实施其威胁中的大规模的轰炸，那么他们的生命就随时处在危险中；另一方面，他们大都在南京有着自己的事

① The Consul General at Shanghai (Gauss) to the Secretary of State, United States Department of State, *Papers Relating to the Foreign Relations of the United States, Japan: 1931—1941*, Vol. 1, Washington: United States Government Print Office, 1943, pp. 499 - 450.

业和工作，很难轻易放弃。但对大部分外国人而言，选择离开也实属无奈，包括金陵文理学院的海伦·卢米斯（Helen M. Loomis）和南京金陵神学院任教的毕范宇（Frank Price）在内的一批美国人被迫离开中国返回美国。① 然而，美国政府并没有如日本当局所希望的那样，要求驻华大使馆撤离南京，但美国国务院、美国长江舰队和美国驻华大使对此的反应并非完全一致。

二、美国国务院的回应

对日本当局的撤离要求，美国国务院采取了三项措施：一是指示美国驻日本大使对这一蛮横、无理要求进行抗议。9月20日下午6时，格鲁大使前往广田寓所对日本即将轰炸南京进而威胁到驻南京的美国公民的安全进行了抗议。当晚8时，格鲁向国务卿汇报其抗议的主要内容：

> 我今天拜会了外相，就日本海军宣称的轰炸南京计划向他表示了最迫切和最断然的抗议，并指出如果执行这种行动的话，外国的外交设施及雇员和其他非战斗人员将不可避免地陷入巨大的危险之中。我就轰炸可能导致的某个事件对美国公众舆论所产生的严重影响进行了详细的阐述。我还说到了美国和整个世界业已存在

---

① 毕范宇（Frank Price）及其兄哈里·普赖斯（Harry Price）返回美国后，于1938年夏成立了名为“不参与日本侵略美国委员会”（American Committee for Non-Participation in Japanese Aggression）的组织，传教士是该委员会的主力。在他们的邀请下，前国务卿史汀生出任该委员会的名誉主席，包括美国前亚洲舰队司令亚奈尔（Harry E. Yarnell）海军少将在内的一批知名人士担任了委员会的荣誉成员。该委员会的目的是“探讨阻止向日本出口战争物资及贷款的有效方式方法”。为实现这一目的，委员会通过各种途径做了大量的宣传工作，并取得了明显的成果。金陵文理学院的海伦·卢米斯（Helen M. Loomis）在1937年9月被迫撤离南京返回美国后于1938年夏成立了“中国信息服务”（China Information Service）组织。她建立了一个由5000人组成的通讯网络，这些人是宗教界、学术界和专业人士。她定期向他们寄送双周新闻通讯，内容由在华传教士撰写及由中国消息来源提供的各种宣传材料，其目标是增加对华援助和对日本实行经济制裁。

的不断增加的对日本的反感，由于日本的政策和行动[将加剧]。日本正在使自己在全世界人民面前显得让人怀疑、不可信，使民众出现普遍的厌恶和潜在的排斥。我迫切地告诫广田弘毅本人承担起[职务]赋予其引导日本外交关系的责任，并限制陆、海军的行动，这些行动迅速使日本丧失了世界的善意。出乎广田弘毅的意料，我的吁求既直截了当，又铿锵有力。①

但对抗议的效果，格鲁并不乐观，原因在于在他看来，日本政府已失去了对军队的控制能力，这一观点之后逐步成为美国决策者的共识。格鲁在电报中写道：

我们必须无奈地面对这样的事实，即东京的文官政府对陆、海军的影响极其有限，后者所关心的是实现他们的总目标，而且即使是最强烈的抗议也不足以制止他们在目前的行动过程中造成巨大的危险。②

二是美国代理国务卿穆尔(Moore)③专门就日本轰炸南京的问题约见了日本驻美国大使斋藤(Saito)，助理国务卿休·R. 威尔逊(Hugh R. Wilson)也参加了这次约见。代理国务卿对日本在轰炸前 48 小时才通知驻南京的美国人的做法深表不满。他还指出日本海军司令通知中荒唐的地方：“日本舰队司令发布通知，要求第三国公民必须从南京及其附近地区撤离到比较安全的地方去，但是又没有以任何方式具体说明哪些地方是比较安全的。”在约见中，助理国务卿威尔逊则对轰炸必然对平民造成的伤害表示关注。他指出：

除了严重关切美国驻南京大使馆及美国公民的安全外，我们也

---

①② The Ambassador in Japan(Grew) to the Secretary of State, United States Department of State, *Foreign Relations of the United States Diplomatic Papers, 1937, The Far East*, Vol. 3, Washington: United States Government Print Office, 1954, pp. 535 - 538.

③ 此时国务卿赫尔去纽约、波士顿旅行。

> 关注大轰炸必定会使南京大片地区夷为废墟以及由此而产生的极其不幸的后果……轰炸不可避免地造成非作战人员的伤亡情况会震惊整个世界，不管这样的破坏是偶然或是蓄意，日本人这样的轰炸必然引起普遍和敌对的批评。①

日本驻美国大使在约见中承诺，将于当天晚上发电报给日本政府，说明美国政府对日本轰炸南京的计划表示严重关切。

三是协调与英国在这个问题上的立场。通过外交途径，国务院了解到英国政府的立场是：

> 英国政府不能承认南京成为空袭的合法目标，南京市区完全有别于城外军事设施。任何不限于城外军事设施的空袭将不可避免地威胁到平民的生命，而日本政府曾声称它是不愿这样做的。英国政府也不能承认日本政府有权要求外国外交官和国民撤离南京以避开空袭的危险，或调离原本应保护其国民及维持大使馆通信的军舰。英国政府就空袭对英国公民生命、财产的任何侵害保留追究日本政府责任的权利。②

美国也将格鲁的抗议备忘录和代理国务卿穆尔约见日本驻美国大使的谈话内容通报给了英国外交部和英国驻日本大使。也许受到英国政府强硬立场的影响，并为了协调与英国政府的立场，美国国务院起草了正式的抗议照会。两天后，即9月22日，格鲁再次就日军计划大规模轰炸南京以及要求在中国正常工作的美国公民撤离南京的做法向日本政府递交了美国政府的照会。该照会显示，美国政府的立场与之前相比发生了明显的变化，并

---

① Memorandum by the Chief of the Division of Far Eastern Affairs(Hamilton), United States Department of State, *Papers Relating to the Foreign Relations of the United States, Japan: 1931—1941*, Vol. 1, Washington: United States Government Print Office, 1943, p. 502.

② The Charge in the United Kingdom (Johnson) to the Secretary of State, United States Department of State, *Foreign Relations of the United States Diplomatic Papers, 1937, The Far East*, Vol. 3, Washington: United States Government Print Office, 1954, p. 535.

首次提出了对日军轰炸南京造成的损害保留要求日本政府赔偿的权利：

> 美国政府反对危害美国公民及一般非战斗人员的行为，也反对要求目前居住在南京市内及周边地区的美国官员及公民从其正在从事合法活动的地区撤离……美国政府所持的立场是：任何对有众多居民居住，并从事和平工作的广大地区进行广泛轰炸的行为是没有根据的，也是违反法律和人道主义原则的。此外，在目前情况下，容许撤离的时间也是不充分的，并且由于日本人要轰炸的地区面积广大，美国公民及其他非战斗人员即便能撤离到其他地区，他们的安全也无法得到保证。尽管通告保证“友好国家公民的生命和财产的安全将在计划的攻击中给予充分的考虑”，但美国政府不得不说，经验表明，无论在何时何地进行轰炸行动，不管进攻一方[给予]多么关注，其对确保轰炸地点任何人和任何财产的安全总是无效的。
>
> 考虑到这样的事实，即南京市是中国政府的所在地，在南京美国大使及其他美国政府机构仍在继续其必要的工作，美国政府强烈反对出现这样一种局势，其后果就是迫使美国大使及其他美国政府机构面临要么选择放弃它们的设施，要么选择遭受严重危险……因此，美国政府真诚地希望避免对南京市及周边地区进一步的轰炸，同时保留代表本国及美国公民就日本在南京军事行动中所遭受损失要求赔偿的所有权利。①

从这份抗议中可以看出，美国政府提出了三条反对日本对南京进行大规模轰炸的理由：一是日本对南京的轰炸违反法律和人道主义原则；二是所给

① The American Ambassador in Japan (Grew) to the Japanese Minister for Foreign Affairs (Hirota), United States Department of State, *Papers Relating to the Foreign Relations of the United States*, *Japan*: *1931—1941*, Vol. 1, Washington: United States Government Print Office, 1943. pp. 504 - 505. 9月29日，广田回复了美国的抗议，除了重复之前轰炸南京的理由外，还写道“我们真诚地希望阁下的政府将对日本帝国政府所采取的措施予以合作”，并拒绝任何赔偿。该照会公布后在美国引起轩然大波。

的撤离时间不足;三是没有说明那些地区是安全的。照会表明美国政府无意像日本希望的那样让美国驻华大使馆官员及其他美国公民撤离南京。

美国海军也明确拒绝将炮艇从南京江面撤走。美国亚洲舰队司令亚内尔(Yarnell)在9月21日致日本海军第三舰队司令长谷川清的信中表示:“只要美国大使馆及任何美国公民留在南京,这两艘炮艇[‘吕宋’号和‘帕奈’号]就有必要停泊在那里。该两艘炮艇有美国国旗供识别,美国国旗平铺在炮艇的上部。”①同日,亚内尔向美国海军作战部长报告:“已经向美国长江舰队司令下达了命令,只要南京还有美国公民需要帮助或保护,就留一艘炮艇在那儿。”②

三、美国大使的误判

由于驻华大使与国务卿之间的某种误解,日本赶走南京美国人的目标几乎实现。早在1937年8月7日淞沪会战爆发前,美国国务卿就专门致电约翰逊大使,强调:

> 尽管国务院希望美国驻华外交领事机构能坚守在可以安全工作的地方,但国务院不希望员工的生命可能会无端地遭受严重危险。请将这点牢记于心,国务院授权你,在你觉得员工的生命已无保障时,关闭任何办事机构。领事馆官员也应敦促美国公民撤离危险地区。③

---

① The Commander in Chief of the United States Asiatic Fleet (Yarnell) to the Commander of the Yangtze Patrol(Marqurt), United States Department of State, *Papers Relating to the Foreign Relations of the United States, Japan: 1931—1941*, Vol. 1, Washington: United States Government Print Office, 1943, p. 503.

② The Commander in Chief of the United States Asiatic Fleet (Yarnell) to the Chief of Naval Operations(Leahy), United States Department of State, *Foreign Relations of the United States Diplomatic Papers, 1937, The Far East*, Vol. 4, Washington: United States Government Print Office, 1954, p. 346.

③ The Secretary to the Ambassador in China (Johnson), United States Department of State, *Foreign Relations of the United States Diplomatic Papers, 1937, The Far East*, Vol. 4, Washington: United States Government Print Office, 1954, p. 249.

到了9月份,日本飞机日益频繁地轰炸南京,而中国政府则通知美国大使馆,表示中国政府决心将无期限地留在南京。约翰逊认为,为了保持与中国政府的联系,“因此,大使馆也就可能而且必须无限期地留在南京”。但他开始考虑租用一艘商船,在情况紧急时“大使馆起码暂时可以在商船上设立一间办公室,仍然与岸上的中国政府保持联系”①。约翰逊大使于9月14日发电报给国务卿请示有关租船的事宜。两天后国务卿回电:

> 国务院授权你调查租用商船的可能性。但国务院希望你考虑这个问题,如果形势发展得如此危险,在到了要撤离大使馆建筑的程度的时候,让使馆工作人员躲避到停泊在南京附近江面的商船里是否是明智之举?国务院认为在这种情况下,使馆工作人员应该到现正停泊在南京江面的两艘美国炮艇里避难,这比一艘商船更能提供更大程度的安全保障,或者干脆撤出南京。国务院希望大使馆在租用商船前能通知国务院这样做可能要花多少钱。②

图1.7 美国驻华大使约翰逊

显然,尽管国务卿授权约翰逊大使“调查租用商船的可能性”,但出于安全和费用考虑,国务卿显然并不赞同驻华大使馆租用商船的计划,这份电报的要点是不要租用商船。所以,当19日接到日本将于9月21日下午大规模轰炸南京的通告后,约翰逊大使(见图1.7)一方面通知仍

① The Ambassador in China (Johnson) to the Secretary of State, United States Department of State, *Foreign Relations of the United States Diplomatic Papers, 1937, The Far East*, Vol. 4, Washington: United States Government Print Office, 1954, p. 327.

② The Secretary of State to the Ambassador in China (Johnson), United States Department of State, *Foreign Relations of the United States Diplomatic Papers, 1937, The Far East*, Vol. 4, Washington: United States Government Print Office, 1954, p. 332.

在南京的美国公民撤离南京，另一方面决定他自己及使馆人员乘坐美国炮艇“吕宋”号去芜湖躲避。

19 日晚 11 时，约翰逊致电国务卿，说明其决定撤离南京大使馆的原因：“离 9 月 21 日中午（日军大规模轰炸南京）只剩很短的时间，对[大使馆]办公区不可能采取强化安全措施。尽管我不想在与中国政府的联系中遇到干扰并放弃大使馆的公私财产，但除非得到其他的指示，我还是准备在预定的时间之前将我的部下带至美国‘吕宋’号军舰上避难。”①

当日，约翰逊大使还写信给中国外交部长王宠惠，全文如下：

> 昨晚我收到了经由美国驻沪总领事馆转来的日本第三舰队司令官的声明，他建议美国大使馆、其他外交使团和外国公民离开南京，以避免卷入可能即将进行的军事行动中。
>
> 我国政府明确指示在危及我本人和我同事安全的情况下，尽可能避开这种危险。因此，我打算在不远的将来把使馆工作人员安顿在美国海军舰艇上，并在那样的条件下尽可能地保持与您本人和国民政府的联系。毋庸置疑，一旦时机允许，我将在最早时刻返回大使馆。考虑到您可能会感兴趣，我随信附上前述电报之副本。②

约翰逊的撤离计划以及在电报中使用的“避免卷入”“政府明确指示”“避开这种危险”等用词，深深地刺痛了中国政府。特别是当其他国家驻南

---

① The Ambassador in China(Johnson) to the Secretary of State, United States Department of State, *Foreign Relations of the United States Diplomatic Papers*, *1937*, *The Far East*, Vol. 4, Washington: United States Government Print Office, 1954. p. 341. 代理国务卿莫尔第二天即回电：“国务院完全同意由你根据判断采取的预防措施，包括你本人和使馆职员撤离大使馆馆舍。”

② The Ambassador in China(Johnson) to the Secretary of State. United States Department of State, *Foreign Relations of the United States Diplomatic Papers*, *1937*, *The Far East*, Vol. 3, Washington: United States Government Print Office, 1954. p. 534.

京大使决定不理会日本第三舰队司令声明时，这种反差尤为强烈。[①] 中国政府发言人指责美国大使匆忙放弃大使馆的行为，称“这是明显的不友好举动。这一行动间接地帮助了日本，并非体现出所谓的中立”。中国政府发言人认为，外交人员在所驻国家首都被围困期间，至少应该与该国政府驻留首都的时间一样长，这是通常的外交惯例。这位发言人进一步指出：“日本是侵略者，但[美国政府]却把日军与中国军队同样对待，这是不公平的。美国人的态度明显违反了对中国保持中立的有关条约的精神。”[②]

其实，这不仅仅是中国政府看法。9 月 20 日，美国大使馆的二等秘书帕克斯顿(John Hall Paxton)来到金陵女子学院，通知魏特琳等人日本即将对南京进行大规模的轰炸，并劝说她们暂时离开南京躲避。魏特琳借口要与他人商量而没有当面立刻拒绝帕克斯顿的好意，但在随后给帕克斯顿的信中，魏特琳明确表示了她的看法——撤离使馆人员是不明智的。她写道：

> 我认为如果城里所有的使馆都降下国旗并撤走人员，这将是一个悲剧，因为这意味着日本甚至在没有正式宣战的情况下，就可以对南京进行无情的、毫无顾忌的狂轰滥炸，我希望日本空军无法得到这种满足。[③]

魏特琳还在日记中记录：一贯温文尔雅的金陵女子文理学院校长吴贻芳(见图 1.8)对即将离开南京的巴克(Buck)[④]发了火，并要他转告大

---

① 所有其他国家的外交代表都表示在轰炸期间不离开南京，其中意大利、法国的外交代表将在晚上登舰，白天留在南京工作；英国、苏联等国明确表示保留要求日本政府赔偿的权利。

② Our Envoys Quit Nanking on Threat, *New York Time*, Sep. 21, 1937, p. 10. 中国政府的愤怒是有道理的。据美联社的报道：由于美国驻南京大使约翰逊根据日本警告南京将被轰炸而撤离南京，日本全国出现了对美国的友好气氛。日本报纸连篇累牍地赞扬赫尔先生、罗斯福总统和美国人。

③ Minnie Vautrin, *Diary of Wilhelmina Vautrin, 1937—1940*, Yale Divinity Library, Special Collections, Film Ms62, p. 26.

④ 中文名卜克，金陵大学教授，赛珍珠前夫。

使馆她对使馆决定撤离南京的看法。她认为这是不友好的行为，这也正是日本希望外国政府所做的事。后来巴克给她写了封信，告诉她已把她的话转告了约翰逊大使。①

图 1.8　1937 年约翰逊大使(左一)与吴贻芳校长(左二)等人合影

美国大使馆官员中也有人觉得大使馆官员完全撤离南京并不妥当。美国大使馆的二等秘书帕克斯顿主动要求留在大使馆以便与中国政府保持密切的联系。在与约翰逊大使长谈后帕克斯顿说服了大使，同意他留在南京的美国大使馆。大约有 17 名美国公民不顾美国大使馆的竭力劝说自愿留在南京。另外，日本海军言而无信，9 月 20 日，"从上午 9 时 30 分到下午 1 点，大约 30 架日本轰炸机袭击了南京，在城里的很多地方丢下了大量的炸弹，一颗炸弹还扔在长江，刚好就在外国军舰锚地前爆炸"②。轰炸造成 50 名中国平民死亡。

所有这一切改变了约翰逊大使前往芜湖躲避的初衷。9 月 21 日中

① Minnie Vautrin, *Diary of Wilhelmina Vautrin, 1937—1940*, Yale Divinity Library, Special Collections, Film Ms62, p. 26.

② The Commander of the United States Yangtze Patrol (Marguart) to the Chief of Naval Operations(Leahy), United States Department of State, *Foreign Relations of the United States Diplomatic Papers, 1937, The Far East*, Vol. 4, Washington: United States Government Print Office, 1954, p. 345.

午，约翰逊大使在“吕宋”号上，向国务卿发了一份电报，解释了之前他决定撤离南京的原因：

在此，我想解释一下指导我行动的动机。国务院的指示和美国高层官员公开发表的讲话使我认识到，我国政府有两个主要目标：第一个是确保美国公民的安全；第二个是避免出现任何可能会使美国卷入目前这场冲突的局面。大使馆向美国公民强调了撤出中国的政策，甚至到了引起他们抗议的程度，认为危险还没到非撤走不可的地步，撤退意味着不恰当地放弃美国公民的权利和责任。为了避免因我和我的部下可能在敌对行动中遇到伤害，造成美国与中国或日本的关系紧张，我决定在收到日本司令官19日发布的警告后，将我的部下撤到一艘美国海军军舰上。尽管非常不情愿放弃与中国政府保持连续而紧密的联系，并不受干扰地履行我重要职责的权利，但我还是这样做了。

接下来，他还向国务卿报告了有关方面对他这一决定的反应：

我从大使馆馆舍撤出引起中国人几乎不加掩饰的愤恨和我国一些公民的公开不满。英国代办对日本司令官警告的回答是他将坚守岗位，并将追究日本当局对大使馆造成任何损害的责任。

最后，约翰逊大使向国务卿报告他决定不再去芜湖，并尽快返回南京的打算及其原因：

从日本人9月19日中午发布警告的措辞中可以得出这样的结论，即外交使团至少到9月21日中午前有短暂时间可以依据警告行事并安全转移。恰恰相反的是，一次范围广、时间长的空袭在允许撤离的第一天早上10点就开始了，直到下午1点才结束。因此，日军的警告完全失去了它应有的尊严和善意。我目前的想法是不去芜湖，而是留在南京水域……等时机成熟，将把军舰驶回码头，用电话联系帕克斯顿。但我不希望独断行事，过一段时间后，如果情况允许的话，我建议与我的部下回到大使馆，恢复我与中国政府的正常关系。①

9月22日，日本海军航空队对南京实施了威胁中的大规模轰炸。从当天中午起，日本海军第十二、第十三航空队及“加贺”号航空母舰舰载攻击机和舰载轰炸机，分三批对南京实施了猛烈空袭，攻击目标包括航空署、防空委员会、南京市政府、国民党中央党部、下关火车站、浦口火车站及附近仓库，这些目标附近的街道也遭到轰炸。②

就在大规模空袭的当天下午，约翰逊大使及大使馆的其他官员返回南京的美国大使馆。这其中多少有一些纠正错误决定的含义。对于由于这一判断失误所造成的“插曲”，约翰逊在返回大使馆后再次发电报给国务卿，对一些事实和相关情况予以解释和澄清：一是“美联社说我根据国务院的命令登上了‘吕宋’号，这种说法是不准确的”。二是约翰逊解释登船并非是要远离南京。三是大使馆官员告诉他一些信息，使他产生了误解。这些信息是“意大利使馆将登上他们先前租用的商船；德国人没船只得留守；苏联大使因相同的原因也要留守；法国人已经住在法国炮艇上了；英国大使馆成员随后将登上炮艇，大使馆代办和陆军武官留在岸上，如果情势需要也会登船。”③很明显，约翰逊希望解释其决定撤离南京是受到客观因素影响的意图跃然纸上，但是，实际情况是其他国家的使节并未在日本轰炸威胁下登船离开南京。但不管怎样，日本当局企图以大规模轰炸的威胁将外国人赶出南京的意图没能实现。

---

① The Ambassador in China (Johnson) to Secretary of State, United States Department of State, *Foreign Relations of the United States Diplomatic Papers, 1937, The Far East*, Vol. 4, Washington: United States Government Print Office, 1954, p. 347. 当天晚7时，国务卿回电：“国务院认为一旦你认为返回大使馆与避开迫在眉睫的危险原则不抵触时，你们返回大使馆是可行的。”

②《第二聯合航空隊戦鬥詳报》(昭和12年9月—昭和12年12月)，日本防衛省防衛研究所図書館藏，(二)支那事變39。

③ The Ambassador in China (Johnson) to the Secretary of State, United States Department of State, *Foreign Relations of the United States Diplomatic Papers, 1937, The Far East*, Vol. 4, Washington: United States Government Print Office, 1954, p. 351.

第三节　变本加厉

一、轰炸南京升级

在约翰逊大使返回南京的当天，即9月22日，日本就对南京实施了全面的轰炸，包括对南京市区的轰炸。美国长江舰队司令在致海军作战部长李海（William Daniel Leahy）的电报中概要描述了22日轰炸的情况：

> 今天，从上午10时50分到下午1时45分，南京遭到大批轻、重型轰炸机袭击。城里多处地方落下炸弹，包括靠近码头的火车站附近。一枚显然是高射炮的炮弹在靠近大使官邸的美国大使馆院内爆炸，但没造成损失。码头附近有两场大火。中国方面报道，伤亡人员不多而且都是平民。搭载大使和使馆成员的"吕宋"号和"关岛"号停留在原先的锚地。大使在下午的早些时候回到了大使馆并将留在那儿。其他使馆人员今晚或明早回来。①

随后几天，日本飞机继续轰炸南京。9月25日，日本又出动了80架轰炸机对南京进行了规模最大的一次轰炸，下关电厂、财政部、中央医院、卫生署和一个军事机关遭到轰炸。几天的轰炸使南京伤亡的市民超过500人，并最终摧毁了下关发电厂。南京的供水系统也受到严重的破坏。另外，"在9月25日日本对那里（南京）的轰炸中，数枚500磅的炸弹落在法国大使馆四周不到100码远的地方"②。

---

① The Commander of the United States Yangtze Patrol (Marquart) to the Chief of Naval Operations (Leahy), United States Department of State, *Foreign Relations of the United States Diplomatic Papers, 1937, The Far East*, Vol. 4, Washington: United States Government Print Office, 1954, p. 351.

② The Secretary of States to the Ambassador in Japan (Grew), United States Department of State, *Foreign Relations of the United States Diplomatic Papers, 1937, The Far East*, Vol. 3, Washington: United States Government Print Office, 1954, p. 555.

第二天,即9月26日,魏特琳等外国人专门去中央医院,了解日本飞机轰炸情况,她在日记中描述了其所见所闻:

图1.9 中央医院宿舍附近遭轰炸后留下的弹坑

下午5时,罗伯特·威尔逊(Robert Wilson)医生带吴博士、格蕾斯·鲍尔(Grace Bauer)和我去中央医院查看了昨天中午遭受轰炸的后果。尽管屋顶漆了一个很大的红十字标志,但仍有16枚炸弹被故意投在中央医院和卫生署所在的院落里。幸运的是,两枚1000磅重的炸弹落在了相邻的网球场上——那么重的炸弹必须同时投才行。如果这两枚炸弹向北偏不到50米,就会落在医院的防空洞上,防空洞里躲藏了医院的100多名医生、护士和工人。如果炸弹向南偏几百英尺的话,将彻底摧毁那幢漂亮的医院大楼。最大的弹坑有30英尺宽,15—20英尺深(见图1.9),你可以想象炸弹在松软的土地上爆炸后所溅起的泥土。网球场东面礼堂的西墙倒塌,所有的窗户都破碎了。位于爆炸现场北面,离现场有一段距离的卫生署大楼的窗户玻璃也全部被震碎了……在防空洞里的医生和护士说,他们被震得够呛,但没有人受伤。在树下和汽车里的5个人被炸死或是炸伤。所有的建筑物都遭到机关枪的扫射。医院的门房被炸毁。护士楼、附近的乒乓球室也被彻底炸毁。整个院落看起来很凄惨。这次轰炸是精心安排的。①

① Minnie Vautrin, *Diary of Wilhelmina Vautrin, 1937—1940*, Yale Divinity Library, Special Collections, Film Ms62, p. 33.

9月25日达到了轰炸的顶点。此后，南京仍然陆续遭到日本飞机的轰炸，但主要是在城外的机场和浦口火车站，但也时常有炸弹落在城内。这与日本政府之前许诺的日本军队绝不会攻击不设防的城市、医院、火车和汽车完全背道而驰。事实上，美国国务卿在9月29日的电报中通知美国驻日本大使格鲁：9月28日，11架日本飞机袭击了南京，在商用机场附近丢下了炸弹。[①] 10月19日上午和下午，约翰逊大使分别向国务院报告了日本飞机轰炸南京机场和浦口及伤及平民的情况。11月24日，日本飞机又一次轰炸了南京市区。此时，中国政府及美国大使馆的大部官员已经撤离南京，使馆二等秘书艾奇逊留在南京负责美国大使馆的工作，当晚9时45分他向国务卿报告了当天日本轰炸南京的情况：

> 下午1时30分，至少2架日本重型轰炸机在6架战斗机的护航下飞抵南京上空，一连串地往银行圈[新街口]东、南不远的中央商业区投掷了约20枚炸弹。三枚炸弹落在国立美术馆[紧靠国民大会堂]，摧毁了国府路和碑亭巷角落的院围墙，震碎了美术馆的窗户（见图1.10），将街道两边的部分小商店炸毁。5—6枚炸弹落在Ricci学院[②]，这是一所法国天主教教会学校，幸好没课，部分院墙被毁，主楼严重受损。大约6枚落在二郎庙附近的御道街[③]，这是一个小店密布还有电话交换局的地区，炸死了约40名平民，包括几名小孩。2枚落在离二郎庙不远的中山路东，炸毁了围墙和几家小店。伤亡不是很大，可能是因为落下的炸弹是小型的，这是我们观察炸弹弹坑规模得出的结论。[中方]仅有的防御是高射炮。这是自9

---

① The Secretary of State to the Ambassador in Japan (Grew), United States Department of State, *Foreign Relations of the United States Diplomatic Papers*, *1937*, *The Far East*, Vol. 3, Washington: United States Government Print Office, 1954, p. 557.

② 疑为上海震旦大学预科学校。

③ 原文为Yu Fu街，但根据地图判断，Fu应该是笔误。

月25日大规模空袭以来,[日本飞机]第一次在城内进行的轰炸。①

实际上,这也是美国国务院最后一次收到南京大使馆有关日本轰炸南京的电报。两周后,由于南京即将发生攻城之战,艾奇逊等三人离开南京,登上“帕奈”号,后逐步向长江南京段上游撤离,但却亲身经历了一次更可怕的日机轰炸。

图1.10 国立美术馆被轰炸震碎的门窗

二、空袭其他城市

日本轰炸南京的非军事目标绝非是孤立和偶发事件,实际上日本飞机还多次轰炸了中国其他地方的多个非军事目标。美国外交档案及包括路透社在内的多家国内外通讯社和报纸对日军轰炸其他地区非军事目标的事件都有记载和报道:

8月17日上午9时,大约10架日本飞机飞往南通城内的美国

① The Second Secretary of Embassy in China (Atcheson) to the Secretary of State, United States Department of State, *Foreign Relations of the United States Diplomatic Papers, 1937, The Far East*, Vol. 3, Washington: United States Government Print Office, 1954, p. 713.

传教士医院，并丢下6颗炸弹。一颗炸弹击中了主楼，引起大火，并将该楼摧毁。在死亡人员中有2名医生和2名护士，同时有数十人名病人和医护人员受伤，包括2名美国护士。

8月19日10时后，日本轰炸机轰炸了位于南翔的中国红十字急救医院。1名医生和2名中国伤员重伤。

8月28日，大约在下午1时45分，12架日本飞机轰炸了上海火车南站，根据第二天发布的不完全统计，150多人死亡，150多人受伤。

9月22日，广州遭到了空袭。日本飞机两次袭击了广州，第一次空袭发生在夜晚，并从凌晨2时持续到早上6时，而第二次发生在早上，持续了20分钟。两次造成大批人员伤亡。

9月24日和25日，汉口经历了战争开始以来的首次空袭。第一次袭击发生在24日下午4时50分，6架日本轰炸机和3架战斗机飞临城市上空，丢下9枚炸弹，3枚落在人口稠密地区，给平民的生命财产造成重大损失。

美国驻华大使约翰逊除了证实了日本飞机对南通美国医院的轰炸外，11月12日，他向国务卿报告说，“日本飞机在苏州散发传单，威胁11月13日后将对苏州进行不加区别的轰炸”①。同日，美国驻华大使还向国务卿报告了日本飞机轰炸无锡美国医院的情况：

无锡的李医生中午从无锡打来电话说，美国圣公会(American Church Mission)的圣安德鲁(Saint Andrew)医院和含有教会建筑的一单独院落今天早上遭到日本飞机的轰炸，而它们的房顶上都清

① The Ambassador in China (Johnson) to the Secretary of State (Nov. 12, 1937), United States Department of State, *Foreign Relations of the United States Diplomatic Papers, 1937, The Far East*, Vol. 4, Washington: United States Government Print Office, 1954, p. 377.

楚地画有美国国旗。5名美国居民安然无恙。①

美国驻上海总领事高斯也向国务卿报告了日本飞机对常熟的轰炸：

美国圣公会(American Church Mission)的H. S.史密斯牧师今天早上从上海西北50英里外的常熟抵达上海，他报告说过去一周里日本对那座城市的轰炸非常猛烈，中国居民被迫四散逃往周围的农村。他形容这些空袭完全是对城市的所有地区进行不分青红皂白地轰炸，伴随着从很低的高度向所有的主街道进行无情的机枪扫射。按照史密斯先生的说法，美国圣公会的房产位于该城的东北部，做了清楚的标记，尽管一枚炸弹落在房屋50码以内，但迄今还未受到损坏。尽管三颗炸弹在教堂周围爆炸，美以美会教堂(Methodist Episcopal Church)也完好无损。按照史密斯先生的说法，美以美会的W. M.史密斯先生和他的儿子拒绝撤离常熟，但因轰炸剧烈，被迫到乡下避难。史密斯先生冒着巨大的困难抵达了上海，他报告说，日本飞机有规律地对运河、公路和铁路上的所有交通工具进行轰炸和机枪扫射。常熟没有其他的美国人了。②

对于这些报告，一般涉及美国财产的，特别是造成破坏的轰炸，国务院都会转发给美国驻日本大使格鲁，再由格鲁以照会的形式向日本外务省提出抗议。如日本飞机轰炸了无锡的圣安德鲁医院后，格鲁于11月19日以外交照会的形式递交给了日本外务省，表示抗议。12月6日，日本对该抗议照会进行了回复，承认了日本飞机轰炸的事实，并表示准备赔偿，但却以天气等客观因素来推卸日本飞行员的责任：

① The Ambassador in China (Johnson) to the Secretary of State(Nov. 12, 1937), United States Department of State, *Foreign Relations of the United States Diplomatic Papers, 1937, The Far East*, Vol. 4, Washington: United States Government Print Office, 1954, pp. 377 - 378.

② The Consul General at Shanghai (Gauss) to the Secretary of State (Sept. 4, 1937), United States Department of State, *Foreign Relations of the United States Diplomatic Papers, 1937, The Far East*, Vol. 4, Washington: United States Government Print Office, 1954, p. 307.

> 11月12日，日本海军飞机轰炸中国军队在无锡的军事设施时，这些战士（飞行员）的确非常小心地关注着外国的权益，但因为那天是多云，云层很厚，即使他们努力想这么做，也根本就不能分辨任何标明是美国财产的记号和图形。再者，据透露，那天日本空军的活动线已经延伸到昆山以东，考虑到无锡是中国军队重要的军事行动［基地］，当时针对中国军事设施的轰炸行动又再次进行，这样做的时候，必须保持飞行高度，以避免中国军队密集的防空炮火。考虑到上述原因，我们认为美国大使馆可以理解，像上面提到的类似事件尽管已是很小心，但仍是可能发生的。目前发生的这个事件的原因是糟糕的视野，完全是一个错误。有鉴于此，日本政府表示遗憾，并郑重声明将尽其所能防止这样的事情再次发生，考虑到此次事件中美国所受的财产损失和破坏，日本政府准备给予适当的补偿。①

尽管日本政府保证将尽可能地防止这样的事情再次发生，但由于日本士兵缺乏基本的人道主义理念，所以轰炸非军事目标，特别是轰炸人道主义机构的事件也一再上演。除了前文提到的医院和学校外，美国外交文件中还报告了下列美国医院和学校遭到了日机的轰炸：广东惠州的美国教会医院、江西南昌的美以美会的伊达·卡恩妇幼医院、上海松江的美以美会的女子学校等。②

日本飞机对在华的美国医院和学校尚且如此，可见其对轰炸目标选择的肆无忌惮和无所顾忌，对中国民众所造成的伤亡更是可想而知了，正所谓一叶知秋。这不能不使人们怀疑日军对非军事目标的轰炸是一项既定政策，至少是日本飞行员的普遍做法。

---

① The Ambassador in Japan (Grew) to the Secretary of State, United States Department of State, *Foreign Relations of the United States Diplomatic Papers, 1937, The Far East*, Vol. 3, Washington: United States Government Print Office, 1954, pp. 397 - 398.

② 有关轰炸情况及损失细节，参见杨夏鸣编：《南京大屠杀史料集·美国外交文件》，江苏人民出版社，2011年版，第52—53页、第56—57页、第63—64页。

三、国际社会的反应及日本的应对

1. 美国的抗议与国联的谴责　由于当时美国盛行的孤立主义思潮以及美国政府的不卷入冲突的政策，对日本对非军事目标的轰炸，美国国务院能做的只是口头抗议。9月29日，在大规模轰炸后不久，美国国务卿赫尔发电报给美国驻日本大使格鲁，指示他就日本对南京的轰炸可以根据南京大使馆转发的信息自主进行抗议，而无需等待国务院指示：

> 注意到英国驻东京大使馆正在根据驻南京的英国大使馆发来的电报而采取行动。国务院授权你根据南京转发的电报，在你认为有利的时机向日本政府提出抗议。你需每次向国务院通报你所采取的行动。①

国务院所采取的另一项行动是断然拒绝了日本提出的“[美国政府]尽可能快和详细地表明医院、教堂和其他属于美国及美国公民的慈善机构的位置，最好能附带地图和照片”的要求。理由是：“鉴于日本政府再三保证其军事行动的目标仅限于中国军事机构及设施，日本政府亦无意把非军事房屋及非作战人员作为攻击的对象，我们认为，不必向日本提供美国房屋所在位置的清单，那些与中国军事机构和设施相邻的房屋除外。”②以此，对日本政府言而无信、任意扩大轰炸目标的行为表示强烈的不满和揭露。

对南京的轰炸，日本并非完全是赢家。日本军队轰炸所表现出的违

---

① The Secretary of State to the Ambassador(Grew) in Japan (Sept. 29, 1937), United States Department of State, *Foreign Relations of the United States Diplomatic Papers, 1937, The Far East*, Vol. 3, Washington: United States Government Print Office, 1954, pp. 558-559. 当天即9月29日，格鲁随即将约翰逊大使的有关日本飞机轰炸的并非是军事目标的情况向日本外相进行了抗议。

② The Secretary of State to the Ambassador in Japan (Grew), United States Department of State, *Papers Relating to the Foreign Relations of the United States, Japan: 1931—1941*, Vol. 1, Washington: United States Government Print Office, 1943, p. 509.

反人道主义原则和藐视国际法的特征完全展示在世人的面前。同时,也激起了世界舆论的强烈批评。9月26日,中国驻国联代表顾维钧在国联公开会议上敦促国际社会谴责日本侵略、空袭及违反国际法和相关条约的行径,并要求国联顾问委员会研究相关措施。作为回应,英国副外交大臣罗伯特·克兰伯恩(Robert Cranborne)就日军飞机轰炸中国城市的野蛮行径提出动议,并得到法国外长德尔博斯(Delbos)的附议及瑞典外长桑德勒(Sandler)、苏联外长李维诺夫(Litvinov)的支持。该动议于9月27日在国联顾问委员会通过。接着,国联代表大会于9月28日一致通过决议,谴责日军飞机轰炸中国城市的野蛮行径:

> 顾问委员会紧急讨论了日军飞机轰炸中国不设防城市问题,并对无辜平民,包括大批妇女、儿童的生命因轰炸遭受涂炭而深感悲痛。委员会宣布,这种引起全世界惊恐和愤怒的行径是没有任何辩解理由的。对此,我们予以严正谴责。①

全世界以不同的方式表达了对日军轰炸南京及其他中国城市的不满和愤怒。9月27日,格鲁在给国务卿的一封电报中写道:

> 我们从一个完全可信赖的日本消息来源了解到,外务省已经被来自世界各地,包括驻美国的日本使领馆发来的电报给"淹没"了,这些电报报告了各种抵制日本商品的运动。②

2. 日本政府的应对　日本政府完全了解在这个问题上世界的民意,特别是美国的民意。美国情报部门破译的日本外交电报印证了这一点。

---

① Resolution Adopted by the League of Nations Advisory Committee on Sept. 27, 1937, United States Department of State, *Papers Relating to the Foreign Relations of the United States, Japan: 1931—1941*, Vol. 1, Washington: United States Government Print Office, 1943, p. 506.

② The Ambassador in Japan (Grew) to the Secretary of State, United States Department of State, *Foreign Relations of the United States Diplomatic Papers, 1937, The Far East*, Vol. 3, Washington: United States Government Print Office, 1954, p. 554.

9 月 28 日，日本驻美国大使斋藤在给日本外务省的电报中描述了美国社会对日本空袭南京等地的反应：

> 尽管日本声明，最近对南京和广州轰炸的目标是这些地方的军事设施，但这些轰炸在这里[美国]被认为是直接对准非战斗人员的，目的是打击他们的士气，摧毁他们的抵抗精神，因而使得战场变得对我们有利。因此，这些攻击引起了对中国人的巨大怜悯和同情。这里的报纸在直言不讳地攻击他们所称的"日本的野蛮和非人道行为"的方面变得几乎完全一致。民意认为(这已成为无线广播的主题)要日本反思其野蛮和非人道是无济于事的；唯一有效的方法就是断绝与日本的商业关系，这样才能对其财政造成致命的打击，而财政是其军事力量的基础。这一看法也流行于英国和其他地方。因此，抵制日货的意愿正在民众中形成，尽管国务院似乎在支持这一运动方面无所作为。然而，在我的编号 490 电报提到的……①抵制日本货物和"中国之友"。昨天在这里开始的"家庭"抵制日货的运动已经显示出了一个总的趋势，他们认为这一运动将蔓延到整个国家。②

为了缓解国际舆论和外交的压力，一方面，日本副外相堀内(Horinouchi)明确地告诉英国驻日本大使："9 月 25 日以后将不会再有对南京的进一步轰炸。副外相还说，几天前东京派了一名海军上将去告诫上海的日本司令官，向海军飞行员下达了明确的指令，只可攻击中国的军事设施，所有的非军事目标必须审慎地避开。日本另一海军军官也以同样的使命被派去见驻中国华南的日本第三舰队司令。"③另一方面，日本外务省加大

① 原件如此，显然是破译者未能翻译出此处的文字。

② Diplomatic Message, RG 457, Location: 190/37/13/01, Box 286, National Archives at College Park.

③ The Ambassador in Japan (Grew) to the Secretary of State, United States Department of State, *Foreign Relations of the United States Diplomatic Papers*, *1937*, *The Far East*, Vol. 3, Washington: United States Government Print Office, 1954, pp. 553 - 554.

了在美国等国的公关力度。根据美国破译的日本外交文件,9 月 19 日,日本外务省向日本驻美国大使馆汇去 10 万美元用于公关和宣传。10 月 5 日,外务省又向日本驻美国大使馆提供了用于宣传的专款,并指示:“无论何时有了好的结果,或无论何时制定了明确的计划,执行这些计划的资金将会随即汇过来。另外,为此问题特别拨款的这笔资金应该被直接用在宣传上,在任何情况下,这笔资金不能用作弥补由于临时人员的增加或购买设备所造成的赤字。发票和开支报告应该附在每月最后一天提交的报告后面。”同一天,外务省还向日本驻芝加哥领事馆汇款 1 万美元“用于宣传工作”和“用于发表支持日本的文章”。10 月 7 日,广田又向日本驻布鲁塞尔大使馆发电报,指示:“我将从情报资金中汇给你 2 万美元用于宣传,用在影响报纸和公众舆论等方面是最佳的[选择]。每个月底要写一份报告汇报情况。”①

值得注意的是,与其他外交电报不同,所有上述四份电报都标有“绝密”字样,这说明日本外务省官员也知道这些手段很不光彩,因而绝对不想让外界了解这一卑劣的行为和做法。同时,这也表明日本当局的解决方案不是停止造成世界舆论哗然的轰炸而是企图通过宣传来掩盖暴行。

正如美国驻日本大使格鲁所预见的那样,日本对中国的首都大规模的轰炸不可避免地会危及美国公民的生命和财产安全。果然,日军在 12 月 12 日轰炸并炸沉了美国炮艇“帕奈”号和三艘美国商船。

① Diplomatic Message, RG 457, Location: 190/37/13/01, Box 286, National Archives at College Park.

第二章　“帕奈”号事件

第一节　事件经过

一、留守南京

1937 年 11 月 21 日，中国外交部长通知美国驻华大使约翰逊，中国外交部很快将撤离南京前往汉口，并请求美国驻华大使通知各国使节，希望他们也尽可能早地离开南京。美国大使把这一情况通知了各国使节，他们同意将尽可能地与中国政府一起动身前往汉口。

11 月 22 日，各国使节及一部分外侨登上轮船驶往汉口。美国大使约翰逊及使馆大部分成员登上美国亚洲舰队长江巡逻舰队的旗舰“吕宋”号前往位于长江上游的汉口。但以艾奇逊为首的少数使馆官员仍然留在南京，尽可能地保持美国大使馆运行，以便协助那些不愿离开南京的美国公民。这样，“帕奈”号受命留在南京，其目的是保持美国大使馆与其他美国外交机构和美国国务院之间的通讯，同时，在危急时刻将留在南京的大使馆外交官及美国公民接上船。由于“帕奈”号所扮演的角色和功能，“帕奈”号具有了某种外交地位。

在离开南京时，美国大使通过美国驻上海总领事馆向在上海的日本大使发出一份电报，告知对方美国大使将要随中国政府前往汉口以履行其职责，但美国驻南京大使馆将继续运行，并要求“日本军事及民事当局注意上述提到的情况，充分承认大使馆工作人员及大使馆建筑的外交地位，给予其适当的便利及充分的保护”①。

鉴于日本飞机不断空袭南京和日本陆军稳步地向南京推进，美国大使馆的密码电讯组于12月2日转移到“帕奈”号上。此刻，除了少数英国人外，其他英国人都已转移到停泊在南京上游的一艘英国大轮船上暂住。

12月7日，留守美国大使馆的艾奇逊向国务院报告，认为他已经为留在南京的美国公民做了能做的一切：包括敦促仍然留在南京的美国人全部登上“帕奈”号；在美国房产上张贴了城防司令部发布的布告；给负责留守在美国房产内的中国雇员颁发了身份证和臂章；为仍然留在南京的美国人准备绳子，以便在危急时刻，在城门关闭的情况下他们可以使用绳索翻越城墙而撤离南京，并且还与中国军事当局做出安排，协助他们离开；告诉留下的美国人，他们可以随意地使用他在大使馆院落内的住所，并将自己的汽车留给了贝茨，让他及其他美国人使用，在危急时刻，汽车可能有助于他们逃往城墙边。②

当日，进攻南京的日军到达距南京30多公里的汤山。美、英、德大使馆的负责官员们决定让大使馆剩余成员于次日晚登船。12月8日下午，留在南京的美国大使馆工作人员登上了“帕奈”号，“帕奈”号于当晚9

① United States Department of State, *Papers Relating to the Foreign Relations of the United States, Japan: 1931—1941*, Vol. 1, Washington: United States Government Print Office, 1943, p. 517.

② The Second Secretary of Embassy in China (Atcheson) to the Secretary of State (Dec. 7, 1937), United States Department of State, *Foreign Relations of the United States Diplomatic Papers, 1937, The Far East*, Vol. 4, Washington: United States Government Print Office, 1954, p. 390.

时30分停泊在了下关码头附近的江面。

12月9日上午，艾奇逊从“帕奈”号上发出一封电报，转告日本驻上海总领事馆18位准备留在南京的美国人的姓名、工作单位及其详细住址，并写道：“美国大使馆要求，如有必要，日本当局应向这些美国人提供适当的保护和便利。”并通知“美国大使馆的官员白天及部分夜晚仍在岸上”①。

当天上午，艾奇逊在“帕奈”号上收到来自南京城防司令部一位军官的电报，表示局势严重，建议任何人都不要离船上岸。然而，由于南京城中并未有任何异常迹象，艾奇逊、帕克斯顿和罗伯茨(Roberts)上尉又回到了城内的美国大使馆，但是中国军事当局表示城门可能随时关闭。在他们的强烈要求下，艾奇逊等于下午3时又返回到“帕奈”号上。随行的还有英国大使馆一等秘书，之后他转往英国炮舰。

实际上，当时的情况是日军已到达距南京东南约17英里的秣陵关。另一支日本军队到达南京光华门外军用飞机场附近，并与城墙上中国军队交火。日军炮兵也与紫金山上的中国炮兵交火，城内中国政府所在地附近遭到日本飞机轰炸。

二、遭遇袭击

当艾奇逊一行刚刚回到“帕奈”号上，浦口江边就遭到了日本飞机的猛烈轰炸，炸弹就落“帕奈”号附近的江中。“帕奈”号舰长海军少校休斯(J.J. Hughes)决定将“帕奈”号开往上游2英里处，到达三汊河亚细亚火油公司(Asiatic Petroleum Company)的工作站附近，这样南京城里的美国公民如果最后改变决定，准备撤离的话，他们可以从那里登船。英

---

① The Second Secretary of Embassy in China (Atcheson) to the Secretary of State(Dec. 7, 1937), United States Department of State, *Foreign Relations of the United States Diplomatic Papers, 1937, The Far East*, Vol. 4, Washington: United States Government Print Office, 1954, p. 392.

国炮艇“圣甲虫”号(H. M. S. Scarab)和“蟋蟀”号(H. M. S. Cricket)已经在三汊河,并且通知“帕奈”号,下午5时他们会向上游行驶半英里以便靠近“恰和”号(Jardine-Matheson),该船上有大量的英国人和其他的外国人在上面避难。

12月11日下午2时45分,炮弹开始落在离“帕奈”号不远的江岸附近。由于不愿意离开三汊河以及可能要与那些选择继续留在南京城的美国人进行进联系,“帕奈”号推迟了起锚时间,直到炮弹落到了“帕奈”号前面的水面,“帕奈”号才被迫向长江上游航行,到达离南京12英里,距吴淞口208英里的地区。艾奇逊发电报给上海的美国总领事馆,要求上海方面通知日本大使馆“帕奈”号的位置,“请以本使馆名义通知日本大使馆我们的位置,并向日本武装部队,包括空军发出适当的指示,因为日本轰炸机每天都在‘帕奈’号停泊的上新河以及曾经停泊的下关上空飞行”①。

12月11日下午7时,一些炮弹落在“恰和”号附近,当时该船停泊在距“帕奈”号上游半英里的地方,靠近英国炮艇“圣甲虫”号和“蟋蟀”号。一颗炮弹落到了英国客轮“黄浦”号(Whangpoo)50英尺的地方。一些炮弹落到了美孚石油公司(Standard-Vacuum Oil Company)的“美平”号(S. S. Meiping)两边和其他商船附近。艾奇逊在电报中写道:“当这些船和‘帕奈’号驶向上游时,正在开火的炮兵改变了他们的射击方向,或者说是延伸了其射程,因为炮弹似乎跟随着船只的航线至少2英里。”艾奇逊继续写道:“英国大使馆武官和在一艘英国船上的德国大使馆的代表说,毫无疑问开炮的是日本人,并且他们是故意向船只开火的,当船只驶向上游,离开他们的射程时,他们不断地试图击中船只。这也是处于

① The Ambassador in China (Johnson) to the Secretary of State, United States Department of State(Dec. 11, 1937), *Foreign Relations of the United States Diplomatic Papers, 1937, The Far East*, Vol. 4, Washington: United States Government Print Office, 1954, p. 485.

炮弹威胁中的'美平'号上的军官和美国乘客以及其他乘客的独立的看法。"①

12月12日早上9时，炮火再次迫使"帕奈"号向长江的上游行驶。大约一个小时之后，在长江北岸有一支日本陆军部队示意"帕奈"号停下来，按照日本人的要求，"帕奈"号停了下来。一艘船头架着机关枪、载有20多名全副武装的日本士兵的摩托艇驶向"帕奈"号，并在右舷梯旁停下。2名日本军官在4名士兵的陪同下登上"帕奈"号。之后，4名刺刀上枪的士兵在舷梯边站岗。舰长休斯和艾奇逊与日本军官进行了接触，其中军衔高的那位军官说他的名字是茂(M. Shigeru)。日本人只会说一点英语，询问美国军舰溯江而上的目的。休斯舰长告诉他们是为了躲避南京的炮火。休斯少校和艾奇逊还给了他们自己的名片，日本人邀请休斯上岸但遭到后者委婉拒绝。在握手之后，日本人就离开了。艾奇逊对整个过程的评价是："尽管日本军官不是非常友好，但另一方面他们似乎也并非不友好。"②

11时，"帕奈"号停泊在距南京上游27英里处，距吴淞口221英里处。美孚石油公司的汽船"美平"号、"美安"号和"美峡"号也停泊在附近。所有这些船只都悬挂着美国国旗，并且在船篷和船的顶部结构上水平地画有美国国旗。艾奇逊再次发电报，要求"以美国大使馆的名义通知日本大使馆'帕奈'号和前面提到的美国商船目前的位置"③。

① The Second Secretary of Embassy in China (Atcheson) to the Secretary of State (Dec. 11, 1937), United States Department of State, *Foreign Relations of the United States Diplomatic Papers, 1937, The Far East*, Vol. 4, Washington: United States Government Print Office, 1954, p. 486.

② The Second Secretary of Embassy in China (Atcheson) to Secretary of State (Dec. 21, 1937), United States Department of State, *Papers Relating to the Foreign Relations of the United States, Japan: 1931—1941*, Vol. 1, Washington: United States Government Print Office, 1943, p. 534.

③ The Ambassador in China (Johnson) to the Secretary of State(Dec. 12, 1937), United States Department of State, *Foreign Relations of the United States Diplomatic Papers, 1937, The Far East*, Vol. 4, Washington: United States Government Print Office, 1954, p. 486.

美国驻上海总领事高斯先生在给国务卿的电报中报告了他是如何处理艾奇逊的有关“帕奈”号位置的电报的:

> 作为档案记录,我报告,在12点半过了几分钟后,我收到电报后就立刻打电话将“帕奈”号位置的信息告诉日本大使馆,接电话的是日本大使馆参赞。之后的30分钟内,日本领事馆的信使送来一封信,确认领事馆收到了有关“帕奈”号位置的信息。通过日期为12月12日的信,日本总领事承认收到了该信息,并说:“必要的信息立刻就发给了日本陆军和海军当局以及给了我的大使。”①

尽管如此,“帕奈”号和美孚石油公司的商船在下午1时半刚过就遭到日本飞机的轰炸。后来受命调查“帕奈”号事件的美国海军法庭在经过全面调查后写道:在下午1时38分,日本三架大型双引擎飞机以V型编队在相当的高度从“帕奈”头顶飞过,方向是长江下游,此时,没有其他飞机在“帕奈”号和船队的附近。这三架飞机在没有发出警告的情况下便扔下几枚炸弹,其中有一或两枚击中“帕奈”号船头,另一枚则击中或落在离“美平”号很近的地方。

第一次袭击掷下的炸弹对“帕奈”号造成了极大破坏,舰首的3英寸口径炮被毁坏,船长及许多人员受了重伤,驾驶台和医务室被炸毁,无线电发报机、锅炉房受损,因此全船失去动力,船体漏水,船头下沉,并向右舷侧倾,这是导致该船沉没的主要原因。

紧接着又有六架单引擎飞机迎头攻击,逐架俯冲,主要是攻击“帕奈”号,共投下约20枚炸弹,多枚炸弹紧靠船边爆炸,弹片和冲击波对船只和人员造成极大损伤。这些攻击持续了大约20分钟之久,其间至少有两架飞机还用机枪进行攻击,其中之一是对准运送伤员到岸边的救生

---

① The Consul General at Shanghai (Gauss) to the Secretary of State (Dec. 13, 1937), United States Department of State, *Foreign Relations of the United States Diplomatic Papers, 1937, The Far East*, Vol. 4, Washington: United States Government Print Office, 1954, p. 491.

船,这造成更多的人受伤,救生船船身也被子弹击穿。①

亲历此次轰炸的艾奇逊回忆:那天天气晴朗无风,阳光明媚。至少有六架飞机参与了轰炸,使用的炸弹估计为100磅。在轰炸之前和第一次听到飞机靠近的时候,大使馆武官罗伯茨上尉登上甲板去观察,并通过飞机上的标识认定是日本人的飞机。伦敦泰晤士报记者马尔科姆·麦克唐纳(Malcolm MacDonald)从船上医务室也看到了这些飞机。环球新闻的摄影师诺曼·艾利(Norman Alley)拍下日本飞机俯冲轰炸"帕奈"号的过程。日本轰炸机依次冲向"帕奈"号,罗伯茨上尉和其他目击者都说,炸弹是从不超过1000英尺的空中丢下的。大约有20枚炸弹扔向"帕奈"号,有4—5枚直接击中了"帕奈"号,2—3枚击中了"美平"号。大部分炸弹落在"帕奈"号的左舷前部,至少有一枚落在右舷。第一枚炸弹击中了船的左舷,毁坏了位于船前部的3英寸口径的舰炮,使得船剧烈地震动了一下,并开始向右舷倾斜。当轰炸开始时,大使馆的帕克斯顿和加希(Gassie)正在左舷甲板下面的办公室里工作。船的左舷上发生了剧烈的爆炸,爆炸把帕克斯顿、加希、船员兰德(W. P. Lander)和韦伯(J. P. Weber)摔向房子对面的一堆杂物、文档箱和其他重物上,船体也开始漏水。某个重物砸断了加希的腿,并且弄伤了帕克斯顿先生的膝盖。帕克斯顿等帮助加希爬上楼梯,并将其安置在船前部洗手间的门道里。

日本飞机俯冲时,还用机枪对"帕奈"号进行了扫射。在舰桥上的休斯舰长发出准备战斗的命令,甲板上的三门机关炮进入战斗状态。副舰长安德斯(A. F. Anders)上尉亲自操作一门机关炮,在此过程中,他双手受伤了。由于无法操作机关炮,安德斯上尉去了舰桥,在那里发现休斯舰长的一条腿受伤。在舰桥,安德斯上尉被弹片炸伤了脖子。与此同

① The Commander in Chief of the United States Asiatic Fleet (Yarnell) to Secretary of the Navy (Swanson), United States Department of State, *Papers Relating to the Foreign Relations of the United States, Japan: 1931—1941*, Vol. 1, Washington: United States Government Print Office, 1943, p. 543.

时，为了了解其他人员的情况，艾奇逊离开了船舱，就在那个时候，船舱的内部铁墙被炸穿。炸弹仍在往下落，飞机每次俯冲时艾奇逊等就躲在过道的中央，与他人挤在一起，直到炸弹爆炸。大约下午2时5分，舰长休斯发布了弃船的命令。

艾奇逊叫了一名水手，他们抬着休斯少校沿着右侧甲板来到船尾，把他放到一艘小救生船上，并将他送上岸。在此过程中小船遭到了来自空中的机枪射击，轮机军士长、二等兵高坂(A. Kozak)在上岸的途中受伤。后来在这条救生船上发现了四个弹孔。在第一枚炸弹击中“帕奈”号之后，“帕奈”号电力供应就中断了，无线电设备中的电池也被毁坏，这使得无线电设备不能使用，因此也就不可能发出求救信号。

两艘救生船往返三次，最终将所有船员运往江岸。后来较大的一艘救生船又返回到“帕奈”号上取水和其他的生活必需用品。

图 2.1 弃船后右舷沉入江中的“帕奈”号

弃船后，“帕奈”号右舷沉入江水中。(见图 2.1)两艘日本陆军武装巡逻艇沿江而下，同时，用枪机枪点射“帕奈”号，然后绕过船尾，数名日本兵从左舷登上了“帕奈”号。大约过了五分钟，他们就离开了。此刻“帕奈”号上的国旗醒目地飘扬在船上，之前也一直都是如此，直至沉没。

当日本的巡逻艇再次出现并开始射击时，那艘返回"帕奈"号去取必需品的救生艇仍然在江中。水手长欧内斯特·马尔曼(Ernest R. Mahlmann)下士和机械军士长韦默斯(G. L. Weimers)下士当时正在救生艇上，他们说他们听到子弹掠过头顶的啸声。

同时，燃烧着的"美平"号先驶向北岸，但是又转向了南岸，最终停靠在附近的一座浮桥旁。"美峡"号尾随着"美平"号。"美安"号则停留在北岸下游的位置。"美平"号和"美峡"号都发生了大火，"美平"号上的汽油桶的爆炸声在随后的数小时里都能听到。

当"帕奈"号的船员及其他成员试着走出他们藏身的芦苇丛(见图2.2)时，三架日本轰炸机沿着长江飞到了他们藏身的上空，一架日本飞机在其上空盘旋。"这架飞机的行动和日本陆军巡逻艇先前的行动，连同轰炸'帕奈'号这一可信事实给了我们足够的理由去相信，日本人正在搜寻我们，以便消灭这次轰炸的目击者。"①

图 2.2　躲藏在江边芦苇丛中的伤员

① The Second Secretary of Embassy in China (Atcheson) to Secretary of State (Dec, 21, 1937), United States Department of State, *Papers Relating to the Foreign Relations of the United States, Japan: 1931—1941*, Vol. 1, Washington: United States Government Print Office, 1943, p. 538.

1937年12月12日下午3时54分,“帕奈”号最终沉没,但这并非是此次悲剧的终结。次日,“帕奈”号上的乘客,意大利记者桑德罗·桑德瑞(Sandro Sandri)因伤重死亡,“帕奈”号船员查尔斯·恩斯明格(Charles L. Ensminger)上士也于12月13日下午死于中国和县,舵手埃德加·郝尔斯布斯(Edgar C. Hulsebus)因伤于12月19日早晨6时30分在上海死亡。另外,还有12人受伤。

第二节 美日交涉

一、初步交涉

1937年12月12日下午1时35分,“帕奈”号遇袭。当时,船上的无线电正在发送电报,由于设备受损,电报只发送出一半就终止。而该电报被位于汉口的美国长江巡逻舰队的旗舰“吕宋”号接收到,引起长江巡逻舰队司令的不安。从下午1时35分起,长江巡逻舰队司令一直试图与“帕奈”号建立联系,但始终未果,于是,便将这一情况转发给了在汉口的美国驻华大使。约翰逊大使于当日午夜将这一情况报告给了美国国务卿,并推测“帕奈”号可能凶多吉少:

> 长江巡逻舰队司令自今天下午1时35分以来一直无法与“帕奈”号取得联系。我了解到日本陆军曾命令向江面所有的船只开火。考虑到今天在南京附近和芜湖的英国海军船只所发生的事情,请东京大使馆向日本外务省提出紧急交涉,并通知其“帕奈”号及载有美国难民的美孚石油公司轮船的位置——最后一次报告停泊在距吴淞口上游221英里处。①

① The Ambassador in China(Johnson) to the Secretary of State, United States Department of State, *Foreign Relations of the United States Diplomatic Papers, 1937, The Far East*, Vol. 4, Washington: United States Government Print Office, 1954, p. 488.

次日9时30分，约翰逊大使接到了位于安徽安庆的美国医生泰勒打来的电话。后者说他接到了当时在和县的美国外交官艾奇逊的电话，确认了“帕奈”号被炸沉没。船上的54人幸存，15人受伤，其中一些伤势严重。约翰逊立即将这一消息发给国务卿。

据国务卿赫尔的回忆录，“当首次收到（“帕奈”号遭）轰炸的消息时，我肯定日本军方的行为不仅不计后果，而且完全是在警告我们他们的权势和决心”①。换言之，对“帕奈”号的轰炸完全是日本军方的故意行动。12月13日晚11时45分②，国务卿给美国驻日本大使格鲁发出了指示：

> 汉口来电显示，昨天和今天，美国和英国的军舰及商船在南京长江上游的不同地点多次遭到射击和轰炸。据报道，一位日本人在芜湖透露，日本军队奉命向长江上所有船只射击。今天美国军舰“帕奈”号与三艘美孚石油公司的汽轮在南京上游27英里处遭轰炸并沉没。生还者，包括大使馆成员、海军人员及一些难民，现在和县。请立即通知广田外相，要求提供相关信息，并要求日本政府立即采取适当行动，让他意识到情况的严重性和采取一切预防措施防止对美国船只及人员进一步攻击的紧迫性。当我们有更具体的细节时，我将给你进一步的指示。③

实际上，格鲁在收到国务卿这封电报之前已经从驻华大使那里得到日本飞机攻击并炸沉“帕奈”号及其他美国船只的消息。由于事关重大，格鲁主动约见了日本外相广田，将其收到的来自中国的有关“帕奈”号遇

---

① Cordell Hull, *The Memoirs of Cordell Hull*, *Vol*. 1, New York: Macmillan, 1948, p. 559.

② 在电报往来中，有美国华盛顿时间和中国时间，为了便于阅读，这里的时间全部换算为中国时间。

③ The Secretary of State to the Ambassador in Japan (Grew), United States Department of State, *Papers Relating to the Foreign Relations of the United States*, *Japan: 1931—1941*, Vol. 1, Washington: United States Government Print Office, 1943, pp. 519 - 520.

袭电报的要点告诉了广田，并要求广田立即采取行动，“制止日本军队继续在这些船只附近投掷炸弹，[进一步]导致美国人的生命及财产受到严重损害”。格鲁还指出：“如果这些炸弹落在轮船附近，造成美国人的伤亡，必将在美国引起糟糕和严重的后果。”对格鲁的交涉，广田唯一的评论仍然是尽可能地推卸责任：“日本军事当局已警告外国人撤出南京周围的交战地区。”①当然，这一次日本是很难以此为由，将炸沉“帕奈”号的责任推脱干净。

美国国务卿赫尔在其回忆录中回忆：12月13日一早，赫尔就来到了国务院的办公室，召集了远东司及其他官员进行紧急商讨。与会者一致认为，“各方面的迹象显示了日本这一野蛮行径具有险恶的特征”，但同时，他们也意识到“美国现在还无法派遣足够的海军舰队前往日本和中国水域要求日本进行完全的赔偿”，并使日本在目前的侵略道路上改弦易张。另外，美国的“孤立主义者还在批评总统的‘隔离演说’，并要求政府从远东撤回我们数量很少的部队”。实际上，这一看法反映了国务院在处理“帕奈”号事件上偏保守的谨慎立场。

会议结束后，赫尔直接去了白宫，将国务院已经获得的有关“帕奈”号事件的所有情报以及国务院对局势的评估和对策建议提交给罗斯福，这些建议包括了要求日本道歉、赔偿、惩罚肇事者和保证不再发生类似事件等内容。罗斯福在与赫尔讨论后，叫来了速记员，口授了一封备忘录，要求赫尔在下午1时约见日本驻美国大使的时候递交给日本大使。该备忘录全文：

1. 总统对日本人不分青红皂白地轰炸长江上美国及其他非中国船只的消息十分震惊和十分关注，他要求把这情况告知日本天皇。

---

① The Ambassador in Japan (Grew) to the Secretary of State, United States Department of State, *Papers Relating to the Foreign Relations of the United States*, *Japan: 1931—1941*, Vol. 1, Washington: United States Government Print Office, 1943, p. 520.

2. 正在汇集所有的事实，并将很快提交给向日本政府。

3. 同时希望日本政府考虑向美国政府表达：a. 充分的道歉，并提供全部赔偿；b. 保证将来不再发生类似攻击事件的措施。①

显然，从表面上看，罗斯福基本采纳了国务院的建议，但罗斯福在其备忘录中使用了“震惊”和“十分关注”等词语，并要求将这一事件直接通知日本天皇表明了这一事件的严重性，暗示了美国政府对日本政府控制日本军队能力的不信任，为以后可能对日本采取进一步的行动留下伏笔。实际上，在之后的美国政府的内阁会议上，罗斯福探讨了对日本实行金融制裁的可能性，之后又提出了与英国一道对日本实行海上封锁的建议。这表明罗斯福芝加哥的“隔离”演说，并非是未经深思熟虑的心血来潮的讲话。有关罗斯福对日本实行海上封锁构想的详细内容参见本书第五章。

下午1时，日本驻美国大使来到赫尔办公室，赫尔在回忆录中写道，“他看起来沮丧，并装作很谦卑，表达了各种各样的道歉和遗憾”，并向赫尔解释了日本轰炸“帕奈”号的原因和补救措施：

日本指挥官收到了中国军队正乘船向长江上游撤退的报告，海军飞机被派去进攻他们，由于错误，“帕奈”号遭到轰炸并沉没。美国当局曾告知日本官员有关“帕奈”号的位置，因此，轰炸这艘船被认为是一个非常严重的错误。日本外相指示他向(美国)政府表示完全和真诚的道歉，他答应这样做。日本海军在收到美国约翰逊大使有关“帕奈”号被炸沉的电报后，试图派遣一艘军舰，携带医疗和其他物资前往救援，但是由于当地的战斗，这一行动被证明十分困难。②

---

① Cordell Hull, *The Memoirs of Cordell Hull* ,Vol. 1, New York: Macmillan, 1948, p. 560; Memorandum by the Secretary of State, United States Department of State, *Papers Relating to the Foreign Relations of the United States, Japan: 1931—1941*, Vol. 1, Washington: United States Government Print Office, 1943, p. 523.

② The Secretary of State to the Ambassador in Japan (Grew), United States Department of State, *Foreign Relations of the United States Diplomatic Papers, 1937, The Far East*, Vol. 4,Washington: United States Government Print Office, 1954, p. 496.

日本化解这一事件的策略是坚持强调是“错误”或“严重错误”造成了“帕奈”号被炸沉。同时，包括日本外相、陆相、海相在内的多名官员主动、多次向美国道歉。

12月14日晚，在罗斯福的同意下，赫尔向日本提交了一份正式照会。照会对“帕奈”号遇袭沉没表示震惊，陈述了与该事件有关的基本事实和经过，照会最后写道：

> 自中日两国不幸的敌对行动开始以来，日本政府及各级日本当局在不同时间、反复地向美国政府及有关部门保证，完全尊重各国之权益是日本政府和日本军队的意图和决心。然而，在许多场合，日本军队的行动侵犯了美国的权益，严重危害了美国公民的生命，毁坏了美国的财产。不止一次，日本政府承认这些事实，表示遗憾，并保证采取一切措施避免此类事件的发生。在目前的个案中[“帕奈”号事件]，日本军队的行为是在完全无视美国权益的情况下发生的，他们夺取美国人的生命，摧毁美国的公私财产。
>
> 在这种情况下，美国政府要求并期待日本政府做出正式道歉，进行完整、全面的赔偿，并保证采取明确、具体的措施，确保今后美国公民在中国的利益和财产不再受到日本武装力量的攻击或其他任何日本当局或军队的非法侵扰。①

照会通过揭露日本政府多次言而无信，不能信守承诺的事实使日本政府难以再像过去那样只是以口头承诺和空洞的保证来化解危机。与此同时，照会也表明赫尔及国务院仍然希望在外交的框架内，以赔偿、道歉和保证以后不再侵犯美国在华利益的方式解决“帕奈”号事件，并希望通过这一事件使得日本军队今后对美国利益的侵犯行为有所收敛。

---

① The Secretary of State to the Ambassador in Japan (Grew), United States Department of State, *Papers Relating to the Foreign Relations of the United States*, *Japan: 1931—1941*, Vol. 1, Washington: United States Government Print Office, 1943, p. 523 - 524.

几乎就是在同时,日本外务省美洲司司长吉泽前往美国驻日本大使馆递交了由外相广田签名的照会。在照会中,广田称,根据日本在中国代表提交的正式报告,造成"帕奈"号遇袭的原因是:

> 由于能见度差,尽管飞机降至很低的高度,但仍无法看清这些船只上有任何显示其是属于美国的标记,或看清其中有军舰。结果,由于被当作是运送撤退的中国军队的船只,美国炮艇"帕奈"号和美孚石油公司的船只遭到轰炸并沉没。①

在照会中广田还对由于轰炸所造成的伤亡表示遗憾,并进行道歉,同时还主动表示:

> 日本政府将对所有损失进行赔偿,并对事件的相关责任人进行相应的处理。另外,[日本政府]已经向现地的日本当局发出严格的命令,为的是防止类似事件的发生。②

显然,尽管不是针对 12 月 14 日美国国务院照会的回应,但广田的照会基本满足了美国国务院照会所提的前两项要求,只是没有对"确保今后美国公民在中国的利益和财产不再受到日本武装力量的攻击或其他任何日本当局或军队的非法侵扰"的要求进行答复。因此,12 月 14 日晚 8 时 30 分,格鲁在日本外务省向广田提交国务院 14 日的正式照会时,提到了这一问题。广田保证将很快回应,并补充道:"我希望在我权力范围内尽我所能做到的一切来维护与美国的友好关系。"③

至此,整个"帕奈"号事件似乎即将画上一个句号。美国国务院也有意顺水推舟,准备接受日本方面对"帕奈"号遭到攻击的解释。但"帕奈"

---

①② The Ambassador in Japan (Grew) to the Secretary of State, United States Department of State, *Papers Relating to the Foreign Relations of the United States*, *Japan: 1931—1941*, Vol. 1, Washington: United States Government Print Office, 1943, pp. 524 - 525.

③ The Ambassador in Japan (Grew) to the Secretary of State, United States Department of State, *Papers Relating to the Foreign Relations of the United States*, *Japan: 1931—1941*, Vol. 1, Washington: United States Government Print Office, 1943. p. 526.

号事件亲历者艾奇逊于17日提交的有关“帕奈”号的初步报告，使得日本政府所称的轰炸“帕奈”号系“错误”造成的解释难以自圆其说。

二、节外生枝

艾奇逊于17日提交的有关“帕奈”号的初步报告，反映了下面一些事实：

1. 大约在12日上午10时，长江北岸的一支日本陆军部队示意“帕奈”号停船。一艘船头架着机关枪、载有20多名全副武装的日本士兵的摩托艇驶到“帕奈”号右舷梯。2名日本军官和4名日本士兵登船，询问“帕奈”号前往何处，并与“帕奈”号舰长和艾奇逊交换了名片。也就是说，日本陆军已经核实了“帕奈”号的确是一艘美国军舰。

2. 12日11时，“帕奈”号在距南京27英里，距吴淞口221英里的地方抛锚后，艾奇逊通过编号1040紧急电报，要求上海的总领事馆通知日本大使馆“帕奈”号及其他美国船只的新方位，并要求其向日本武装部队发出指示。

3. 当天“帕奈”号所在地区天气晴朗、无风，阳光明媚，能见度很高。

4. “帕奈”号遇袭，船员弃船后，载着船员的救生艇遭到了来自空中的机枪射击，二等兵高坂在上岸的途中受伤。后来在这条救生艇上发现了四个枪眼。

5. 弃船后，“帕奈”号右舷沉入水中，这时两艘日本武装巡逻艇沿江而下，同时用机枪点射“帕奈”号，然后绕过船尾，数名日本兵从左舷登上了“帕奈”号，大约过了五分钟就离开了。此刻“帕奈”号上的美国国旗十分醒目。

6. “帕奈”船员上岸后，三架日本轰炸机编队沿着长江飞到了他们的上空，一架日本飞机在船员隐藏的沼泽地芦苇丛上空盘旋。艾奇逊等相信当时日本人正在搜寻幸存者以便消灭这次轰炸的目击者。①

① The Second Secretary of Embassy in China (Atcheson) to the Secretary of State, United States Department of State, *Papers Relating to the Foreign Relations of the United States, Japan: 1931—1941*, Vol. 1, Washington: United States Government Print Office, 1943, pp. 534 - 538.

而此前，包括广田在内的日本方面的解释是，陆军得到中国船只向长江上游撤离的情报，请海军飞机前往轰炸，海军飞机在长江发现了船队，由于能见度差，无法辨别，而造成误炸。“帕奈”号事件亲历者艾奇逊的报告表明，当时天气晴朗。同时，不仅“帕奈”号上的美国外交官通过外交渠道通知了日本陆军和海军“帕奈”号的位置，而且在“帕奈”号遭到轰炸前数小时，日本陆军部队也曾登上了“帕奈”号，核实了它的确是一艘美国军舰。在高空轰炸之后，日军飞机不仅低空飞行，还用机关枪扫射幸存者，后来还两次企图消灭幸存者。这一切只能有一种解释，那就是日本军队的攻击行为是蓄意的。

12月17日下午1时，赫尔通过格鲁向日本外务省递交了一封新的照会，并要求格鲁尽快递交给广田。在照会中，赫尔写道：

> 美国政府现已收到有关攻击“帕奈”号事件的正式报告，这些报告所描述的这一事件的性质比美国政府12月14日给日本政府的信函所依据的报告要严重得多。这些正式报告称，幸存者在离开正在下沉的“帕奈”号逃生时，日本飞机俯冲，并用机枪低空扫射载有幸存者的救生船；在“帕奈”号沉没之前，有两艘日本陆军汽艇驶向该船，虽然桅杆斜杆上悬挂的美国国旗是显而易见的，但日本人先用机枪扫射，然后登上该船，并在船上停留约五分钟；这些报告还说，上岸以后，幸存者把伤者藏起来，并分散躲避，因为日本飞机反复在头顶盘旋，显然是在搜索他们，以便消灭所有人。这些报告明确显示，日本武装部队是蓄意攻击“帕奈”号和其他美国商船的。①

12月17日下午，格鲁将赫尔的照会递交给了广田，强调这些事实显示，所谓的轰炸“帕奈”号是由于判断错误造成是难以自圆其说的。格鲁

① The Secretary of State to the Ambassador in Japan (Grew), United States Department of State, *Papers Relating to the Foreign Relations of the United States*, *Japan: 1931—1941*, Vol. 1, Washington: United States Government Print Office, 1943, p. 527.

指出:“根据这些证据,日本海军和陆军都明显的犯有故意攻击罪行,从他们的攻击地点看,能够看见美国船上悬挂的星条旗是没有任何问题的。”广田说:“他完全不了解我(格鲁)提交给他的这些事实,他将立刻向海军和陆军当局提出此问题。”格鲁注意到,广田“显然由于提交给他的这些事实以及我向他提交这些事实时的严肃态度而心烦意乱”①。

由于这一照会,日本方面派了参谋本部的高级军官前往南京和芜湖等地调查,确认了日本飞机在轰炸时曾用机关枪对“帕奈”号进行扫射。但对于日本陆军官兵驾驶汽艇登上“帕奈”号及向“帕奈”号开火等问题,日本不同的官员后来在通报美国国务院、驻日本大使馆和驻上海总领事馆时存在着相互矛盾的报告和解释。② 这也表明,日本坚称整个事件都是一个意外的说辞矛盾重重,难以自圆其说。

令人奇怪的是,面对日本故意袭击“帕奈”号的证据,主导美国外交的国务卿赫尔并未向日本政府提出新要求,或是最后通牒,而仍然是“全部赔偿”“惩罚肇事者”和“确保在中国的美国公民、利益和财产今后不再受到日本武装力量的攻击,或任何日本当局或军队的非法侵扰”,而只是强调,“由于这一报告,现在这一要求变的更加紧迫”。③

赫尔这样做背后的逻辑除了前面提到的“美国海军还没有做好准备”和美国“孤立主义”的因素外,另一原因是,“总体来看,[美国]人民平静地对待这一事件。有一些人要求立刻将舰队派往东方,也有更多的人要求我们应该完全地撤离中国,但大多数美国人表明他们同意我们的做法。在整个事件中,我们的行动既充满激情但又保持冷静。这是一个严重的事件,

① The Ambassador in Japan (Grew) to the Secretary of State, United States Department of State, *Papers Relating to the Foreign Relations of the United States*, *Japan: 1931—1941*, Vol. 1, Washington: United States Government Print Office, 1943, pp. 528 - 529.

② 参见杨夏鸣编:《南京大屠杀史料集·美国外交文件》,江苏人民出版社,2011 年版,第 220—259 页。

③ The Secretary of State to the Ambassador in Japan (Grew), United States Department of State, *Papers Relating to the Foreign Relations of the United States*, *Japan: 1931—1941*. Vol. 1, Washington: United States Government Print Office, 1943, p. 527.

但除非我们能够证明日本政府本身参与了共谋，否则即便我们已经为战争做好了准备，这也不是进行战争的时机，而我们当然是没有做好这样的准备”①。显然，赫尔并没有将袭击美国军舰的责任直接归咎于日本政府。

三、内阁会议

实际上，美国政府高官并非都持这一立场。第二天，即 12 月 18 日，罗斯福召开了内阁会议，就这一问题，与会官员进行了长时间的讨论。内政部长哈罗德·伊克斯(Harold Ickes)在其日记中写道，会议“花了很多时间讨论这一事件”。他还透露，海军部长斯旺森(Swanson)代表海军将领要求对日本开战。他以赞扬的口吻写道：“在我看来一个有趣的现象是，内阁成员中身体最不好的一位，却强烈要求开战。可怜的斯旺森进出内阁会议室必须有助手搀扶，没有助手的帮助也无法站立。他的口音很重，难以听懂。尽管如此，他希望战争，而且立刻开战，至少，他希望将舰只派往夏威夷水域。”对于海军部长所持的这一立场，哈罗德·伊克斯完全同意，并很有先见之明的预言：“我承认斯旺森的观点无法被轻易否定。毫无疑问，与日本的战争迟早是不可避免的，如果我们不得不与其开战，难道现在不是最佳的时机吗？[因为]海军认为我们现在能够打败日本。”②

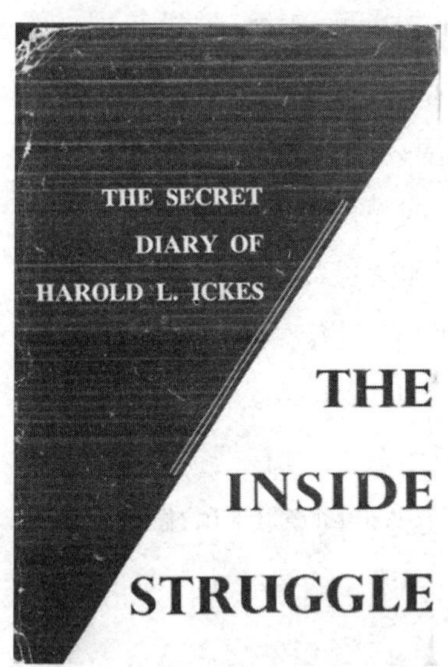

图 2.3　哈罗德·伊克斯的《伊克斯的秘密日记》一书记录了此次内阁会议的经过

在日记中(见图 2.3)，他还记述了罗斯福的看法：“在斯旺森用其虚弱苍老的

① Cordell Hull, *The Memoirs of Cordell Hull*, Vol. 1, New York: Macmillan, 1948, p. 563.

② Harold L. Ickes, *The Secret Diary of Harold L. Ickes*, New York: Simon and Schuster, 1954, Vol. II, pp. 273 - 274.

声音呼吁开战时，总统说他想要的结果与斯旺森所希望的是一样，但他不想必须通过战争的方式得到。”①

这里罗斯福所指的以非战争手段达到效果就是一段时间以来他所构想的与英国等国一道建立一条封锁线，或“隔离带”，对日本实行海上封锁。哈罗德·伊克斯还在日记中描述了罗斯福的具体构想为：“美国海军能够从阿留申群岛至夏威夷，到威克岛，再到关岛封锁日本。英国将负责从美国封锁线到新加坡一线。这将是一相对简单的任务，无需派一支强大的舰队，海军就能应对。由于遭受到这样的封锁，总统认为能够在一年的时间里使日本屈服。”②罗斯福还授权财政部长摩根索与英国财政部长联系，探讨对日本实行金融制裁的可能性以及要求国会增加海军预算。

根据罗斯福的提议，美英两国海军参谋人员就相关合作事宜于 1937 年底和 1938 年初在伦敦进行了相关会谈，但所有上述措施对解决目前的“帕奈”号事件都是“远水”，无法解决“帕奈”号事件这一“近渴”。实际上，在 12 月 16 日与英国驻美国大使林赛(lindsay)的秘密会晤中，罗斯福明确指出美英海上“封锁的时机必将是日本犯下一次重大的暴行的时候”。③ 因此，“帕奈”号的解决方式实际上仍然是按照国务院制定的既定方针进行。

12 月 23 日晚，日本海军副大臣三本(Yamamoto)，海军上将、外务省

---

① Harold L. Ickes, *The Secret Diary of Harold L. Ickes*, New York: Simon and Schuster, 1954, Vol. II, p. 275.

② Harold L. Ickes, *The Secret Diary of Harold L. Ickes*, New York: Simon and Schuster, 1954, Vol. II, p. 274. 有关罗斯福海上封锁的起源及演变可参见 John McVickar Haight, Jr., Frankin D. Roosevelt and a Naval Quarantine of Japan, *Pacific Historical Review*, Vol. 40, No. 2 (May, 1971), pp. 203 - 226.

③ Sir R. Lindsay (Washington) to Mr. Eden (Received December [18], 9. 30 a. m.), *Documents on British Foreign Policy 1919—1939, Vol. 22: Far Eastern Affairs, November 6, 1936—July 27 1938*, pp. 589 - 592. 有关这次秘密会晤的详情，参见本书的第五章第 252—254 页。

美国司司长吉泽等日本官员前往美国驻日本大使馆，就“帕奈”号事件与格鲁会晤了三小时，内容包括日本海军省副大臣的一个总的陈述和被派往南京调查的海军和陆军官员的详细的调查报告。格鲁在给国务院电报中写道：“这些官员的主要目的很明显是向我展示证据，以证明他们的观点，即轰炸和扫射‘帕奈’号、美国商船及幸存者是失误，而非故意。”格鲁还向国务卿报告：“这些官员的调查报告所反映的事实和我们所掌握的美国方面的信息的差别似乎并非很大。”格鲁同时强调：“尽管详细地描述了导致误解的客观环境，但日本方面不加掩饰地承认其出现一系列的误解并犯了随后的错误。包括在场的[美国]大使馆参赞、海军和陆军武官在内，我们对日本陆军和海军明显真正地希望得到不受歪曲的事实的努力留下了深刻的印象。”会晤结束前，格鲁提示日本方面：“我们仍然在等待日本政府对我们12月14日和17日照会的回复，原因是外务省12月14日的照会并没有对我们政府提出的所有要点做出回应。”①格鲁这里指的是12月14日照会中提出的“保证采取明确、具体的措施，确保今后美国公民在中国的利益和财产不再受到日本武装力量的攻击或其他任何日本当局或军队的非法侵扰”的要求。

次日晚7时，广田即向格鲁递交了日本的回复照会。在照会中，广田回顾了两国之前的照会往来，否认了美国照会对日本的指责，强调了“现在已确定这一进攻完全是非故意的”。对美国照会中提出的日本保证今后不侵犯美国在华利益的要求，广田在照会中写道：

> 日本海军已经迅速发出严格命令：“在所有美国军舰和其他船只或任何第三国船只所在地区，行使最大限度的谨慎以避免再发生类似的错误，即便这意味着牺牲攻击中国军队的战略优势。”另外，已经向陆军、海军和外交当局发出严格命令，鉴于目前不幸的事件，

① The Ambassador in Japan (Grew) to the Secretary of State, United States Department of State, *Papers Relating to the Foreign Relations of the United States, Japan: 1931—1941*, Vol. 1, Washington: United States Government Print Office, 1943, pp. 547 - 548.

要更加注意遵守过去三令五申的防止侵害，或是不当的干涉美国和其他第三国的权益的指令。日本政府正在仔细研究一切可能使上述目标得以实现的有效方式。与此同时，他们已经采取了措施，与在中国的美国当局进行更多的联系，以确认美国财产和公民的所在位置，并改进方法，将情报迅速、有效地传递到现地当局。①

为了加速这一事件的解决，广田还告诉格鲁，海军少将三并(Mitsunami)被召回，这是极端严厉的惩罚，因为这暗示他不再有能力在“战场上”指挥。另外，广田还秘密地给了格鲁一份受到惩罚的11名日本海军军官的名单。在整个事件中，格鲁起到了大事化小的作用。在电报中格鲁告诉国务卿：“我推断他真诚地希望目前的照会将起到解决这一事件的作用。”②

12月25日，国务卿赫尔要求格鲁立刻向日本外相广田递交一封照会。该照会的主要内容为：

在我国政府12月14日的照会中，美国政府要求并期待日本政府做出正式书面道歉，进行完整和全面的赔偿，并保证采取具体有效措施使美国人在华权益及财产今后不再受到日本武装部队的攻击和非法侵扰。对美国政府照会中的头两条要求，日本政府在12月24日的照会中重申了其12月14日的声明：“日本政府对造成美国军舰和船只受损和船上人员伤亡的本次事件深表遗憾并由衷道歉。日本政府将赔偿全部损失，并将适当地处理对事件负有责任的人员。”关于美国政府的第三项要求，日本政府12月24日的照会详

① The Ambassador in Japan (Grew) to the Secretary of State, United States Department of State, *Papers Relating to the Foreign Relations of the United States, Japan: 1931—1941*, Vol. 1, Washington: United States Government Print Office, 1943, pp. 549 – 550.

② The Ambassador in Japan (Grew) to the Secretary of State, United States Department of State, *Papers Relating to the Foreign Relations of the United States, Japan: 1931—1941*, Vol. 1, Washington: United States Government Print Office, 1943, p. 550.

细阐述了其已采取的某些明确和具体的步骤，用照会的话说“防止侵害和不当地干涉美国和其他第三国的权益”，并声称“因此，日本政府正在努力绝对地排除再次发生类似性质事件的可能性”。①

国务院的照会对日本政府12月14日复照中迅速承担责任和12月24日的保证措施表示满意，但在事件的起源、原因和细节上，美国并不认同日本方面的解释：

> 关于该事件的起源、原因及细节，日本政府12月24日照会中简述了日本政府经过调查所得出的结论。关于这些问题，美国政府则依据美国海军调查法庭的判决报告，这份报告已正式提交给了日本政府。②

该法庭的调查报告详细陈述了事件发生的过程，并得出“帕奈”号(见图2.4)上的所有美国军人没有任何失职和其他不当行为的结论。

图2.4 “帕奈”号船员

①② The Secretary of State to the Ambassador in Japan (Grew), United States Department of State, *Papers Relating to the Foreign Relations of the United States, Japan: 1931—1941*, Vol. 1, Washington: United States Government Print Office, 1943, pp. 551 - 552.

12月26日，在收到电报后不久，格鲁即前往广田处，并大声向其宣读了美国国务院的照会。宣读完毕后，广田对格鲁说：“我衷心地感谢贵国政府和你所做出的这一决定，我非常、非常的高兴，你给我带来了一个极好的圣诞礼物。”①

一般认为，这标志着“帕奈”号事件的正式结束，但实际情况并非如此。根据内政部长哈罗德·伊克斯的日记，在12月31日的内阁会议上，副总统与罗斯福之间有这样一段对话：

> 在讨论日本局势时，副总统想知道，考虑到我们接受了日本的照会，这一事件显然就此结束，总统将采取什么措施恢复其最初立场，即对日本必须采取某种强硬立场。总统回答道：若干小事情。我们将向澳大利亚派去四艘军舰，而不是原先计划的两艘，这四艘军舰还将被派往新加坡。新加坡这一目的地将在这四艘军舰到达澳大利亚后再宣布。与此同时，舰队的其他舰只将前往夏威夷。另外，我们正在与英国[就海上封锁一事]进行对话。②

在日记中，哈罗德·伊克斯还透露，罗斯福及美国政府对日本的照会并不满意，并分析了美国不采取进一步措施的原因。同时，他本人认为美国应该尽早采取军事行动以制止日本在亚洲的扩张：

> 我们并没有从日本人那里得到我们要求的那种令人满意的道歉。如果有的话，我们并不知道对“帕奈”号事件负有责任的人员将受到何种惩罚；我们不知道我们要求的赔偿能够得到多少。在其照会中，日本除了承认[“帕奈”号事件]是一起意外事故外，明显地否定了任何其他责任。尽管我们知道袭击是故意和不怀好意的事实，

---

① The Ambassador in Japan (Grew) to the Secretary of State, United States Department of State, *Papers Relating to the Foreign Relations of the United States, Japan: 1931—1941*, Vol. 1, Washington: United States Government Print Office, 1943, p. 552.

② Harold L. Ickes, *The Secret Diary of Harold L. Ickes*, New York: Simon and Schuster, 1954, Vol. II, p. 279.

并显然能够证明这一点，但我们接受了这一托词。也许是，总统认为如果他现在就采取进一步的措施，公众舆论并不支持他，但是他建议做好准备，如果另一[类似的]事件发生的话。

与此同时，我们正在让日本在中国和亚洲其他地区增加其实力。尽管我反对战争，但我仍然认为如果我们注定要与日本战斗的话——在我看来这是迟早的事——现在就是最好的时机。我相信如果我们被允许使用新加坡的基地，我们的海军现在就能够对付日本，特别是在英国的协助下，甚至即便没有英国的合作也是如此。①

所幸的是，在赔偿方面，哈罗德·伊克斯担心的情况，即日本在具体赔偿数额上要赖，并没有出现。整个赔偿过程没有节外生枝，日本基本是照单付账。1938 年 3 月 19 日，美国政府向日本开出了赔偿清单：财产损失共计 1945670.01 美元，对伤亡人士的赔偿共为 268337.35 美元。因此，美国政府准备接受总额为 2214007.36 美元的赔偿，并强调："这些数目是经过慎重的考虑，只代表财产的实际损失，而对伤亡人士的赔偿数额是一个比较保守的数目。此数目不包含惩罚性赔偿。"②

日本在收到具体赔偿数额的要求后，以会计做账为由，要求美国开出更具体的赔偿明细。1938 年 4 月 17 日，美国国务院提供了"帕奈"号赔偿明细表：

A. 财产损失

Ⅰ. 海军部

"帕奈"号的损失：455727.87 美元；

船的装备、供应等损失：97766.48 美元；

---

① Harold L. Ickes, *The Secret Diary of Harold L. Ickes*, New York: Simon and Schuster, 1954, Vol. Ⅱ, p. 279.

② The Secretary of State to the Ambassador in Japan (Grew), United States Department of State, *Papers Relating to the Foreign Relations of the United States*, *Japan: 1931—1941*, Vol. 1, Washington: United States Government Print Office, 1943, p. 559.

人员的个人财务:40263.00美元;

合计:593757.35美元。

Ⅱ. 邮政部

邮票、现款及补给品:74.27美元。

Ⅲ. 国务院

大使馆成员的个人财物损失:6400.80美元。

Ⅳ. 美孚石油公司

更新5艘轮船(“美平”、“美峡”、“美安”、“美福”9号、散装船163号);维修受损2艘轮船(“美福”11号及驳船206号);添置新船之前耽误船运的损失;办事处家具、货物、燃料、船用补给品、现款;扣除上述前5艘船的折旧费229703.00美元,计1251008.00美元。其他个人在船上的财产损失36934.00美元。合计1287942.00美元。

Ⅴ. 属于美国驻华大使馆或美孚石油公司的13位美国公民的个人财务损失:57495.59美元。

全部财产损失:1945670.01美元。

B. 伤亡人员之赔偿费

死亡的“帕奈”号两位船员和“美平”号船长以及在“帕奈”号和其他轮船上受伤者共74人,共计:239887.98美元;

住院治疗费和受伤期间的误工损失:28449.37美元;

死亡和伤亡赔偿共计:268337.35美元。①

1938年4月22日下午5时,格鲁收到日本政府开具的“帕奈”号事件赔款支票,数额为2214007.36美元,收款人为美国国务卿。至此,在形式上,“帕奈”号事件终于画上句号。

---

① The Secretary of State to the Ambassador in Japan (Grew), United States Department of State, *Papers Relating to the Foreign Relations of the United States*, *Japan: 1931—1941*, Vol. 1, Washington: United States Government Print Office, 1943, pp. 561 - 562.

在这一事件处理过程中还有一个鲜为人知的插曲。“帕奈”号事件发生后，日本民众“自发”向驻美国大使馆捐款。在如何处理这些捐款问题上，美国政府和格鲁大使有些左右为难。一方面，美国政府的政策是拒绝接受任何捐款以免混淆日本政府赔偿问题；另一方面，格鲁也无法完全退回这些捐款，因为很多是匿名的。

在几经更改后，最后这笔捐款定名为“美日信托基金”，理事为美国驻日本大使和由美日协会的日本主席以及其他理事提名的另一位美国人担任。由格鲁处理的捐款被存在东京花旗银行的一个特别账户里，数目为37099.95元。①

第三节　事件分析

一、“意外”vs“故意”

正如前文所述，日本政府自始至终都强调，“帕奈”号事件是一次“意外”，是一个“错误”或“严重错误”。下面我们将对相关资料进行集中梳理，看看这一说法是否成立。

首先，1937年12月12日上午11时，住在“帕奈”号上的美国大使馆二等秘书艾奇逊将“帕奈”号所在位置发送给了上海的美国总领事高斯，并通过高斯转给了日本当局。与此同时，该电报转发汉口、北平，并请北平转发东京，要求东京驻美国大使馆提交给日本外务省。电报中的相关内容：

> 今天早上9时的炮火使得“帕奈”号进一步向长江上游航行，现在船[“帕奈”号]停泊在南京上游27英里处，距吴淞口221英里。美孚

① The Ambassador in Japan (Grew) to the Secretary of State, United States Department of State, *Papers Relating to the Foreign Relations of the United States, Japan: 1931—1941*, Vol. 1, Washington: United States Government Print Office, 1943, p. 558.

石油公司的汽船“美平”号、“美安”号和“美峡”号也停泊在附近。①

收到电报后，美国驻上海总领事高斯立刻用电话通知了日本大使馆，后者确认收到了相关信息，并将必要信息立刻转给了日本陆军、海军和日本大使。因为事关重大，高斯还特地以电报的形式，将相关细节记录在案，并发给了国务卿。②

根据电报所载，日本大使馆在 12 时 30 分后就接到了高斯的电话，得到了有关“帕奈”号具体位置的信息。不久之后，日本陆军和海军就收到了相关的信息。但 1937 年 12 月 24 日的《日本大本营海军部公报》却称这一信息直到下午 5 时 30 分才到达海军航空队指挥官手中：

> 美舰“帕奈”号于 12 月 10 日停泊在南京上游二浬，由于该地区发生激烈战斗，“帕奈”号保护三艘美国商船逐渐向上游转移，事件发生时，在南京上游二十六浬附近避难，并履行了向我方通告的手续，亦是按照《12 月 8 日撤离南京劝告》行事，然而，不幸的是其最终避难位置也成为敌我交战之地，并且其对最终避难位置的通告出现了下文提到的延迟，最终“帕奈”号舰长的努力未能阻止该事件的发生，不胜遗憾……同日[12 月 12 日]，“帕奈”号及三艘美国商船在南京上游二十七浬附近的通知由美国驻上海总领事经帝国总领事于下午五时到达我支那方面舰队司令部，通知到航空队指挥官则在下午五时三十分之后。因此上述航空队完全不知南京上游二十七浬处有美国船只，确信这些船只为中国船只，实为无可奈何。③

日本领事馆称，接到美国领事有关“帕奈”号的信息后（12 时半过几

① The Ambassador in China (Johnson) to the Secretary of State, United States Department of State, *Foreign Relations of the United States Diplomatic Papers, 1937*, *The Far East*, Vol. 4, Washington: United States Government Print Office, 1954, p. 486.

② 电报全文参见本书第二章第 53 页。

③ 转引自笠原十九司:『日中全面戦争と海軍——パイナ号事件の真相』，日本青木書店，1997 年版，第 188—189 页。

分钟)，“必要的信息立刻就发给了日本陆军和海军当局以及给了我的大使”，而日本大本营海军部则称，有关帕奈号位置的信息“由美国驻上海总领事经帝国总领事于下午5时到达我支那方面舰队司令部，通知到航空队指挥官则在下午5时30分之后”。这里海军部证实了有关“帕奈”号位置的信息的来源及路径，但在时间上却相差了近五个小时。显然，不是日本领事馆在说谎，就是日本海军部在说谎。

如果真的是日本情报传递或通讯系统出现了问题，导致了信息的延误，那么日本政府事后应该追究包括日本驻上海总领事冈崎在内的与信息传递有关的人员的责任，而不是召回三并少将和处分其他11名日本海军军官。但实际情况正好相反，实际上，当有关日本海相赦免三并少将的责任的报道出现后，日本海相的高级助理还专门拜访了美国驻日本大使格鲁，并声明:“有报道说，‘海相已免除了与“帕奈”号事件有关的海军军官的责任，并将[事件]归咎于通讯不畅’，该报道并非属实。”①显然，日本当局并没有将这一事件归咎于“通讯不畅”。

那么，只有一种解释，那就是尽管海军承认通过外交渠道收到了“帕奈”号位置的信息，但为了使“误炸”能自圆其说，篡改了收到信息的确切时间。更重要的是，即便日本海军真的是在下午5时多才收到有关“帕奈”号位置的信息，也不能说明其不知道这一区域没有外国船只。实际上，前一天，即12月11日下午5时，艾奇逊就以同样的方式通知了日本方面“帕奈”号位置:

> 由于不情愿离开三汊河以及可能需要与[留在南京的]美国人进一步的联系，“帕奈”号迟迟未起锚，直到炮弹落在它前面的江中和江对岸。然后，“帕奈”号向上游行驶了12英里到达距吴淞口208英里处，现在它停泊于此。请以本使馆名义通知日本大使馆我们的

① The Ambassador in Japan (Grew) to the Secretary of State, United States Department of State, *Foreign Relations of the United States Diplomatic Papers, 1937, The Far East*, Vol. 3, Washington: United States Government Print Office, 1954, p. 560.

位置，并要求向日本武装部队，包括空军[海军航空队]发出适当的指示，因为日本轰炸机每天都在“帕奈”号曾经停泊的三汊河及之前[停泊]的下关上空盘旋。①

由此可见，日本领事馆与日本军队之间的信息传递无论多么慢，理论上，日本陆军和海军在轰炸“帕奈”号之前就应该知道在这一地段有美国军舰的存在。更何况，之前日本飞机已多次飞临“帕奈”号上空，但并未对其实施攻击，显然日本飞行员知道它是美国军舰，并熟悉其特征。②

另外，有迹象表明，长谷川清之前就知道“帕奈”号位置的信息。日本海军军医、海军大佐泰山弘道在日记中描述了“帕奈”号被击沉的消息传来时长谷川清的第一反应：

> 听到这一消息，正在愉快谈笑着吃饭的长官[长谷川清]陡然紧张起来，一下子沉默不语了。将军室顿时笼罩在从未有过的沉闷气氛中。我充分体会到长官的心情。因为在前天早上的例行早会上，头脑清晰、观察细致的长官就提醒过参谋长[杉山六藏]说：如果不慎轰炸了南京长江上游外国船只活动区域内的外国船只，恐怕会酿出灾祸，并命令说，绝对禁止此类事件发生。如果发生的话，就会让一直支持蒋政权的第三国找到借口，他们正处心积虑地寻找这类于我不利的借口。退一步讲也会影响到我军的作战计划。因此，此类事件如果发生，对我军是有百害而无一利的。③

这一反应与 8 月 26 日英国大使许阁森遭到轰炸后，日本方面在很长时

---

① The Ambassador in China (Johnson) to the Secretary of State, United States Department of State, *Foreign Relations of the United States Diplomatic Papers, 1937, The Far East*, Vol. 3, Washington: United States Government Print Office, 1954, p. 485.

② 有一种说法，就是具体攻击“帕奈”号的飞行员，如投下致命炸弹的村田重治大尉和中队指挥奥宫正武大尉都是在 12 月 4 日到达前线的。在 12 月 8 日之前，“帕奈”号一直停泊在下关，12 月 9 日停泊在三汊河，这些飞行员仍有多天时间熟悉“帕奈”号。

③ 泰山弘道：《泰山弘道上海战从军日志》，张宪文主编、王卫星编：《南京大屠杀史料集·日军官兵日记与书信》，江苏人民出版社，2006 年版，第 522 页。

间内不承认是日本飞机所为形成了强烈的反差，出现这一情况的原因只能是长谷川清知道美国军舰的位置，同时也知道日本海军在同一地区有军事行动。值得注意的是，通过这段日记也可以看出，长谷川清认为美英等国一直在支持中国，但告诫其手下避免发生攻击外国船只的事件。显然，他不是在无的放矢，但其手下未必会理解长谷川清的逻辑，而不对外国船只发动攻击。

其次，正如（美国）调查法庭判决所言，“六架轻型轰炸机在大约 600 英尺的低空对这些船只进行了长达 20 分钟攻击却不知道其攻击目标的国籍，这完全难以置信。”①的确，根据艾奇逊的回忆，“帕奈”号遇袭时天空晴朗，能见度很高。实际上，参与袭击的奥宫正武大尉在后来的回忆录中也写道：“那天，南京上游一带天气晴朗，能见度极佳。”②在遭到攻击时，“帕奈”号上的美国大使馆武官和记者都清楚地看到来袭飞机上的日本标识，很难想象日本飞行员看不到面积要大得多的被画在“帕奈”号顶部面积为宽 14 英尺（约 4.3 米）、长 18 英尺（约 5.5 米）的美国国旗。日本多位官员试图以“由于能见度差，尽管飞机降至很低的高度，但仍无法看清这些船只上有任何显示其是属于美国的标记，或看清其中有军舰”③的托词来搪塞和推卸责任，这显然是完全站不住脚的。

1937 年 12 月 24 日的《大本营海军部公报》中一篇名为《事件发生之前的状况》的文章写道：“由于中国经常假借第三国国旗以及利用第三国权益[为掩护]用于自己的作战，对我方军事行动造成极大的不利。”④这

① The Commander in Chief of the United State Asiatic Fleet (Yarnell) to the Secretary of the Navy (Swanson), United States Department of State, *Papers Relating to the Foreign Relations of the United States*, *Japan: 1931—1941*, Vol. 1, Washington: United States Government Print Office, 1943, p. 547.

② 奥宫正武：《我所目睹的南京事件》，张宪文主编、王卫星编：《南京大屠杀史料集·日军官兵与随军记者回忆》，江苏人民出版社，2006 年版，第 121 页。

③ The Ambassador in Japan (Grew) to the Secretary of State, United States Department of State, *Papers Relating to the Foreign Relations of the United States*, *Japan: 1931—1941*, Vol. 1, Washington: United States Government Print Office, 1943, pp. 524 - 525.

④ 转引自笠原十九司：『日中全面戦争と海軍——パイナ号事件の真相』，日本青木書店，1997 年版，第 187 页。

里日本海军部实际上有可能在暗示日本飞行员在第二波低空攻击中看到了美国国旗，甚至也知道那是一艘美国军舰，但认为是中国方面在利用美国国旗，或是借用美国的船只，甚至是美国人在帮助中国人撤退，所以毫不犹豫地进行了猛烈的进攻。

退一步说，即便日本飞行员真的没有能够辨别出“帕奈”号上的美国国旗，但根据艾奇逊的报告，12 日上午 10 时，即攻击发生的三小时前，一艘日本陆军的摩托艇上的 2 名日本陆军军官在 4 名士兵的陪同下登上了“帕奈”号并询问了“帕奈”号溯江而上的目的。日军登上“帕奈”号后有刺刀上枪的动作。显然，其目的是实地核查该船上是否有撤退的中国军人。既然核查已证实这是美国军舰而非中国人冒充，接下来的问题是日本陆军和海军之间是否存在着有效的联络途径？

12 月 20 日，美国驻日本大使馆海军武官办公室收到了日本长江巡逻舰队司令近藤英次朗(Eijiro kondo)少将发来的调查报告的主要内容。在报告中，近藤英次朗这样写道：

> 12 日上午接到情报说中国军队正从南京渡江到浦口。南京上游太平附近的陆军部队也报告，发现有 10 艘满载中国军队的汽船正在往上游逃窜。这一报告用无线电发给了海军航空队……大约在上午 9 时，一个大队日军自长江南岸的太平乘汽艇顺流而下，太平位于 Mayqueen 岛上游几英里处，而“帕奈”号及美孚石油公司的三艘船只就停泊该岛的附近。该大队的副官登上“帕奈”号，并与指挥官交换了名片。①

从该报告中可以看出，这一地区的日本陆军与海军完全可以通过无线电进行联系，而登上“帕奈”号的日本陆军正是来自太平地区。换言

---

① The Ambassdor in Japan (Grew) to the Secretary of State, United States Department of State, *Papers Relating to the Foreign Relations of the United States*, *Japan: 1931—1941*, Vol. 1, Washington: United States Government Print Office, 1943, p. 531.

之，他们完全可以将其所见，即“帕奈”号的位置通知海军。但事实是，不管是故意还是疏忽，他们没有这么做，至少，日本海军方面是这样解释的。在发现“中国军队汽船”时用无线电报通知日本海军航空队进行轰炸，而在之后发现是美国炮艇却不报告。日本陆军的动机十分可疑。

参加对“帕奈”号攻击的奥宫正武在其的回忆录中讲述了海军接受轰炸任务的细节，他写道：

> 12月12日，我率领六架舰载轰炸机[从航母]向上海进发，在对南京城东的中山门进行了轰炸之后，在常州基地着陆。紧接着收到了任上海派遣军司令部参谋的青木武海军少佐①向在常州的第十二航空队司令三木森彦大佐发出的陆军司令部的紧急请援书，请援书中这样写道：“满载着残败兵和伤残兵的中国船队正沿着扬子江向南京上游逃跑。由于陆军没有攻击的手段，希望海军航空部队予以攻击。如果该攻击得以成功，陆军不胜感激。”
>
> 接到紧急请援书之后，三木大佐决定，以在常州可以出动的全部轰炸机对敌人的船队进行攻击。②

青木武在远东国际军事法庭作证时证实了这一说法，并强调，陆军报告当时南京附近没有外国船只：“1937年12月12日收到了陆军方面要求轰炸载有中国士兵逃离南京的船只的请求。据报道，有7—8艘满载中国士兵的大型商船向长江上游逃离。陆军要求海军航空兵协助阻止这些船只。我通过电话将这一要求传达给了航空队。航空队表示同意，并派了数架飞机去执行这一任务。根据陆军的报告，当时南京附近

① 这里有误。青木武为日本华中方面军司令部参谋，是海军驻陆军的联络员，负责协调陆军和海军的军事行动。

② 奥宫正武：《我所目睹的南京事件》，张宪文主编、王卫星编：《南京大屠杀史料集·日军官兵与随军记者回忆》，江苏人民出版社，2006年版，第122页。

没有外国船只。后来报道这一任务被圆满完成。”①

换言之,青木武揭示了这样一个事实:一方面陆军曾于12日登上过“帕奈”号,另一方面又告诉海军航空队南京附近没有外国船只。② 尽管美国记者、出版商汉密尔顿·佩里在其书中认为“桥本欣五郎哄骗海军对‘帕奈’号发起了进攻”一说缺少指向桥本的直接证据③,但日本陆军中有人设法让海军攻击“帕奈”号的说法是完全成立的。很明显,日本海、陆军都应该对“帕奈”号事件负责,但陆军的性质更加恶劣。

由于上面这些事实,“意外”还是“故意”一目了然。实际上,包括总统罗斯福、国务卿赫尔在内的美国政府高官也一致认为“帕奈”号事件是日本的中、高级军官故意所为。赫尔在其回忆录中写道:

> 日本政府继续坚持说整个事件是一个不幸的错误。考虑到我们得到的详尽的细节,这一解释是蹩脚借口中最蹩脚的一个。日本外务省的一些官员与此事无关可能是真的……但是日本的军事领导人,至少是在中国的军事领导人,与此事有关联,这一点是毋庸置疑的。④

罗斯福还分析了日军故意攻击“帕奈”背后的动机,认为:“首先,对美国傲慢的攻击,如果未受到谴责,将会给中国人留下[日本]权势和强大的印象。其次,日本想让所有的西方大国在长江,实际上,在中国的任何地方感到不自在。最后,日本在考虑用武力将所有西方人赶出中国。”⑤

---

① IMTFE Proceedings Transcripts, RG 238, Entry 180 - 5, 190/10/19/1, Boxes 1 - 89, National Archives, p. 21365.

② 尽管不能完全排除青木武为海军推卸责任的可能,但由于青木武的独特身份,即既是海军第三舰队司令部的参谋,又是华中方面军司令部参谋,其证词还是有参考价值的。

③ 1969年,美国记者和出版商汉密尔顿·佩里(Hamilton Darby Perry)通过采访当事人和幸存者及阅读海军档案出版了《“帕奈”号事件:珍珠港序曲》一书。该书首次以通俗方式再现了“帕奈”号事件的背景、经过及当事人的苦难经历。值得注意的是该书还探讨了“帕奈”号事件的各种原因,作者倾向于认为桥本为了日本的利益哄骗海军对帕奈号发起了进攻。该书的缺陷是没有注释。

④ Cordell Hull, *The Memoirs of Cordell Hull* , Vol. 1, New York: Macmillan, 1948, p. 562.

⑤ 美国内政部长在其日记中记录了罗斯福的分析。参见 Harold L. Ickes, *The Secret Diary of Harold L. Ickes*, Vol. II, New York: Simon and Schuster, 1954, p. 275。

但美国决策者在如何回应上存在分歧:海军部长和内政部长主张立即对日开战,赫尔和格鲁主张在道歉、赔偿和保证的外交框架内解决,而罗斯福则考虑制定经济制裁和封锁,并在日本下一次严重暴行时实施。

二、谁是罪魁祸首

那么,"帕奈"号遇袭的真实原因究竟是什么?由于日本方面相关的一手资料缺失,确切的原因,即为了何种目的、在哪个层面、谁策划了或间接导致了对"帕奈"号的袭击,可能永远成为一个历史之谜,但根据已有的历史资料进行梳理,还是能够得出一个大致的结论。

首先,我们来排除一些原因,或者说是澄清一些事实。

松井石根在东京审判的宣誓证词中否认与"帕奈"号沉没有任何关系。他说:"'帕奈'号被轰炸是海军飞机误投炸弹的结果,而这些飞机不归我指挥,我与之无任何关系。但不管怎样,这是日军造成的不幸事件,我一回到上海就亲自拜访了美国海军司令亚纳尔(Yarnell)并向他表示了歉意,因而获得了他对上述事件的谅解。"①换言之,松井认为"帕奈"号事件是海军造成的,与陆军无关。

但《纽约时报》记者阿本德(Hallett E. Abend)认为芜湖的日本陆军指挥官桥本欣五郎应该对"帕奈"号事件负责。吊诡的是,据说其信息来源于松井。由于阿本德与日本军方高层有联系②,因此他的看法也为英美决策者所关注。

12月21日,英国驻美国大使林赛爵士在给英国外交部长艾登(Eden)的一封绝密电中报告了他12月21日上午与美国国务卿赫尔的

---

① IMTFE Proceedings Transcripts, RG 238, Entry 180 - 5, 190/10/19/1, Boxes 1 - 89, National Archives, p. 33834.

② 从美国破译的日本文件中看,阿本德与广田之间也有联系。如1937年12月7日,外务省致华盛顿大使馆的电报说阿本德向广田秘密地透露了瑞纳向其讲述的有关蒋介石下野的情报。

一次谈话，其中就提到了阿本德的报道：

> (3) ……他[赫尔]提到了昨天驻上海记者阿本德在《纽约时报》上的一篇报道。(4) 根据该报道，最近日本暴行(袭击美国和英国军舰及商船)的真正罪魁祸首是桥本大佐。这个人在日本受到强有力的保护以至于他不会受到惩罚，而一位海军将军成为了轰炸的替罪羊。这导致了陆军和海军之间出现了紧张局势。另外，陆军高级指挥官怨恨桥本蔑视其权威的行为。《纽约时报》的编辑告诉赫尔先生，阿本德消息直接来自松井将军。后者告诉阿本德类似的消息如果从上海发往日本是会被新闻检查员阻止的。他希望这样的消息发往美国，这样日本记者会设法将其转回到日本。①

12月20日，美国亚洲舰队司令亚内尔也给海军部发了一封电报，该电报后被转给了国务院。从电报上看，亚内尔显然事先得到了阿本德文章的内容：

> 今天的《纽约时报》将刊登一篇关于桥本大佐活动和日本陆军纪律的新闻报道。这篇报道的信息是由松井提供给该报记者阿本德的，松井用一架专机给阿本德送去了这些信息。松井亲自要求发表这些事实。由于没有日本的报纸敢于刊登陆军的这些问题，松井希望文章中包含的信息在美国发表后将会被发往东京。
>
> 该文章暗示日本陆军存在着一种不正常的状况，这可能是暗示陆军中年轻的军官不理会东京政府有关“帕奈”号的协定。据传，炸沉“帕奈”号将会导致海军和陆军的分裂，因为尽管是海军飞机进行的轰炸，并被责备，但海军是在执行陆军的命令，因此陆军应该对毁

---

① Sir R. Lindsay (Washington) to Mr. Eden (Received December 22, 9. 30 a. m.), F 11362/9/10, *Documents on British Foreign Policy 1919—1939*, *Series 2 - Volume 21: Far Eastern Affairs November 6, 1936—July 27, 1938*, pp. 606 - 607.

坏该炮艇负责。①

这里出现了两个问题，一是阿本德有关桥本应该对“帕奈”遇袭负责的报道是否有其他史料的佐证？二是海军和陆军谁究竟应该对“帕奈”号事件负主要责任？在题为《陆军出现裂痕：松井将军在部队执行纪律的努力受到藐视》的报道中，除了前面电报中提到的陆海军的矛盾、陆军中存在着不正常的状态外，阿本德称：“在芜湖的日本领导人桥本大佐亲自命令（日本）汽艇向美国炮艇‘帕奈’号开火。”并补充道：“桥本大佐应用其政治影响阻止对其这一行为的惩罚。”②

六年后，阿本德出版了回忆录，书中第十二章描述了“帕奈”号事件。他分别与长谷川清和松井石根会过面，了解到“帕奈”号事件及其他外国船只遇袭的责任者。在书中，他引述的松井的讲话，“事情到了这样关口，要么桥本必须被召回，要么我必须放弃我的指挥权并回家”，“他（桥本）傲慢、不服从甚至想造反”，“他无知和危险”，“他想要日本与全世界作对”，“要么他必须回家，或者我回家。我不能再为玩火者这样的行为或政策负责任”。有关桥本与“帕奈”号事件的关系，阿本德写道：

> 松井将军向我解释了局势，当时海军还没有到南京，但是陆军缺乏飞机，因此，多个海军轰炸机中队被派到内地，根据多个地区陆军指挥官的命令行事。有一个海军轰炸机中队在 12 月 11 日晚被派到太湖，在 12 月 12 日的上午飞到芜湖，并降落在扬子江，在那里接受桥本大佐的命令。很明显，桥本被胜利冲昏了头脑，命令这些飞机“轰炸扬子江南京上游段所有移动的东西”。海军飞机中队的

① The Navy Department to the Department of State, United States Department of State, *Foreign Relations of the United States Diplomatic Papers, 1937, The Far East*, Vol. 4, Washington: United States Government Print Office, 1954, p. 513.

② 笔者未能在“New York Time Articles Archives”中得到该文的全文，但 1937 年 12 月 21 日《悉尼先驱晨报》摘要转载了阿本德在《纽约时报》的报道，参见 *The Sydney Morning Herald*, Tuesday 21 Dec. 1937, p. 11.

指挥官反对,并向桥本大佐指出,在那个水域有数艘美国、英国、法国和意大利的炮艇以及中立国的客船和货船,其中一些载有从南京逃离的难民。桥本因此大发雷霆,并威胁如果海军轰炸机中队指挥官不执行命令的话将以在战区不服从命令为由就地正法。这就是“帕奈”号如何遭到轰炸并沉没及美国和其他中立国人员死亡的原因,这也是美孚公司的油轮遭到轰炸并被烧毁的原因。①

下面我们看看桥本本人是如何回答这一指控的。在东京审判前的审问中,作为被告的桥本被问到“帕奈”号遇袭事件。桥本回答说:“我原本对‘帕奈’号事件一无所知,直到英国炮舰‘瓢虫’号经过芜湖,我命令炮击它,并实施扣留时,‘瓢虫’号司令告诉我,他是得到了‘帕奈’号遇到麻烦的消息后,过来援助他们的。这是我第一次了解到‘帕奈’号事件。”在被问道为什么要炮击英国炮艇“蟋蟀”号,他说:“这是遵照柳川中将的命令来行事的。该命令的内容是:‘南京正处于被包围状态,敌军似乎正溯江而上逃逸,桥本大佐要将所有驶离南京的船只,不论国籍,予以击沉。’我想我们是在南京沦陷前两天发布这些命令的。”在审讯记录中,桥本表示,听说“松井反对他的行动”以及“松井因‘瓢虫’号事件准备审查他”,但“柳川解释桥本只是执行命令”,因此没有对他“采取任何行动”。②

这里似乎证实了松井对桥本的不满及桥本受到保护的说法,但也表明炮击英国炮艇只是在执行第十军指挥官柳川的命令。那么我们再看看松井是如何回应阿本德所说的他向阿本德提供内幕信息的内容。在松井石根的审讯记录中,松井承认他信任阿本德,并在1938年的1月或2月约见了他,以澄清一些[有关南京暴行]事实③,但在被问道:“他[阿

① Hallett E. Abend: *My Life in China 1926—1941*, New York: Harcourt, Brace and Company, 1943, pp. 268-273.

② Court Exhibit 257, RG238, Entry 168, Location: 270/2/22/03, Boxes 1-51, National Archives.

③ 阿本德在其书中描述的会面时间是圣诞节。

本德]说你在谈到桥本时告诉过他：'要么他必须回家，或者我回家。我不能再为玩火者这样行为或政策负责任。'如果你信任阿本德，那么你是否仍然认为我们记录下的阿本德的讲述是言过其实了或是讲错了？"松井回答："我真的弄不明白。"审问者问："我所知道的都是有案可稽的。"松井回答："我不明白。"①

显然，尽管阿本德的报道对松井有利，但松井似乎一头雾水，并实际上是给了否定的答复。当然，有可能是松井在保护桥本。那么，我们再看一下松井的日记。在其12月16日的日记中，松井这样写道："在过去的12日，发生在芜湖的英国军舰和商船受害事件，对英国方面提出的抗议，我国政府虽不明真相，但立即表示了道歉，显得有些狼狈。但事情已经发生了，我只好对事件真相进行调查，并根据调查结果，向东京发去电报，建议没必要处分责任人。"②显然，日记的字里行间松井透露了其对日本政府"软弱"的不满及不处理责任人桥本的意愿，这与阿本德提供信息完全不相符。

但阿本德有关桥本应该对"帕奈"号事件负责的结论最致命的缺陷是在12月20日的报道中说桥本命令汽艇向"帕奈"号开火，而在其回忆录中又说桥本命令水上飞机轰炸包括"帕奈"号在内的所有船只。且不说这里存在前后不一致的问题，更重要的是，现在我们知道在"帕奈"号快要沉没前的确有陆军的汽艇向其点射，但这并非是造成"帕奈"号沉没的原因。另外，日本攻击"帕奈"号的飞机机型、起飞地点，当事人及过程等史实并不存争议，但与阿本德讲述的不符。实际上，东京审判对桥本欣五郎的判决中也并未提到他应该对"帕奈"号事件负责。

因此，有关桥本应该对"帕奈"号事件负责的说法缺乏必要的史料佐

---

① Court Exhibit 258, RG238, Entry 168, Location: 270/2/22/03, Boxes 1 - 51, National Archives.

② 张宪文主编、王卫星编：《南京大屠杀史料集·日军官兵日记》，江苏人民出版社，2005年版，第149页。

证且存在疑点，是不可靠的。但阿本德将“帕奈”号事件的罪魁祸首指向陆军的判断却是正确的，换言之，尽管无法确定具体的责任人，但日本陆军对“帕奈”号事件负有重大责任。

首先，日本海军之所以不惜引发国际事件也不放过任何逃离南京的中国“败兵”甚至是伤兵，与日本陆军指挥官松井的战略有着密切关系，即在南京围歼中国军队，特别是蒋介石的精锐，进而迫使南京政府投降，从而一劳永逸地解决中国事变。[①]

第十军司令官柳川发布的对通过芜湖长江段的船只“不论国籍，予以击沉”的“丁集团命令”实际上是在忠实地执行这一战略。一般而言，为了减少攻城的代价，避免守军出现“置之死地而后生”的局面，给守军留一条退路是常规策略。可以这么说，如果没有松井的这一战略，就不可能发生袭击所有可能运输中国逃兵的船只的事件。

其次，太平地区的日本陆军隶属第十军第五师团步兵第九旅团（国崎支队），其任务就是渡江迂回到浦口，切断中国军队的退路，进而完成对中国守军的战略包围。正是这支部队曾通知海军航空队有 10 艘满载中国军队的汽船正在往长江上游撤退。也正是这支部队的官兵曾于 12 日上午 10 时登上过“帕奈”号，并核实其为美国军舰。但这一信息并没有传递给海军航空兵。与之相反，协调陆海军行动的华中方面军司令部参谋青木少佐却证实：“根据陆军的报告，当时南京附近没有外国船只。”[②]这也是日本海军航空队在看到了美国国旗后仍然攻击“帕奈”号的原因之一。实际上，参加攻击的飞行员奥宫正武后来承认：“各攻击部队由于非常信任陆军所提供的情报，做出了没有必要对目标进行确认的判

① 有关这一战略的来龙去脉，参见王卫星：《日军部署及战略意图与南京大屠杀的原因》，《江海学刊》，2007 年第 6 期，第 163—169 页。

② IMTFE Proceedings Transcripts, RG 238, Entry 180 - 5, 190/10/19/1, Boxes 1 - 89, National Archives, p. 21365.

断，从三千米至四千米的高度进行了轰炸”。①

综合这些信息，这里虽然不能完全排除日本军队内部，特别是陆军和海军之间在情报交流、协调行动和通信联络方面存在问题和障碍的可能，但同样也不能排除陆军中有人故意让海军航空队攻击美国船只的可能性。

实际上，日本陆军早在12月11日就开始炮击“帕奈”号及其他美国和英国的船只，只是由于没有击中目标，而未酿成国际事件。

日军第十军第六师团步兵第四十五联队第七中队的前田吉彦少尉在其12月11日的日记中，记录长江中有挂着外国国旗的船队及其对这些船只的判断：

> 发现扬子江上(距离此处约三公里)约有十艘轮船吐着黑烟溯流而上。用望远镜观察，每条船上都满载着身穿灰色军服的人，船上都挂着美国、英国或法国等各个国家的国旗。我马上想到，难道是借用外国船只或是中国人伪装的吗？好像是陷入绝境的敌人企图逃跑？守城的指挥官也要逃跑？或者是和第三国人的家属一起，[船上也]搭载了国民政府留守官员的家属？总之肯定是在拼命逃跑。
>
> 现在能让这些敌人轻易逃脱吗？能放弃这个机会吗？为此左右为难。尽管我们还有截断敌人退路的任务，极为遗憾的关键问题仍是我们并不具备狙击他们的能力(虽然有山炮，但不能不考虑携带的弹药数量，没办法啊)。②

从时间和地点看③，前田吉彦看到的就是“帕奈”号及其他美国和英

---

① 奥宫正武:《我所目睹的南京事件》，张宪文主编、王卫星编:《南京大屠杀史料集·日军官兵与随军记者回忆》，江苏人民出版社，2006年版，第122页。

②《前田吉彦日记》，张宪文主编、王卫星编:《南京大屠杀史料集·日军官兵日记与书信》，江苏人民出版社，2006年版，第481页。

③ 该日记描述的时间是12月11日，地点为上河镇南面大堤，该镇位于秦淮河出江口附近。美国方面的资料显示，12月11日下午2时45分，“帕奈”号被迫离开三汊河向上游行驶。

国船只。虽然由于前田吉彦的部队有其他任务在身以及没有炮击这些船只的能力,但完全可以想象,其他有这种能力的日本部队必然会毫不迟疑地向“帕奈”号及其他船只开炮。实际上,日军野战重炮兵第十四联队第一大队第二中队观测小队长梶村止在其12月11日的日记中承认:“这天下午4时,中队瞄准准备从扬子江逃跑的军舰开了炮,炮击距离9000米,使用一号装药。这是今天的一个插曲,很无趣。”①由于没能击中目标,而闷闷不乐的情绪流露在字里行间。

最后,日本军队从指挥官②到普通士兵都认为英美等国故意留在战区一方面明里暗里支持中国抗日,另一方面又监视着日军的举动,向外界传播日本的负面消息。笠原十九司教授概括当时南京周围日本军队的心态,“他们十分反感美英等国(德意除外)明里暗里援助中国的抗日战争,再加上他们认为外国船只留在日本军作战的危险区域原本就对日军不利,因此产生了攻击从南京逃跑的所有船只,即使是外国船只或悬挂外国国旗的船只也没有关系的战斗意识。”③

在这种氛围下,12月12日上午7时,艾奇逊从“帕奈”号上发出了有着这样内容的电报:“请以本使馆的名义通知日本大使馆‘帕奈’号和前面提到的美国商船目前的位置,并要求向日本部队和飞机发出适当指示,并告知情况的变化可能再次迫使‘帕奈’号向上游或下游行驶,以及一旦情况允许,‘帕奈’号将返回南京江面以便与留在南京的

① 《梶村止日记》,张宪文主编,王卫星编:《南京大屠杀史料集·日本军方文件与官兵日记》,江苏人民出版社,2007年版,第431页。

② 如松井在其《支那事件日志拔萃》中写道:“最令我感到遗憾的是列国对本次战斗的态度。也许在支那拥有权益的列国,对这次战争的发生深感寒心。虽说如此,但列国既没有采取支持和协助执行1932年(昭和7年)共同签订的停战协议且阻止事态发展,还同情支那政府及其军队。甚至直接或间接地为支那军队作战提供方便。有时还采取许多援助行动,特别是英法军队给我军作战制造了种种障碍。而我军只能一味地忍耐,努力取得列国官员和军队的谅解。”见《松井石根“支那事变日志拔萃”》,张宪文主编、王卫星编:《南京大屠杀史料集·日军官兵日记》,江苏人民出版社,2005年版,第192页。

③ 笠原十九司:『日中全面戦争と海軍——パイナ号事件の真相』,日本青木書店,1997年版,第188页。

美国人重新确立联系，并使本使馆尽可能快地在岸上恢复其功能。请告知，美国大使馆希望有关当局采取适当的措施以帮助这一计划的实现。"①

尽管缺乏日本方面的相关资料，但完全可以想象，当这封电报通过日本驻上海总领事馆转到日本军方相关机构时，收件人的心态和反应。这也在很大程度上注定了"帕奈"号的命运。这一点我们可以从日本军人的事后反应中看到。时在上海派遣军司令部任职的马渊逸雄中佐在1941年出版的回忆录中这样写道："这些第三国的舰船在我军将士浴血奋战之际，厚颜无耻地站在支那军一方，从而遭到我炮火攻击，他们有什么资格插嘴和诉苦?!"②

综上所述，"帕奈"号事件是日军故意所为，不仅日本海军，日本陆军也参与其中，而且涉案更深，性质也更恶劣。尽管现有史料无法确定个体责任人，但袭击的动机却是十分明确的：一是尽可能地阻止中国军队撤离南京以便实现在南京围歼中国军队的战略，无论是海军轰炸"帕奈"号，还是陆军炮击"瓢虫"号以及"丁集团命令"都是为了实现这一战略。二是日本在华军队普遍认为美英等西方国家一方面在明里暗里帮助中国抗战，包括允许中国军队使用其国旗、设施或直接提供帮助；另一方面又故意留在战区，作为第三者妨碍日军的行动，同时又对日军行为指手画脚及对外传播日军的负面新闻。因此，以某种方式将其从南京及其他战区赶走是日军持有的一种普遍的心态。

三、事件的含义

在南京陷落前，"帕奈"号被日军炸沉的事件对南京而言包含了下列

① The Ambassador in China (Johnson) to the Secretary of State, United States Department of State, *Foreign Relations of the United States Diplomatic Papers, 1937, The Far East, Vol. 4*, Washington: United States Government Print Office, 1954, pp. 486 - 487.

② 马渊逸雄：《报道战线》，张宪文主编、王卫星编：《南京大屠杀史料集·日军官兵日记与回忆》，江苏人民出版社，2010年版，第74页。

含义：

一是日本军队为了阻止中国军队的撤退，即便是外国船只或悬挂外国国旗的船只也不轻易地放过，表明日军不惜任何代价从根本上消灭中国军队的意图十分明显。“帕奈”号等西方船只遇袭预示着日军在占领南京过程中及占领之后将会残酷无情地清剿和消灭未能逃出南京的中国军人，或是那些被怀疑为军人的平民。

二是日本政府尽管很快承担炸沉“帕奈”号的责任，并道歉、“处理”责任人、赔偿及“保证以后不再侵犯美国在华利益”，但其始终坚持这是一次意外，这对那些蓄意攻击“帕奈”号的军人无疑是一种放纵和鼓励，特别是日本政府对受到“处理”的日本海军军官名单保密，而且根本就没有追究陆军的责任。这不仅对日本军队起不到任何警示作用，实际上是在暗示日军在南京扫荡中国军队时可以不理会外国在南京机构的中立和特殊地位。对中国军人和平民而言，这意味着南京不再有任何的“安全区”，无论是外国的使领馆、教堂还是外国办的学校都是如此。

三是格鲁曾用“缅因号事件”警告广田，避免在中日冲突中波及美国人的生命和财产安全，但“帕奈”号事件发生后，美国民众的反应相当平静和克制，大部分美国人不是要求惩罚日本，而是要求美国政府从中国撤离为数不多的军事力量。这意味着在今后相当一段时间里，中国将不得不单独面对日本的侵略。

第三章　欲盖弥彰

第一节　阻碍外国大使馆恢复工作

一、拖延外交官返宁

在日军占领南京的第一星期中，日本士兵随意闯入金陵大学、金陵文理学院等学校和金陵大学医院(鼓楼医院)及其他美国房产，甚至是美国大使馆，并抢走了使馆内的汽车及中国雇员的物品。12 月 17 日，魏特琳在金陵文理学院遭到日本士兵的殴打。特里默大夫和麦卡伦在鼓楼医院甚至遭到日本士兵的枪击，所幸子弹打偏。在经历了日本占领南京后的最黑暗的一个星期后，留在南京的美国人迫切感到需要美国外交官员来协助他们制止日本士兵的暴行及日本军人对他们和在他们机构里避难的中国难民的侵害。

由于日军占领南京后，切断了南京与外界的联系，留在南京的美国人无法与上海美国总领事馆取得联系。在完全与世隔绝的情况下，12 月 20 日，留在南京的美国人试图通过日本大使馆与美国驻上海总领事馆取得联系，在给美国驻上海总领事馆的一封电报中，留在南京的美国公民要求国务院向南京派遣外国代表：

美国驻上海总领事馆：

重要的问题要求美国外交代表立刻返回南京。局势日益严峻。请通知[美国驻华]大使和国务院。

签名：贝茨（Bates）、鲍尔（Bauer）、菲奇（Fitch）、福斯特（Forster）、海因茨（Hynds）、马吉（Magee）、米尔斯（Mills）、麦卡伦（McCallum）、里格斯（Riggs）、斯迈思（Smythe）、索恩（Sone）、特里默（Trimmer）、魏特琳（Vautrin）、威尔逊（Wilson）。

12月20日交给日本大使馆，请求海军无线电发送。

M. S. 贝茨

南京，1937年12月20日①

因为是希望通过日本大使馆发送该电报，所以发电报者在电报中并未提及日军在南京的所作所为，但是一句“局势日益严峻”和所有美国人签名这一事实暗示了南京的现状和留在南京的美国人的境遇。拉贝在其日记中说明了请求日本大使馆发送的原因：“之所以要通过日本大使馆发送这个电报，是因为没有其他发送的可能性。”但拉贝怀疑日本方面是否会帮助发送：“这篇电文的内容非常明了，我甚至怀疑（日本大使馆）会不会帮助发送这封电报。”不久，他的这一怀疑就得到证实：“刚才传来消息，正如我所预料的那样，日本大使馆馆拒绝转发给美国驻上海总领事馆的电报！”②

两天后留在南京的美国人再次尝试着与美国驻上海总领事馆取得联系。③ 12月22日，米尔斯致信日本大使馆，在列举日本士兵盗窃美国大使馆

① Nanking during Sino-Japanese Conflict, 1937 Dec. 16—20, RG 10, Box 102, Folder 861, the Special Collections of the Yale Divinity School Library. Also see at http://divdl.library.yale.edu/ydlchina/images/NMP0153.pdf.

② 拉贝：《拉贝日记》，江苏人民出版社、江苏教育出版社，1997年版，第235—236页。

③ 耶鲁神学院图书馆保存一封内容相同，但日期为12月22日的电报原文。参见 Nanking during Sino-Japanese Conflict, 1937 Dec. 20—24, RG 10, Box 102 Folder 861, the Special Collections of the Yale Divinity School Library. Also see at http://divdl.library.yale.edu/ydlchina/images/NMP0169.pdf.

的汽车、撕毁美国国旗等行径后，以此为由，他再次要求美国外交代表返回南京：

> 为了确保问题得以迅速解决，我们重申要求立即允许美国外交代表返回南京的愿望。有鉴于此，我们会再次要求通过贵方海军通讯设施把随附信件发给上海的美国当局。我们将对您的合作感激不尽。①

从这封信可以看出，留在南京的美国人仍希望借助日本海军的通讯系统将他们的电报转发给美国驻上海总领事馆，这一次日本人是否同意将这封电报转发给了美国总领事馆不得而知，但可能性很小。好在有关南京的情况还是通过其他渠道传递到外界。12 月 25 日，约翰逊大使在给国务卿的电报中，报告了日本士兵在南京的暴行，包括对"留在南京的中国平民大规模的抢劫和随意的开枪射击"以及"日本士兵试图进入美国大使馆的车库和抢劫使馆的汽车"。②

图 3.1 南京美国驻华大使馆三等秘书阿利森

12 月 26 日，美国国务院决定命阿利森（见图 3.1）等返回美国驻南京大使馆以便重新占据美国大使馆的房产，对美国公民和他们的权益提供保护和帮助，并处理其他官方事务。国务院还决定阿利森一行将于 12 月 26 日从上海搭乘美国军舰"瓦胡"号前往南京。

实际上，其他国家的外交官也有类似的考虑。早在 12 月 19 日，德国外交官罗森就在南京附近江面的英国炮艇"蜜蜂"号上给

① Plumer W, Mills Papers, RG8, Box 103, the Special Collections of the Yale Divinity School Library.

② The Ambassador in China (Johnson) to the Secretary of State(Dec. 25,1937), United States Department of State, *Foreign Relations of the United States Diplomatic Papers, 1937, The Far East, Vol. 4*, Washington: United States Government Print Office, 1954, p. 414.

拉贝写信,询问拉贝及德国财产的情况:

> 我们自昨天起就一直停留在离南京近在咫尺的地方不能进城。请告诉我你们目前的状况,是否有德国房屋遭到破坏。我可以从船上给大使先生发报。我们自己也经历了种种坎坷,详情面叙。我争取通过日本人将这封信送交给您(但愿您的回信也能走这条途径)。①

拉贝在日记中表示不知道德国外交官是如何登上了英国"蜜蜂"号的,但他肯定"这艘炮艇目前没有登陆许可,是因为人们(日本人)不希望有更多的证人"。

在得知南京的日本军事当局阻止英国炮艇及船上的外国人在南京登陆及美国外交官员将前往南京后,美国驻上海总领事高斯将阿利森等美国外交官将去南京的计划通知了日本驻上海总领事并要求后者转告日本军事当局。12 月 26 日晚,日本总领事在日本军事当局的要求下前往高斯处,要求美国外交人员推迟到 1 月 1 日后返回南京,其理由为:"因为那里的军事形势非常危险,军方正在进行'扫荡'行动,还要持续几天,他说大约有 20000 中国士兵混在了平民之中。"②

高斯一方面向日本总领事强调,是国务院指令大使馆官员返回南京的,自己无权推迟他们的行程;另一方面又向国务卿及在汉口的美国大使约翰逊表示,当这些使馆官员到达南京后可能会被拒绝上岸。

在看到高斯的电报后,约翰逊大使认为,"在这个时候答应日本人的要求将会被理解为我们同意日本军方有权阻挠我们接近我们在南京的财产和档案"。换言之,日本军方无权干扰国际法所规定的第三国外交官员的自由通行的权利。约翰逊向国务卿建议:"'瓦胡'号的行程可以

---

① 拉贝:《拉贝日记》,江苏人民出版社,江苏教育出版社,1997 年版,第 240 页。

② The Consul General at Shanghai (Gauss) to the Secretary of State (Dec. 26, 1937), United States Department of State, *Foreign Relations of the United States Diplomatic Papers, 1937, The Far East*, Vol. 3, Washington: United States Government Print Office, 1954, p. 835.

调整为1月1日抵达南京。考虑到日本政府因'帕奈'号事件做出的保证,我希望国务院通知东京,美国大使馆官员将返回南京,以及我们希望他们在返回南京的使馆建筑时不会遇到阻碍。"①

12月27日,赫尔致电高斯,"阿利森和他的属下应按期登上'瓦胡'号,但在1月1日之后再试图上岸。"第二天,赫尔又致电格鲁,要求他拜访广田,"告诉他上海日本当局要求我们的官员将他们的到达日期推迟到1月1日以后,同时声明阿利森和其他大使馆成员将按原定计划乘'瓦胡'号于28日离开上海,并要求广田向有关的日本当局发出指令,当阿利森和其他成员抵达南京时,他们在南京上岸或开展工作不会受到任何阻碍"②。

国务卿赫尔实际上是做了一个折衷:既表明美国方面知道南京日本军事当局的要求,将美国外交代表到达南京的时间推迟到1月1日,但又表明美国方面将按计划派外交官前往南京,同时要求日本在南京的军事当局不要妨碍阿利森在南京上岸及以后的工作。

三天后,即12月31日,"瓦胡"号及阿利森到达南京,但由于日本人在1月1日之前禁止外国人返回南京及国务院的指示,阿利森并没有上岸前往美国大使馆,而是在南京江面短暂停留后前往安徽和县("帕奈"号沉没地点)与芜湖。在南京江面停留期间,阿利森看到"码头一片废墟,可以听到(远处?)步枪射击声,城里许多地方都能看到火情",并将其所见所闻用电报向国务卿进行了汇报。③

---

① The Ambassador in China (Johnson) to the Secretary (Dec. 27, 1937), United States Department of State, *Foreign Relations of the United States Diplomatic Papers, 1937, The Far East*, Vol. 3, Washington: United States Government Print Office, 1954, p. 836.

② The Secretary of State to the Ambassador in Japan (Grew)(Dec. 27, 1937), United States Department of State, *Foreign Relations of the United States Diplomatic Papers, 1937, The Far East*, Vol. 3, Washington: United States Government Print Office, 1954, p. 839.

③ The Third Secretary of Embassy in China (Allison) to the Secretary of State(Dec. 31, 1937), United States Department of State, *Foreign Relations of the United States Diplomatic Papers, 1937, The Far East*, Vol. 3, Washington: United States Government Print Office, 1954, p. 428.

阿利森还与“瓦胡”号舰长一道拜访了停泊在南京江面的英国皇家海军“蜜蜂”号的指挥官，后者刚刚在一艘日本军舰上与南京的日本军事当局的官员进行了会晤。阿利森了解到，日本军事当局将允许外国外交官员在南京登陆的时间延长到了1月5日之后，其借口是“肃清残敌的行动仍在进行，[南京]不太安全”。他还了解到英国外交官预计将在1月5日乘坐英国皇家海军“蟋蟀”号到达南京。由于这一原因，加上“帕奈”号的打捞工作取得进展，“考虑到有可能找回大使馆的财物，相信目前应当在此等候”，因此，直到1月5日上午，“瓦胡”号才动身前往芜湖，并于当天下午返回，在1月6日到达南京。

南京的日本军事当局当然不喜欢外国大使馆官员在此刻返回南京，但“瓦胡”号及阿利森一行已经根据日本当局的要求两次推迟了上岸的时间，再找借口拖延，既违反国际法，也有可能酿成新的外交事件，在美国破译的日本外交电文中，上海总领事馆的日高也承认：“从我们政策的角度看这一问题，南京的日本军队认识到他们并没有权力阻止[外国]大使馆和公使馆的成员返回南京。然而，他们[军方]的确希望向他们[美国]提出要求让他们暂时推迟返回。”①

1938年1月6日，在几经周折后阿利森一行终于在南京上岸。他们是自日本占领南京后首批返回南京的外国人。1月9日，英国和德国大使馆的官员也返回南京。尽管日本军事当局还将继续阻止其他身份的外国人返回南京，但大使馆官员的到来对留在南京的美国和德国侨民是一个极大的鼓舞，同时这些外交官自己也将成为日军暴行的见证人，也为日军在南京的暴行留下了更多的官方文件记录。

二、干扰美国大使馆恢复通讯

尽管日本军事当局不得以分别于1月6日和9日允许美国大使馆官

---

① RG 457，Location：190/37/13/01，Box 286，National Archives at College Park.

员和英国、德国的使馆官员返回南京，但仍然禁止其他外国人，包括医生返回南京。同时，限制返回南京的外交官的行动自由，如禁止任何外国人在夜晚出城。与此同时，南京的日本军事当局还试图阻止美国大使馆与外界的通讯联系。

正如前文所述，在约翰逊大使于 1937 年 11 月跟随中国政府离开南京前往汉口后，南京大使馆与外界的联络完全依靠“帕奈”号上的无线通讯系统。阿利森在返回南京的途中及之后其与外界的联系也完全依靠“瓦胡”号上的无线通讯设施。当阿利森一行返回美国驻南京大使馆后，“瓦胡”号停泊在距南京 3 英里的江面，每天两次派汽艇上岸接送使馆官员前往船上发送电报。由于汽油短缺，这一方法成本高昂，加之日本当局禁止任何人夜晚出城，因此，就使馆与外界联系而言，十分不方便。

1 月 8 日，“瓦胡”号舰长希恩(John Mitchell Sheehan)告诉阿利森，“瓦胡”号将于第二天早晨与打捞拖船“绍希”号(Saucy)返回和县“帕奈”号沉没的水域，并预计在当天晚些时候返回南京，但他不知道是否将护送“绍希”号返回上海。如果这样的话，南京美国大使馆与外界的联系将完全中断。希恩建议为大使馆安装一部便携式无线发报机并留下一名海军士兵操作发报机。由于担心这一举动会遭到南京的日本军事当局阻挠，阿利森特地与日本大使馆的官员进行了沟通，强调了在美国大使馆安装一部发报机的重要性和必要性，但日本大使馆的官员则表示必须要征询日本军方的意见。

1 月 12 日，日本大使馆官员通知阿利森，日本军事当局勉强同意在美国大使馆安装无线发报机，但不允许海军人员前来大使馆操作发报机。显然，这是日本军事当局的拖延美国大使馆与外界联系的一个策略，目的与阻止外交官返回南京是一样的，那就是阻止外界对南京所发生过的和正在发生的日军暴行的了解。阿利森看出日本当局的意图，表示海军发报员上岸后就是使馆的工作人员，因此，日本军事当局阻止其上岸的理由并不存在。阿利森还向日本大使馆官员表示，尽管他愿意与日本军事当局进行最大程度的合作,但这件事事关重大,他准备在下个星期一二就带发报机和报务员上岸而不管日本军事当局是否同意。

五天后,即1月17日,日本驻南京代理总领事福井专程前往阿利森处,急切要求阿利森不要在此时带发报机和发报员上岸。在与福井的讨论中,阿利森明确指出报务员必须上岸,但为了避免与军方发生冲突,避免福井为难,作为妥协,阿利森表示准备将无线电设备和报务员上岸的时间推迟几天,但最迟不能超过周末。同时,阿利森向国务院报告了这一情况。第二天,国务卿赫尔给美国驻日本大使格鲁发出指示:

> 请去外务省,就福井(日本驻南京代理总领事)要求阿利森不要在此刻将无线电设备带上岸的要求,表明美国政府无法在执行这一要求上保持沉默,美国政府期待在南京的美国大使馆安装和运行无线电发报机不会遭到干预,美国政府要求东京政府立即向南京的日本当局发出指令,结束对这一问题的拖延,并确保不再会有与此有关的干涉。[①]

南京的日本军事当局的无理要求显然违反了国际法和日本政府在解决"帕奈"号事件中所做出的"要更加注意遵守过去三令五申的防止侵害,或是不当的干涉美国和其他第三国的权益的指令"的承诺。在美国国务院干预下,南京的日本军事当局不得不退让。1月18日上午,日本驻南京代理总领事福井通知阿利森,"他昨天下午会见了军事当局,就美国大使馆无线电设备和海军发报员上岸一事做出最后的安排",有关无线电报设备和人员上岸的问题,福井表示,"相信此事不会再有麻烦"。[②] 1月19日,从"瓦胡"号上带来的便携式无线发报机和海军报务员詹姆斯·邓拉普(James Dunlap)顺利上岸,当天安装调试完毕后便能正常发报。

---

① The Secretary of State to the Ambassador in Japan (Grew), United States Department of State, *Foreign Relations of the United States Diplomatic Papers, 1938, The Far East*, Vol. 4, Washington: United States Government Print Office, 1955, p. 237.

② RG59, Entry 198B, box 0815, National Archives at College Park.

第二节　阻扰外国人前往南京

一、医护人员

如果说日本军事当局迫于国际法和外国政府的压力在对待外国大使馆官员返回南京的要求只能采取拖延策略的话，那么其在对待没有外交官身份的外国公民返回南京的要求在相当一段时间里则是公开地拒绝和阻扰。

早在1937年12月，当多数中国医护人员由于担心日军的暴行和人身安全而撤离南京后，南京唯一还在运行的金陵大学（鼓楼）医院就只剩下两名外国医生和一名中国医生，这其中只有一名外科医生。日军占领南京后的暴行使得医院空前繁忙，医生们特别是外科医生威尔逊长时间超负荷工作。同样留在南京的美国传教士福斯特，对这些医生充满了敬意：

> 金陵大学医院为数不多的几位工作人员正英勇地履行他们的职责，其中有2位外国医生、1位中国医生；2位外国护士及几位中国护理人员。超负荷的工作以及缺乏人手已使他们疲惫不堪。一方面，中方管理者及49位其他医护人员都已撤往汉口。这是我们必须忍耐的伤心事之一——那么多这里亟需的专业人员都撤走了。另一方面，我们又目睹了许多临危不惧、忠于职守的英勇行为。[①]

为了缓解金陵大学医院医生匮乏的现状以及开展更多的工作，如为难民进行疫苗接种和建立流动医疗站等，1月初，国际委员会的美国成员向上海教会发电报要求向南京派遣2名外国医生和2名护士，得到对方的同意，但在向南京的日本军事当局申请时却遭到对方的拒绝。阿利森

---

① Letter from Clarissa and Ernest Forster to Family, RG 8, Box 263, Folder 2, the Special Collections of the Yale Divinity School Library.

在1月23日致国务卿的电报中报告了日本拒绝美国医生前往南京的情况：

> 一方面，一些日本平民被允许来南京，据说是因为日本军队需要他们的劳力和开小商店；与此同时，日本军事当局刚刚拒绝了金陵大学医院要求让2位美国医生来南京，理由是让平民到这里现在还不安全，而南京现在非常需要医生。①

当时，日军在南京的暴行仍在持续着，日方以安全原因为由拒绝外国人前往，无论是国际委员会还是美国政府都难以否认安全是一个问题。毕竟就在两个月前美国政府曾多次通过大使馆要求美国公民撤离南京，包括医护工作人员。

1938年2月上旬，南京的情况似乎出现了短暂的好转。在2月18日给国务卿的电报中，阿利森报告，"在过去的10天时间里，南京的局势有了明显的改善"。大部分中国人从"安全区"返回各自家中，"尽管有关无序状态和日本士兵不法行为的报告仍然时不时地传来，但此类报告的数量有了实质性的减少"。更重要的是"对外国人流动的限制正在逐渐地被放松，最近日本当局也批准了一名美国医生返回南京，金陵大学医院非常需要他的归来"。②

阿利森在电报中提到的日本允许返回南京的医生是先前就在金陵大学医院工作的布雷迪(Richard F. Brady)。实际上，在南京陷落前布雷迪医生原本打算留在南京，只是由于其在浙江牯岭的年仅10岁的女儿

---

① The Third Secretary of Embassy in China (Allison) to the Secretary of State (Jan. 23, 1938), United States Department of State, *Foreign Relations of the United States Diplomatic Papers, 1938, The Far East*, Vol. 4, Washington: United States Government Print Office, 1955, p. 247.

② The Third Secretary of Embassy in China (Allison) to the Secretary of State (Feb. 18, 1938), United States Department of State, *Foreign Relations of the United States Diplomatic Papers, 1938, The Far East*, Vol. 3, Washington: United States Government Print Office, 1955, p. 96.

生病，他才于12月3日离开南京前往牯岭。在日本军事当局拒绝上海派遣两位医生和护士来南京的一个月后，布雷迪于1938年2月21日返回到南京。魏特琳在3月10日的日记中记录了布雷迪返回南京后所做的工作："至今(他)已为难民所里的7582人打过预防针。其中金陵女子文理学院就有约有2000人。"布雷迪是外科医生，这也反映了南京是多么缺少医生。尽管如此，日本当局还只是允许之前就在南京工作的医生返回，而不批准新的医生前往南京。

与此同时，美国驻上海总领事馆为美国公民代为提交了前往南京周边及沪宁线沿线地区的申请，如六合、镇江、常州、江阴、无锡和昆山等地，查看其财产受损情况。"尽管这里进行了持续的努力以便为美国公民获得通行证，但由于日本陆军当局拒绝允许外国人返回或只是探访他们的房产，这些申请没有一件被受理。"①

3月15日，阿利森在与日本一位官员的非正式交谈中了解到，日本军事当局阻扰外国人前往或返回南京的真实原因：一是"当地的军事当局对批评非常敏感，对南京的外国人发往国外有关南京现状的报告非常不安，因此，他们对允许更多的外国人来的这座城市犹豫不决"；二是"从单纯的军事观点考虑，据信，南京的情况还没有达到允许外国人返回的程度。据说必须在日本人占领汉口后，外国人才能够被允许自由地返回南京，长江正常的航运服务才能恢复"。②

直到3月底，南京国际救济委员会③设法安排2名医生和2名护士

① The Consul General at Shanghai (Gauss) to the Secretary of State (Feb. 18, 1938), United States Department of State, *Foreign Relations of the United States Diplomatic Papers, 1938, The Far East*, Vol. 4, Washington: United States Government Print Office, 1955, 273.

② The Third Secretary of Embassy in China (Allison) to the Secretary of State (Mar. 15, 1938), United States Department of State, *Foreign Relations of the United States Diplomatic Papers, 1938, The Far East*, Vol. 4, Washington: United States Government Print Office, 1955, p. 293.

③ 其前身为南京安全国际委员会。

前往南京的努力一直无果。阿利森在3月29日给国务卿的电报中不得不承认,“据信这个问题无法在地方层面取得进展,如果要取得任何成果,必须在上海或是东京提出这个问题”。在电报中,阿利森还向国务卿报告了南京已经相对安全以及大批日本平民已经返回南京事实。[①] 对阿利森3月29日的电报,国务卿4月1日给美国驻日本大使发了指示:

> 国务院认为没有必要给你明确的指示,根据每一案例的具体情况,采取适当的行动;但是国务院想到,根据南京目前提供的情报,即那些在南京有利益的美国人应该被允许返回并呆在那座城市里,因为似乎有相当大数目的日本公民这样做了,这可能是再次向外务省要求的一次机会。[②]

根据国务卿的指示,格鲁于4月4日拜会了日本外务省副外相,就相关问题提出了强烈的抗议。尽管日本当局并没有完全修改其干扰外国人返回南京的政策,但还是被迫批准医生返回南京的要求。魏特琳在其4月14日的日记中写道:“米尔斯已经送来消息说,2名医生和2名护士已经获准进入南京。除了布雷迪医生和盖尔先生,这些人是自四个月前日本军占领南京以来仅有的获准来南京的美国人。”[③]6月1日后,又有更多的医务人员返回了南京。至此,有关医生返回南京金陵大学医院的问题得以解决,但其他美国人特别是商人返回南京的问题就要复杂的多。

① The Third Secretary of Embassy in China (Allison) to the Secretary of State (Feb. 29, 1938), United States Department of State, *Foreign Relations of the United States Diplomatic Papers, 1938, The Far East*, Vol. 4, Washington: United States Government Print Office, 1955, p. 299.

② The Secretary of State to the Ambassador in Japan (Grew April 1, 1938), United States Department of State, *Foreign Relations of the United States Diplomatic Papers, 1938, The Far East*, Vol. 4, Washington: United States Government Print Office, 1955, p. 304.

③ Minnie Vautrin, *Diary of Wilhelmina Vautrin, 1937—1940*, Yale Divinity Library, Special Collections, Film Ms62. p. 250.

二、传教士和商人

1938年3月9日，南京的美国传教士代表在南京的美国公民给美国大使馆写了一封信，阐述了日本没有理由继续限制美国公民返回南京：

在我们看来，现在日本人没有充分的理由要限制美国公民在南京的存在或是流动。占领这座城市已经过去了3个月，在此刻已没有可以想象到的使得美国人居住在南京显得不明智的危险。目前的限制在占领[南京]最初几天里可能是合理的，但是现在对这些限制来说已无任何理由。

另外，除了没有将美国公民挡在南京之外的理由外，还有一些明确和正当的理由表明他们为什么应该返回。首先，为了恰当地评估那些最近被日本士兵光顾过的美国房产的损坏情况，需要他们返回。只有各种财产所有者或是管理者才能提出有关财产损失的令人满意的陈述。其次，比这更重要的是需要额外的工作人员以满足巨大的人道需求，而这一人道需求是由于目前的突发事件强加给我们的。那些现在就能够从事这一工作的人员数量太少，各种问题，特别是公共健康问题已经被忽视了太长一段时间。除了救济工作外，还有正常的商业任务、传教工作或是其他的事业，有关人士很自然地希望在机会出现时积极地推进这些事业。最后，有一个明显的事实，就是“门户开放”——对我们政府来说是一个非常重要的原则——只有在有充足的美国人和其他外国人继续留在这里，在他们的岗位上工作，并防止南京被关闭的情况下，才能保持开放。因此，将上述理由结合在一起就有充分的理由寻求迅速地消除现在实行的[对美国公民返回南京的]限制。①

① The Consul General at Shanghai (Gauss) to the Secretary of State (March 14, 1938), United States Department of State, *Foreign Relations of the United States Diplomatic Papers, 1938, The Far East*, Vol. 4, Washington: United States Government Print Office, p. 291.

在请上海总领事高斯将上述信件转发给国务卿的时候，艾奇逊①也表明了自己的观点："尽管南京的生活远非正常，但是局势的总体改善使我倾向于推荐向日本当局施压，要求其放宽限制那些在这里有着重要利益的美国传教士和商人返回南京。"②

3月23日，国务卿就这一问题向上海的美国总领事高斯发出了一封电报：

> 请将下面电报转发给东京："国务院希望你利用一个方便的时机非正式地提醒日本外务省前面电报提到的局势和提出的考虑，并表达尽早取消限制美国人返回南京的希望。
>
> 供你参考，但并非将下面的内容转递给日本当局：国务院认为返回南京的美国人应该暂时限制在传教士和有着重要利益的商人，如艾奇逊在编号390电报第4段里所说的那样，美国妇女，除了医生和护士外，和儿童应该被劝说不要返回南京。"
>
> 国务院希望，在向上海的合适的日本当局提出一问题时，前文给东京是指示，你应该参照执行。③

可以看出国务卿赫尔对美国人返回南京的问题表现得十分谨慎。一方面，他没有就这一问题直接给美国驻日本大使发出指令，而是将指令发给美国驻上海总领事高斯，让其将这一电报转发给格鲁；另一方面，让格鲁在方便的时候向日本外务省非正式地提出这一问题，同时要求妇女和儿童不要返回南京。正如前文所述，当时美国社会孤立主义盛行，

---

① 由于未知的原因，这封给美国大使馆的信是寄给或是递交给不在南京的美国大使馆二等秘书艾奇逊的。

② The Consul General at Shanghai (Gauss) to the Secretary of State (March 14, 1938), United States Department of State, *Foreign Relations of the United States Diplomatic Papers, 1938, Vol. 4. The Far East*. Washington: United States Government Print Office, p. 292.

③ The Secretary of State to the Consul General at Shanghai (Gauss, Mar. 23, 1938), United States Department of State, *Foreign Relations of the United States Diplomatic Papers, 1938, The Far East, Vol. 4*, Washington: United States Government Print Office, p. 296.

“帕奈”号事件后,美国不少人要求从中国撤出所有人员。国务卿显然是从政治的层面来考虑这一问题的。

3月29日,阿利森向国务卿报告:“今天上午,日本总领事告诉我,负责这一问题的上海日本军事当局说,他们认为目前让外国人来南京是不可取的。日本军方采取了这样的立场,即如果南京的外国人发生了什么不测,他们将承担道德方面的责任,因此他们不希望冒这个风险。”阿利森还报告,已经有600多名日本平民包括妇女和儿童生活在南京,数量超过了战争爆发之前。他认为这是明显的歧视性的做法。① 4月15日,阿利森更具体地报告了日本平民在南京的情况:

> 根据日本总领事提供的信息,3月31日居住在南京的日本居民人数为810名,其中男性420名,女性390名。有关这些日本人所从事的行业,[日本总领事]也提供了相关信息:有45种不同的职业,包括面粉加工、建筑、剧院、保险、印刷、电力设备、照相耗材、医师、交通运输、药剂师、食物供给、旅馆、饭店、菜馆、红酒和白酒经销商及厕所设备供应。②

在电报中阿利森还强调:“没有迹象表明,一般的外国商人将被允许返回南京,关闭他们现在已不再盈利的商业活动,或是恢复他们过去的生意。”他指出如果这种情况持续下去,必然的后果是:“除非采取特别的立场,否则等到美国或其他外国商人被允许返回时,他们将发现他们以前活动的领域在很大程度上将被日本人接管。”③

---

① The Third Secretary of Embassy in China (Allison) to the Secretary of State (Feb. 29, 1938), United States Department of State, *Foreign Relations of the United States Diplomatic Papers, 1938, The Far East*, Vol. 4, Washington: United States Government Print Office, 1955, pp. 299 - 300.

②③ The Third Secretary of Embassy in China (Allison) to the Secretary of State (Apr. 15, 1938), United States Department of State, *Foreign Relations of the United States Diplomatic Papers, 1938, The Far East*, Vol. 4, Washington: United States Government Print Office, 1955, p. 310.

由于国务院在美国公民返回南京的问题上采取比较谨慎的政策，因此，并没有就这个问题进行积极的交涉。4月18日，国务院远东事务局局长助理巴兰塔在日本大使馆参赞须磨(Suma)[1]就其他问题来访时顺便提出了日本当局继续阻止美国公民重返其在南京的商业、传教及其他工作岗位的问题。须磨答应他将向日本政府反映这一问题。但是，一个月过去了，局势并没有任何改观。美国驻上海总领事洛克哈特在5月11日给国务卿的电报中承认在这方面所面临的困难：

尽管多次向日本地方当局提出交涉，但在为美国传教士获得访问或是返回他们的传教工作地点方面几乎没有取得任何进展。4月份(总领事馆)只为1名传教士返回松江及2名传教士返回苏州得到通行证。然而，后来日本军事当局以局势不安全为由要求后者离开。至于南京，日本军事当局发给了2位医生和2位护士通行证，但是一直无法为其他希望返回南京和其他城市的传教士得到其他通行证。

有关美国商人返回内地，局势更加令人不满。数家美国大公司提出申请，要求其工作人员被允许返回以便进行简短的视察，检查损失，或是重新开始他们各自的生意。美孚石油公司要求重新进驻镇江、南京和芜湖并重开这些地区的设施。4月27日，日本总领事对此进行了回复，日本地方当局的态度从中可窥见一斑。日本总领事说："我很遗憾我们的军事当局没有建议我通知你们，和平与秩序在上述提到的地方及周边地区恢复到了这样的程度，以致他们能够按照上述公司的要求去做。"实际上，美国人要求返回的那些城市的局势已经相当平静。[2]

---

① Suma 翻译成中文还有其他5种翻译，因此，这里的翻译相当于音译。

② The Consul General at Shanghai (Lockhart) to the Secretary of State, United States Department of State (May 11, 1938), *Foreign Relations of the United States Diplomatic Papers, 1938, The Far East, Vol. 4*, Washington: United States Government Print Office, 1955, pp. 314 - 315.

5月13日，国务卿将这一电报转发给了美国驻日本大使，并征询格鲁意见是否要继续向日本外务省提出正式抗议。5月14日，格鲁回电表示已经进行了多次抗议，但下个星期初他将再次就这一问题向日本外务省提出交涉。他还告诉国务卿日本方面也表示将制定解决这一问题的计划。不久，美国的抗议就发挥了作用，5月31日，上海的日本当局宣布已向包括妇女在内的十名美国传教士发放了回南京的通行证。

如果说日本方面阻扰外交官和传教士返回南京的目的是防止这些人将日军在南京的所作所为向外界传播的话，那么，日本当局不允许美国及其他外国商人返回南京除了有上述考虑外，为日本人赢得更多的商业利益也是一个重要的考虑。因此，在传教士得到返回南京的通行证后，日本方面仍然不允许美国及其他外国商人返回南京。

1938年6月8日，在一次外交聚会上，阿利森与从东京来的日本外务省美国局的石井谈起了这一问题。石井又老调重弹，以外国人返回南京存在安全隐患为由，搪塞阿利森。阿利森反驳了这一理由，并反问他为什么传教士回来显然是安全的而商人就不安全了？石井说出实情："就传教士而言只涉及美国人，如果商人被允许回来，就必须让所有国家的商人都获准回来。目前日本当局还不打算这么做。"[①]显然，日本当局不想让商人，特别其他国家的商人返回南京。

在6月9日给国务卿的电报中，阿利森显然失去了耐心。他对日本当局的借口进行了分析并提出了对策："显然，日本当局只是不想外国商人返回南京并将继续找借口，除非相关的政府采取更强烈的行动。"阿利森以自己的亲身经历向国务卿建议：一方面，"向上海和东京[美国大使馆]发布指示，要求其继续在商人返回南京方面施压"；另一方面，"如果

① The Third Secretary of Embassy in China (Allison) to the Secretary of State (Jun, 9, 1938), United States Department of State, *Foreign Relations of the United States Diplomatic Papers, 1938, The Far East*, Vol. 4, Washington: United States Government Print Office, 1955, p. 346.

到7月1日仍然不成功的话，通知日本当局美孚石油公司、德士古公司的代表，这也是两个最受影响的美国公司，将乘美国海军'瓦胡'号返回南京，时间在7月11日或大约在11日前后。美国政府相信在这些人在南京登陆时，日本方面将不会设置任何障碍。"阿利森给出这样做的理由是，"如果我们继续请求日本当局的许可，日本方面将会以这样或是那样的理由加以拒绝，但是如果我们通知日本人这些人来了，就像海军无线电报务员上岸所做的那样，我认为他们不会引起任何麻烦"。①

尽管美国驻上海总领事洛克哈特不赞成阿利森的建议，但不久后，美孚石油公司与海军达成安排，决定美孚石油公司南京地区经理将在6月23日乘坐美国军舰"伊莎贝尔"号(Isabel)去南京，上海总领事馆通知了日本驻上海总领事丘前(Okazaki)②，并要求他加速为美孚公司的经理签发必要的通行证以及为其他希望去南京的美国商人签发通行证。

在得到这一通知后，日本总领事一方面威胁说，他希望美国人不要像一些英国公民所做的那样，在没有通行证的情况下就前往南京，如果这样，日本人将不得不拒绝向所有希望去内地的美国人签发一切通行证；另一方面，他又保证，如果美国人能够在这方面保持克制，为美国商人签发的通行证可以在"一或二周"的时间内完成。

美国驻上海总领事的意见是："我的立场仍然是，如果没有通行证，美国人不应该前往南京或其他日本人要求通行证的地方。"在了解了这些情况后，美孚石油公司的经理决定放弃原定的23日美孚石油公司南京地区经理返回南京的决定。

之后，日本当局也兑现了先前的保证，7月4日上午，日本总领事告诉阿利森，据他所知通行证已发给美孚石油公司和德士古公司的代表以便他

① The Third Secretary of Embassy in China (Allison) to the Secretary of State (Jun, 9, 1938), United States Department of State, *Foreign Relations of the United States Diplomatic papers, 1938, The Far East*, Vol. 4, Washington: United States Government Print Office, 1955, pp. 346-347.

② Okazaki 还有其他的中文翻译，相同于音译。

们前往南京。在1938年7月9日致国务卿的电报中,阿利森报告:“美孚石油公司的米德(L. J. Mead)和德士古公司的希尔德(T. F. Shields),他们俩都是美国公民,今天下午他们乘美国海军的‘瓦胡’号一同达到南京。自日本占领南京以来,他们是首批返回南京的美国商人。”①

第三节　限制信息的传播

一、送走外国记者

正如前文所述,日本当局在开始轰炸南京时就通过各种手段,千方百计使外国人撤离南京。在日军即将占领南京前,这一政策被进一步强化,用他们自己的话说就是日军不希望有第三方人士目睹这一进程,并指手画脚。但在南京陷落时仍有27位外国人士留在了南京,其中还有5名外国记者,他们是《纽约时报》的记者德丁(Tillman Durdin)、《芝加哥每日新闻》的斯蒂尔(Archibald T. Steele)、路透社的史密斯(Leslie Smith)、美联社的麦克丹尼尔(C. Yates McDaniel)和美国派拉蒙电影新闻(Paramount Movie News)的门肯(Arthur Menken)。

一方面,这些记者的存在使得日本当局感到很不自在,因而他们被严格地限制活动范围和行动自由,更重要的是日军切断了南京与外界的所有的电报联系,这些记者已经完全没有将其所见所闻发往外部世界的渠道。这使他们在南京无法进行正常的报道。另一方面,尽管有各种限制,但这些记者还是各显神通获得了大量的一手素材。如《纽约时报》的德丁在南京陷落后曾试图驱车前往上海,但开到句容时受阻,被迫返回;《芝加哥每日新闻》的斯蒂尔也设法去了长江边,看到了数艘日本驱逐舰到达南京。美联社的麦克丹尼尔则以日记的形式记录了其所见所闻。这两方面的原因使得记者们急于离开南京。

① RG59, Entry 198B, box1821, National Archives at the College Park.

对于记者们的这一要求，日本当局不仅没有设置障碍，甚至还积极地提供交通工具帮助这些外国记者离开南京。① 1937 年 12 月 15 日，当接运“帕奈”号幸存者的美国炮艇“瓦胡”号与英国炮艇“瓢虫”号经停南京时，《纽约时报》的记者德丁、《芝加哥每日新闻》的斯蒂尔、路透社的史密斯和派拉蒙电影新闻的门肯分别乘坐这两艘炮艇离开南京前往上海。第二天，即 12 月 16 日，麦克丹尼尔乘坐日本驱逐舰“铁杉”号(Tsuga)前往上海。

自中日淞沪战争爆发以来，日本军方对为数众多的西方人前往战地围观、采访，并向外界传播日军的负面消息一直如鲠在喉。用软硬兼施的方式迫使他们撤离冲突地区是日本军方的一项既定政策，外国记者全部撤离南京本质上是这一政策的结果。但令日本当局没有想到的是，这些记者离去却拉开了外国媒体，特别是美国报纸对南京暴行报道的序幕。

在“瓦胡”号上，斯蒂尔设法让发报员将他的报道发送给了《芝加哥每日新闻》。1937 年 12 月 15 日(美国时间)，《芝加哥每日新闻》刊登了斯蒂尔从“瓦胡”号上发回的报道：“南京陷落是一个难以形容的使守卫部队[陷入]惊慌失措和混乱的故事，随之而来的[是]征服军队的恐怖统治，这夺取了成千上万人的生命，其中许多是无辜的”，“全城的大街小巷散落着平民的尸体和被丢弃的中国人的装备和军装”，“当我们离开这座城市时所看见的最后一幕是一队 300 多名中国人正在江边附近的墙前被有条不紊地处决，那里尸体堆足以没膝，这一场景是过去两周南京最典型的画面。”②

---

① 在 12 月 24 日的一封信中，菲奇(George Fitich)这样写道：“(日本)海军很乐意派一艘驱逐舰将所有愿意走的美国人送到上海，并帮助发送完全属于个人性质的电报……当我告诉他除了数名记者外，我们都希望留在南京时，他(日本海军军官)多少有些失望。”参见：Dec. 24, 1937 Circular Letter of George Fitch in Martha Lund Smalley (eds), *American Missionary Eyewitnesses to the Nanking Massacre, 1937—1938*, Yale Divinity School Library Occational Publication No. 9, p. 9.

② 12 月 16 日《纽约时报》也刊登了这一内容。其消息来源为 12 月 15 日路透社讯：A. T. 斯蒂尔从停泊在南京外的美国炮艇“瓦湖”号上发出电报。参见 Archibald T. Steele, “Nanking ‘Four Days in Hell’”, *New York Times*, Dec. 16, 1937, p. 15.

图 3.2 美国派拉蒙电影新闻记者门肯

12 月 17 日，斯蒂尔发表了另一篇日本士兵在南京大街小巷搜捕和屠杀被怀疑是中国士兵的报道。① 美国派拉蒙电影新闻的门肯（见图 3.2）也将其在南京的经历通过“瓦胡”号上的无线电发给了美联社。12 月 16 日，《西雅图每日时报》（*The Seattle Daily Times*）刊登了美联社的这一新闻稿。

美联社的麦克丹尼尔的新闻稿出现在 12 月 17 日的《西雅图每日时报》上，其 12 月 16 日的日记是这样结尾的：“我对南京的最后记忆是：死去的中国人、死去的中国人、死去的中国人。”②第二天，即 12 月 18 日，麦克丹尼尔的另一篇发自上海的有关南京的新闻稿在《斯普林菲尔德共和党报》（*Springfield Republican*）上刊登。德丁的有关日军南京暴行及日军占领南京军事战略的长篇报道分别刊登在 1937 年 12 月 18 日和 1938 年 1 月 9 日的《纽约时报》上。路透社的史密斯也在到达上海后向伦敦总部发送了有关日军占领南京后各种暴行的新闻稿。

实际上，根据美国破译的日本外交电报，这些记者的报道被日本驻美国的使领馆报告给了日本外务省。如 1937 年 12 月 18 日，日本驻芝加哥领事馆在给外务省的电报中介绍了当地报纸报道的相关内容：

> 17 日，《芝加哥每日新闻》在大幅标题《日本军队在南京残忍的屠杀》下，刊登了由其专题记者所写的有关南京沦陷的报道，这给读者留下了这样的印象，原本为中国军队特征的混乱和野蛮行为也为日本军队所有。“帕奈”号事件极大地加剧了美国人激愤的情绪。美国人对

① 斯蒂尔在 1938 年 2 月也发表了另外两篇有关日军暴行的报道。

② Newsman's Diary Describes Horrors of war in Nanking, *The Seattle Daily Times*, Dec. 17, 1937, p. 6.

日本的一般态度严重恶化，这一点通过在我们演讲时听众的态度，通过本领馆收到威胁信件的大幅增加，通过报纸上所刊登的文章和通过许多人要求当地的日美协会主席辞职的这一事实被展现出来。①

另外，在一段时间里，在汉口的美国驻华大使及美国政府也是通过这些记者来了解南京的情况的。到达上海后，美国记者将南京的情况向美国驻上海总领事进行了报告，总领事又将这些信息报告给了在汉口的美国大使约翰逊。1937 年 12 月 25 日，约翰逊大使将美国驻上海总领事给他的电报转发给了国务卿，该电报报告了日军在南京犯下的暴行：

从日本军队进入南京后离开该城的外国记者和从贝茨博士那里得到的消息表明，除了那些有外国人住的地方，日本军队实际上进入了南京每座建筑，并有计划、有组织地抢劫了住所和商店。对留城里的中国人包括那些在难民区的人进行了大规模的抢劫和许多不分青红皂白的枪击和屠杀。②

有关南京的美国财产所遭受的侵害情况，美国记者反映：

在敌对行动中美国财产仅受到些轻微的损失。但自日军进入城市后，据可靠的报道，日本军队侵入了金陵学院的教师住房，拿走了食物和值钱的东西，也进入了金陵大学医院，抢劫了中国员工。③

有关美国驻华大使馆的情况，电报写道：

大使馆没有遭到破坏，但麦克丹尼尔告诉我[美国驻上海总领事]日本军人曾企图进入车库，偷大使馆的轿车，于是，他[麦克丹尼尔]将车子开到[使馆的]院子里。我[美国驻上海总领事]就此事向来看我

---

① RG 457，Location：190/37/7/1，Box 286，National Archives at College Park.

②③ The Ambassador in China (Johnson) to the Secretary of State(Dec. 25，1937)，United States Department of State，*Foreign Relations of the United States Diplomatic Papers*，*1937*，*The Far East*，Vol. 4，Washington：United States Government Print Office，1954，pp. 414 - 415.

的日本总领事提出交涉。同来的日高(日本驻华大使馆参赞)向我解释了他在南京时对我们的大使馆所采取的特殊保护措施。在与乔治·菲奇达成某种谅解后,日本大使馆借用了我们大使馆的三辆车,包括你[约翰逊]的、派克(Peck)的和另外一辆,对此他们将承担责任。他补充说,他认为在他们手上,这些汽车要安全些。①

完全可以想象,如果外国记者能够在南京停留更长的时间,会有更多、更详细的有关日军在南京暴行的报道和更多相关史料的留存。实际上,日本占领南京后也有记者申请从上海去南京的通行证,但遭到日本当局的断然拒绝。美国情报部门破译的日本外交电报显现,1937 年 12 月 20 日,日本驻美国大使斋藤致电东京询问日本当局拒绝《芝加哥论坛》记者前往南京的真实理由:

《芝加哥论坛》的马尔·科本林(Mar Coppening)也希望从上海去南京,由于他被告知日本当局不愿意批准他前往,他要求我解释。我告诉他可能的原因是南京现存的局势,这使得外国人在目前这一特定时候前往那里变得不可取;这当然不是因为他们可能歧视你。请让我知道有关这问题的相关事实。②

这从份破译的电报中可以看出:一是不仅仅是《芝加哥论坛》马尔·科本林希望前往南京采访,还有其他记者也提出了类似的要求;二是当该记者要求日本驻美国大使解释拒绝他前往南京的原因时,日本驻美国大使只是想象了南京局势仍不安全这一理由,但他自己并不完全相信,要求了解日本当局的真实意图。

---

① The Ambassador in China (Johnson) to the Secretary of State(Dec. 25, 1937), United States Department of State, *Foreign Relations of the United States Diplomatic Papers, 1937, The Far East*, Vol. 4, Washington: United States Government Print Office, 1954, pp. 414 – 415.

② RG 457, Location: 190/37/7/1, Box 286, National Archives at College Park.

二、警告拉贝

1938年1月23日，德国人克鲁格尔作为首位日军占领南京后获准离开南京的外国人前往上海。到达上海后，他于1月28日做了有关南京情况的详细报告，并允许将其报告公开发表。这使得南京的日本当局十分恼火，并以不允许返回南京为要挟，让将要离开南京的外国人就有关日军在南京的暴行噤声。

拉贝于2月6日向南京的日本当局提出申请要求前往上海讨论关闭西门子公司在南京生意的事宜，德国大使馆的罗森博士还专门为其写了推荐信。2月9日晚，日本大使馆的福井来到拉贝住处。拉贝在日记中描述了当时的情况：

> 当晚6时，他（福井）来看我，商谈我去上海事宜。他果然忍不住威胁我说："如果您在上海对报社记者说我们的坏话，您就是与日本军队为敌。"他告诉我说，克勒格尔（克鲁格尔）的报告非常差劲……我问福井，允许我在上海说什么？他回答说："这就由您自己斟酌了。"对此，我说："依我看，您期待着我对报界这样说：南京局势日益好转，贵刊不要再刊登有关日本罪恶行径的报道，这样做等于是火上浇油，使日本人和欧洲人之间更增添不和的气氛。""好！"他喜形于色地说，"真是太棒了"。①

出乎福井意外的是，接下来拉贝提到了包括为什么不向外国医生和护士来南京发放通行证等一系列问题。面对拉贝的质问，福井只能翻来覆去地重复："如果您说日本人的坏话，就要激怒日本军方，这样您就回不了南京！"② 可以看出，日本南京当局要掩盖日军在南京暴行的意图十分明显。

---

①② 拉贝：《拉贝日记》，江苏人民出版社，江苏教育出版社，1997年版，第240页。

由于德国及拉贝的特殊地位和身份，日本当局于2月18日通知拉贝，他去上海的申请得到批准。拉贝于2月23日离开南京前往上海。尽管之前日本大使馆的福井警告拉贝不要在上海说日本的坏话，但拉贝仍然于2月28日在上海基督教青年会举行的茶会上发表了演讲，介绍了安全区国际委员会过去的工作和改名为南京国际救济委员会的情况，逐一介绍了安全区国际委员会主要成员的工作和贡献，并指出安全区总体上是成功的，这一成功归功于“安全区国际委员会所有成员夜以继日的忠于职守，他们照顾难民的饮食起居，尽其最大能力保护难民免遭肆虐全城的日军的侵袭——诸如抢劫、强奸、焚烧和杀戮等”①。实际上，拉贝返回德国后仍然继续介绍日军在南京暴行直到纳粹政府出面干预。

三、单程通行证

菲奇因牙病需要到上海进行治疗，在经过长时间的与日本官员交涉后于1月29日获准前往上海。在上海期间他多次向有关人士介绍南京的情况，听众中包括美国亚洲舰队总司令亚内尔。当时有人建议菲奇立刻返回美国向美国政府报告南京的情况，但他说自己与南京的日本当局有协定，必须10天后返回南京，这才没有返回美国。

不久，菲奇被再次允许离开南京前往上海，这一次菲奇在大衣内收藏了马吉拍摄的有关日军暴行的胶卷，并设法将其带往美国。另外，菲奇的《南京日记》先后在《南华早报》《Ken》杂志上匿名发表，后者被在美国发行量和影响极大的《读者文摘》全文转载。

这些信息在外界的传播使得日本当局对申请离开南京的外国人更加敌视，并设计了新的办法阻止外国人传播日军在南京的暴行的做法。1938年3月下旬，金陵大学教授贝茨和传教士福斯特因私申请去上海。

① Talk by John Rabe in Shanghai, RG 8, Box 141, Folder 15, the Special Collections of the Yale Divinity School Library.

3 月 31 日,日本大使馆的田中打电话给贝茨,告诉他上海的日本军方已经允许他们乘 4 月 3 日离开南京的日清汽船前往上海,但上海的日本军方要求日本总领事馆提醒贝茨和福斯特,在上海的行为应该十分小心。因为"一些外国人之前去过上海,但是他们的行为不尽如人意。如果我们[贝茨、福斯特]的行为也不令人满意,那么我们回南京可能会有麻烦"。贝茨要求田中解释"不尽如人意"的确切含义。田中解释为:"他们谈论军事问题。他们还说了一些有损日本陆军的言论,实际上是反日宣传。"贝茨否认了反日宣传的说法,强调了美国的自由表达和发表意见的传统,并问道:"如果我的家人或朋友想要谈谈南京,询问这件或那件事情是否发生,或者在我家或我工作的大学里发生了什么,难道军方会禁止我回答这类问题吗?"田中的回答是:"你应该十分小心。南京有一些案件,我想你是知道的。但是现在情况已经改善了,秩序也完全恢复,不应该再去谈论这些案件。"最后,贝茨询问了日本当局所给通行证的性质是往返还是单程的,田中回答说是单程的。也就是说,贝茨他们必须在上海向日本军事当局申请返回南京的通行证,但条件是"如果[他们]的行为令人满意的话"。田中还强调:"主要的麻烦是与新闻记者交谈,并且说一些可能被报纸发表的东西,而[日本]军方会认为这对日本军队是有伤害的。请告诉你们在上海的地址和希望逗留的天数。"①显然,日本当局的意图是警告贝茨等不要与报刊记者接触,其掩盖日军在南京暴行的目的十分明显。

贝茨当天就以书面形式将他与田中的谈话内容报告给了阿利森。第二天,即 4 月 1 日,阿利森拜访了日本总领事花轮(Hanawa),对日本当局对美国公民在中国旅行设置限制的行为进行了非正式的抗议。日本总领事解释说,田中先生只是在提出友好的忠告,并不是"条件"。阿

① Conversation of Consul Tanaka with M. S. Bates, RG 10, Box 102, Folder 867, the Special Collections of the Yale Divinity School Library.

利森问道，如果没有“条件”，为什么不给贝茨和福斯特签发一个适用全程的往返通行证，而只是一个单程通行证？花轮解释说，南京的军队无法签发这样的通行证。阿利森则指出，芜湖的日本军队大约一个多月前就给美国公民签发了去上海的往返通行证，南京的军队无法做相同的事情似乎有点奇怪。阿利森进一步指出，尽管在技术上签发这些通行证可能没有条件，但是由于没有签发往返通行证，实际上等同于设置了条件。阿利森补充说，贝茨和福斯特不会去上海进行反日宣传，但是在他们工作的过程中，他们可能必须就南京的局势进行一些事实陈述，如果他们的这些陈述使日本军队感到不高兴并因而受到惩罚，那是不对的。阿利森警告花轮说，如果这些美国人被阻止返回南京，他倾向于对这一问题采取严肃的立场。

当天阿利森向国务卿报告了田中和贝茨的对话内容，并一针见血地指出：“很明显，日本军队限制外国人在上海和南京之间旅行的真正原因是担心有关日本人在南京行为的真实情况将被讲述，而不是像其所声称的关怀外国人的安全。”他还向国务卿建议：“如果[美国驻日本]大使馆在未来的某一时候能够就上海的日本军队的态度提出非正式的抗议，这将是非常有益的，因为这一态度严重妨碍了美国公民的合法活动。”①

由于阿利森的提前关注，贝茨和福斯特在返回南京时并没有遇到明显的障碍。但日本当局从积极送走记者、拖延美国外交官返回南京，到阻止其他外国人的返回，再到威胁去上海的外国人不要说日军的“坏话”，其意图十分明显，那就是阻止有关日军在南京行为的信息的传播和掩盖日军在南京犯下的种种暴行。

① The Third Secretary of Embassy in China (Allison) to the Secretary of State (Apr. 1, 1938), United States Department of State, *Foreign Relations of the United States Diplomatic Papers, 1938, The Far East*, Vol. 4, Washington: United States Government Print Office, 1955, pp. 303 - 304.

上述努力实际上不仅徒劳无益，而且欲盖弥彰。这从另一个方面说明了日军南京暴行的存在和日本当局完全了解这些暴行。实际上，不仅离开南京的记者将日军在南京的暴行进行了大量的报道，而且返回南京的美国外交官员也详细地将日军在南京的各种行径报告给了美国政府，下一章就是美国外交文件中有关这些行径的记录。

第四章　罄竹难书

第一节　侵犯外交机构和人员

一、美国大使馆

1. 对美国大使馆财产的侵害。1937 年 12 月 9 日，在艾奇逊等三名留守外交官离开美国大使馆，登上停泊在下关附近的“帕奈”号后，南京美国大使馆就由中国雇员和仆人负责照看。由于大使馆所具有的独特的地位，因此，一般认为美国大使馆是在日军轰炸南京期间和日军占领南京后南京最安全的地方之一。实际上，艾奇逊在离开南京前告诉留在南京的美国人可以随时利用其使馆内的住所以备不时之需。另外，美联社记者叶兹·麦克丹尼尔，丹麦人、德士古中国有限公司的经理 J. M. 翰森等在离开南京时都将自己的汽车留在美国大使馆内以防止遭到不测。

但与日本飞机炸沉“帕奈”号如出一辙，实际情况是日本士兵根本不尊重美国大使馆的外交地位。尽管美国大使馆的两个院落都飘扬着美国国旗，日本大使馆的官员也于 12 月 15 日晚在美国大使馆门前张贴了日文布告，说明该地方为美国大使馆，禁止日本士兵入内。但根据大使馆中国雇员邓泰诚(T. C. Teng)的每天记录，仅在1937年12月15日至25日的10天中，日本士兵就非法闯入使馆院落达18次之多。闯入美国大使馆的这些日本兵从大使馆抢走使馆工作人员和其他外国人留在使馆大院内的七辆汽车、一辆卡车及属于使馆中国籍工作人员的自行车，还抢走住在使馆里的中国雇员、仆人的现金和私人财物。日本士兵甚至逐个搜查使馆的办公室，并用刺刀轻微损坏了一楼的一扇门，使馆参赞住宅卧室天花板上被弹片击穿了一个小洞。除了被日本兵抢走的汽车，日本大使馆还向美国传教士菲奇“借走”了约翰逊大使、佩克(Peck)参赞和二等秘书艾奇逊的车。另外，大使馆三等秘书詹金斯位于使馆外面的住所遭到彻底洗劫，其雇用的中国佣人也被日军打死在其住所内。

根据美国外交档案中的相关记载，美国大使馆外交官员遭受的具体损失如下：二等秘书克莱逊·奥尔德里奇(Clayson W. Aldridge)的价值550美元的汽车一辆；三等秘书小道格拉斯·詹金斯(Douglas Jenkins, Jr.)个人用品3300美元，价值896美元的汽车一辆；大使馆职员悉尼·拉封(Sidney K. Lafoon)价值350美元的汽车一辆。

美国大使馆中国雇员及佣人的具体损失：日本士兵抢走大使馆中国雇员的七辆自行车，它们分别属于邓泰诚、中文秘书徐尧浦(Hsu Yao-pu)、大使司机黄泰贤(Hwang Tai-chien)、信使郭长发和甘元舟、警察梁方中(Liang Fang-chung)和王义宙(Wang Yi-chow)。另外还抢走了邓泰诚借来的一辆汽车；邓泰诚及家属的一只金戒指、一只金表、现金58元(中国货币)；苦力邢福龙(Hsin Fu-lung)[①]手电一只；警长张立中(Chang Li-chun)皮带一条；雇员吴越乔(Wu Yueh-chiao)金表一只、现金7元(中国货币)、摩托车一辆；警察高新元(Kao Hsin-yuan)若干面粉、米和一只手电；信使洪小川(Hung Hsiao-chuan)现金25元(中国货币)；信使甘元舟(Kan Yuan-chou)现金8元(中国货币)；信使齐天淮

① 以下中文名为音译。

(Chi Tien-hwai)现金47元(中国货币);信使郭长春(Ko Chang-chun)和儿子郭庆福(Ko Ching-fu)现金分别为25和16元(中国货币);信使顾明发(Ku Ming-fah)现金30元(中国货币);信使郭长发(Ko Chang-fah)现金9元(中国货币);信使甘元森(Kan Yuan-sen)现金25元(中国货币)。①

其他外国人的具体损失:丹麦人J. M. 翰森价值1700美元的斯塔德贝克(Studebaker)牌汽车一辆;美联社记者叶兹·麦克丹尼尔价值3500元(中国货币)的雪弗莱(Chevrolet)汽车一辆;英国公司祥泰木行的价值3500元(中国货币)的GMC卡车一辆,该卡车是由一位美国公民,也是英国公司祥泰木行雇员罗耶·斯夸尔留在使馆大院的;美国派拉蒙特电影新闻亚瑟·门肯的一辆价值750元(中国货币)旧雪弗莱汽车一辆。

在南京的其他国家的使领馆也遭遇过不同程度的侵入和损坏,如苏联大使馆遭遇大火,但由于本研究的主题所限,这里不进行详细的讨论。

根据美国破译的日本外交文件,日本外务省已经了解了日本军队在美国大使馆的所作所为。在12月26日由外相广田签发的至驻美国大使馆的电报中,日本外务省转发了来自南京日本大使馆的电报:

> [12月]23日晚,武装的日本士兵至少四次进入了[美国]大使馆的院落。他们擅自开走3辆汽车,同时还拿走4辆自行车,2个煤油灯和数只手电筒。另外,在一名军官带领下的队伍对使馆的雇员进行搜身检查,抢走了大约250美元的现金以及手表、戒指和其他个人用品。另一名士兵试图打开帕克斯顿上了锁的办公室,用刺刀捅办公室的门。另外两名士兵企图强奸两名中国妇女……②上午9时,日本士兵再次来到使馆的院落。离开时,他们拿走了一辆摩托车,还拿走了一袋面粉和一袋大米,一只手电筒以及从门房拿走

① 有关美国大使馆及其成员损失情况的具体数据均来自RG 59, Entry 198B, box 0815, National Archives at College Park.

② 原件如此,应为无法破译或翻译的内容。

11.8元。

根据日高领事的说法，除了试图强奸外，我们的警察证实了上述陈述。这是对我[日本驻南京使馆官员]的编号 2884 电报的补充。①

对于日本军队的这些公然侵犯外国大使馆的行径，日本当局显然知道其性质的严重性，并试图尽快以赔偿的方式加以平息。在阿利森于 1938 年 1 月 7 日返回南京后，日本大使馆的官员归还了前面提到的"借走"的三辆汽车，并附带了 160 加仑汽油作为补偿。对美国大使馆中国雇员所遭受的财产损失，1937 年 12 月 30 日，即美国外交官员返回南京前，日本大使馆的官员支付给邓泰诚共计 813.3 元(中国币)，赔偿使馆中国雇员被抢的所有财物的损失，但不包括七辆自行车和邓泰诚借来的一辆汽车。在与本地的美国人商量之后，邓泰诚收下这笔赔偿。

另外，南京的日本当局在处理美国财产遭受损失方面，也是先解决日本士兵侵害美国大使馆财产的问题——对使馆的损失以及使馆工作人员的损失进行赔偿，然后再讨论对其他美国人的私人财产的赔偿问题。在具体赔偿方面，日本政策是对使馆财产损失和使馆工作人员财产损失的申报，不进行调查核实，而是直接承认美国大使馆对损失数目的认定，这也包括日军从大使馆院落内抢走的私人汽车。

2. 赔偿、道歉的交涉。与赔偿美国大使馆所遭受的财产损失的积极态度形成强烈反差的是在道歉问题上，日本当局要求由较低级的使馆官员出面道歉，并与美国展开了一场外交较量，最后以相互妥协而结束。

返回南京后，在与日本大使馆岗村(Okamura)②的谈话中，阿利森强调指出了"这类侵害美国大使馆财物及其雇员的严重性质，并说必须给予某种形式的赔偿。"岗村承认日本军人侵害了美国大使馆的财物，并说

① RG 457, Location: 190/37/7/1, Box 286, National Archives at College Park.

② 该英文还有另外两个翻译：冈邑，岳村。

日本政府愿意进行正式道歉。但他询问,考虑到本地区日本指挥官是日本王室成员①这样的事实,由他的参谋长向作为美国政府代表的阿利森进行道歉是否可行?岗村解释,他的"政府希望这一问题可以通过在南京的道歉解决,因为日本政府担心,如果该问题由于一个更加正式的道歉而被极大的渲染,两国的舆论会被点燃,进而导致两国关系的进一步的紧张"②。阿利森随即向国务卿报告了这一情况。

在1月8日的回电中,赫尔表示同意就地解决的原则,并强调:"国务院考虑这样的解决方式应该包括日本的正式道歉和赔偿。大使馆因此应该指示阿利森通知岗村,美国政府认为由日本南京地区指挥官的参谋长以日本南京地区指挥官的名义亲自交给作为美国大使馆代表的阿利森一份正式的道歉是可以接受的。"在电报中,赫尔还要求:"阿利森还应该向岗村或者其他合适的日本官员提出对侵害美国财产和对美国公民及三等秘书詹金斯的仆人所犯暴行进行迅速和全面赔偿的问题。阿利森应该继续向驻中国大使馆和国务院通报这一问题的最新的进展。"③

但日本军方显然不同意由自己出面道歉的这一安排。为了解决这一尴尬局面,数天后,日本无任所总领事冈崎在与阿利森的非正式谈话中称冈村提出的建议没有得到日本政府的授权。这使得阿利森感到非常吃惊。阿利森告诉冈崎他已经向国务院报告了有关内容,并收到了相关的指示。这时,冈崎装模作样地说:"在这种情况下,日本必须遵守其所有官员的承诺,并进行所需的道歉和赔偿。"接下来,冈崎说出了这一变化的真正的原因:"让一名军官进行道歉不是常规的做法,并建议由代

① 上海派遣军司令朝香宫。

② The Third Secretary of Embassy in China (Allison) to the Secretary of State(Jan. 7, 1938), United States Department of State, *Foreign Relations of the United States Diplomatic Papers, 1938, The Far East*, Vol. 4, Washington: United States Government Print Office, 1955, p. 224.

③ The Secretary of State to the Ambassador in China (Johnson Jan. 8, 1938), United States Department of State, *Foreign Relations of the United States Diplomatic Papers, 1938, The Far East*, Vol. 4, Washington: United States Government Print Office, 1955, pp. 226-227.

理总领事福井，作为日本大使的代表向我[阿利森]作为美国大使的代表进行道歉。”①

几天后，福井代表日本政府正式向阿利森转达了以下内容：一是“由他作为日本大使的代表进行道歉是日本当局的愿望”。二是他将在道歉之前或是道歉时给阿利森一封对使馆财产损失赔偿的保证信。日本当局会对上述损失进行赔偿，但是他希望这封信看起来具有私人性质，而非官方的。三是有关对其他美国公民私人财产损失的赔偿，“日本方面将对美国人提交的赔偿要求进行自己的调查”。同时，“日本政府将对美国的财产的所有损失进行赔偿，但不包括在军事行动中日本士兵所造成的损害”。②

在给国务卿的电报中，阿利森报告了福井提出的上述三项内容，并询问国务院是否接受日本政府的这三项建议。同时，阿利森建议：“考虑到日本人真诚地希望迅速解决对美国大使馆财产侵害的问题，并提出进行迅速的赔偿，因此我建议对上述前两个建议给予肯定回答。然而，我觉得拟议中的有关解决对美国公民私人财产的声明是不令人满意的。”③

1月21日，国务卿回复了阿利森的请示：“国务院认为由阿利森归纳的冈崎建议第一点和第三点不构成令人满意的当地解决的基础。然而，国务院授权他接受第二点，即以个人名义对大使馆及使馆工作人员的财产损害进行赔偿的保证信。”有关由谁来道歉的问题，国务院认为，“由上海的日军最高指挥官亲自向海军上将亚内尔表示遗憾是可以接受的，以

①③ The Third Secretary of Embassy in China (Allison) to the Secretary of State (Jan. 18, 1938), United States Department of State, *Foreign Relations of the United States Diplomatic Papers, 1938, The Far East*, Vol. 4, Washington: United States Government Print Office, 1955, p. 239.

② The Third Secretary of Embassy in China (Allison) to the Secretary of State, United States Department of State, *Foreign Relations of the United States Diplomatic Papers, 1938, The Far East*, Vol. 4, Washington: United States Government Print Office, 1955, pp. 237 - 238.

此代替最初的建议。万一日本当局无法同意这两条建议中的任何一条，国务院考虑有必要指示驻东京大使馆，要求日本外相向驻日本大使表示遗憾，或要求日本驻华盛顿大使向国务卿表示遗憾。”电报中，赫尔还强调：美国政府“无法承认日本政府被免除了其在南京军事行动中对美国财产造成损害的责任，因此阿利森应该向日本当局指出，含有这样不承担责任声明的保证对美国政府来说是无法接受的”。与此同时，国务院要求：“阿利森不应该在第三点上逼迫日本当局，不过他可以提醒他们，我们愿意考虑就地解决是对日本当局所表达愿望的积极响应”，但“如果日本当局不能就第三点给出一个令人满意的保证，国务院将会通过外交渠道向日本政府要求赔偿”。①

阿利森将上述国务院的意见转告日本方面后，福井直到 2 月初才做出回复。一方面，他对美国方面为什么坚持要日本军事官员进行道歉表示不解；另一方面，坚持认为：“日本政府不能够对由于军事行动所造成的损害承担责任”，“如果这一点被（美方）坚持的话，有必要在东京解决赔偿主张的问题”。同时，福井也提出：“首先解决美国大使馆财产遭到侵害的问题，然后我们再讨论解决个人赔偿主张的问题。”②

在 2 月 4 日给驻华大使的电报中，国务卿赫尔同意先解决美国大使馆财产的赔偿问题，然后再解决美国私人财产赔偿的问题，但在道歉问题和日本军事行动的免责问题上坚持之前的立场。

2 月 7 日，福井前往阿利森处，告知日本在道歉方面做出让步：“日本政府现在建议由上海的日本大使馆武官和派遣军特务机关长原田

① The Secretary of State to the Ambassador in China (Johnson, Jan. , 21, 1938), United States Department of State, *Foreign Relations of the United States Diplomatic Papers, 1938, The Far East*, Vol. 4, Washington: United States Government Print Office, 1955, p. 244.

② The Third Secretary of Embassy in China (Allison) to the Secretary of State(Feb. 2, 1938), United States Department of State, *Foreign Relations of the United States Diplomatic Papers, 1938, The Far East*, Vol. 4, Washington: United States Government Print Office, 1955, p. 254.

(Harada)少将向上海的美国总领事进行道歉。”福井解释说，“特务机关的功能是处理影响陆军的外部事务”，另外，“陆军的其他军官正在指挥战斗，因此没有空进行这样的道歉”。福井还向阿利森提出了进行迅速进行赔偿的具体措施。①

在报告国务院后，2月9日，赫尔来电，表示可以接受由原田出面道歉的建议，但前提是，“遗憾地表示将包括对美国大使馆财产的侵害和对美国国旗的侮辱，并且还包括某种形式的不再发生此类事件的保证”。另外，国务卿还对汽车及工作人员的财产损失的赔偿做出了具体的指示。②

就在这一问题似乎将结束时，日本方面再次设置障碍，对美国方面就日本士兵侮辱美国国旗表示遗憾的要求讨价还价：日本方面表示原田“无法就侮辱美国国旗表达歉意，直到有证据证明日本士兵犯下了这一侮辱行为。但他准备临时表示遗憾，也就是，如果经过调查，发现的确发生了侮辱国旗的事件，他将对侮辱美国国旗深表歉意”。原因是，“阿利森向福井传递了数起所谓的侮辱国旗的情况，但他甚至没有给出见证人的姓名，而只是说一位美国人报告或是一位中国人报告了这个案子”，因此，“这将会使相关问题的解决拖延大约一个多月，因为以前在南京的部队现在分散到了各地”。③

根据众多历史资料的记载，留在南京的美国人贝茨、思迈斯等多次向日本大使馆递交了抗议日本士兵在金陵大学、神学院、美国小学等地侮辱

---

① The Third Secretary of Embassy in China (Allison) to the Secretary of State(Feb. 7, 1938), United States Department of State, *Foreign Relations of the United States Diplomatic Papers, 1938, The Far East*, Vol. 4, Washington: United States Government Print Office, 1955, p. 260.

② The Secretary of State to the Ambassador in China (Feb. 9, 1938), United States Department of State, *Foreign Relations of the United States Diplomatic Papers, 1938, The Far East*, Vol. 4, Washington: United States Government Print Office, 1955, p. 262.

③ The Consul General at Shanghai (Gauss) to the Secretary of State, United States Department of State, *Foreign Relations of the United States Diplomatic Papers, 1938, The Far East*, Vol. 4, Washington: United States Government Print Office, 1955, pp. 265 - 266.

美国国旗的信件。实际上,作为反驳日本方所谓“没有给出证人的姓名”的证据,阿利森将五封由美国人写给日本大使馆的抗议信的副本交给了福井,并在2月15日给国务卿的电报中表示:“考虑到这样的事实,即在差不多两个月的时间里,日本当局已经收到了书面的关于侮辱美国国旗的报告,我看不出为了进行调查而容许[日本方面]进一步的拖延的理由。”就在这封电报刚刚发出时,日本大使馆的福井来到美国大使馆,希望阿利森理解,“对军方来说,有必要调查指控的真相”。阿利森回答说:“我可以理解军事当局进行调查的愿望,但是我不能理解的是,为什么这样的调查在南京的美国居民将第一起侮辱美国国旗的事件报告交给日本大使馆时没有进行。福井先生无法详细地解释为什么当时没有进行调查。”①

尽管如此,日本方面还是以没有证人的姓名为由,进行所谓的“临时道歉”,即如果将来的调查证明了日本士兵的这一行径,那么,日本对此的道歉将生效。实际是在推脱日本军方的责任。

2月17日,国务卿发来指示。“为了加速对发生在南京的各种问题的就地解决,而这些问题已经有了实质性的协定”,所以“国务院准备根据前文提到的上海电报和东京电报建议的形式,接受(日本方面)临时的对侮辱美国国旗事件表示遗憾,条件是对美国大使馆财产的侵害表示遗憾并保证类似的情况不再发生。”同时,国务卿要求,“考虑到1月14日上午9时,南京的编号22电报中所包括的陈述,即报告这类侮辱国旗事件的美国人表示愿意提供宣誓证词,国务院建议阿利森努力得到这样的宣誓证词,并将它们和其他证据提供给日本当局,作为他们调查的基础。”②

---

① The Third Secretary of Embassy in China (Allison) to the Secretary of State(Feb. 15, 1938), United States Department of State, *Foreign Relations of the United States Diplomatic Papers, 1938, The Far East*, Vol. 4, Washington: United States Government Print Office, 1955, pp. 266-267.

② The Secretary of State to the Ambassador (Johnson) in China(Feb. 17, 1938), United States Department of State, *Foreign Relations of the United States Diplomatic Papers, 1938, The Far East*, Vol. 4, Washington: United States Government Print Office, 1955, p. 272.

2月22日上午，福井前往美国大使馆，通知阿利森，原田少将于当天下午拜访美国驻上海总领事高斯，对侵害南京大使馆财产一事表示遗憾。与此同时，福井给阿利森一封信，该信写道："我希望通知你，我已经安排了将一笔数目为6796美元和10118法币[中国货币]的款项通过我们那里的总领事馆汇入上海美国总领事馆"。福井先生还保证，几天内支付这笔钱。他要求阿利森在美国上海总领事馆收到这笔款后给他写一封私人信件，承认收到了这笔款，如果可能，并补充有关侵害美国大使馆的事件现在已经结束。

有关要求对詹金斯仆人被杀的赔偿问题，福井表示："日本陆军不能为没有被证明是日本士兵所犯的个别的暴力行为承担责任。"但是，他补充说："由于不希望损害美国和日本之间的友好关系，还由于相关的中国人是一名美国外交官的雇员，因此日本政府将自愿支付2500法币给死亡者的家属。"他还要求美国方面"对原田少将表达遗憾之事和对大使馆进行赔偿之事不要公开宣传报道，因为担心这类的宣传可能会给两国的民意火上浇油"。①

当天下午，原田将军前往美国驻上海总领事馆拜访美国驻上海总领事高斯，并向美国正式表示遗憾，全文如下：

"我对侵害南京美国大使馆财产表达我的真诚的歉意。与此有关，我想向你保证日本当局已经采取了适当的步骤防止类似的事件再次发生。至于有关侮辱美国国旗的问题，我们现在正在进行调查。然而如果此事真的发生的话，将是非常令人遗憾的。因此，我也为此表示歉意。"②

---

① The Third Secretary of Embassy in China (Allison) to the Secretary of State(Feb. 22, 1938), United States Department of State, *Foreign Relations of the United States Diplomatic Papers, 1938, The Far East*, Vol. 4, Washington: United States Government Print Office, 1955, pp. 278 - 279.

② The Consul General at Shanghai (Gauss) to the Secretary of State (Feb. 22, 1938), United States Department of State, *Foreign Relations of the United States Diplomatic Papers, 1938, The Far East*, Vol. 4, Washington: United States Government Print Office, 1955, p. 279.

至此日本侵害美国驻南京大使馆的事件画上了句号，但日本军队在南京的暴行并没有停止。这一事件也从一个侧面反映了日本军队占领南京后无所顾忌、无法无天的心态，对美国大使馆的所作所为与轰炸“帕奈”号的性质如出一辙。

二、阿利森被打事件

除了与日本交涉有关日本士兵侵害美国大使馆的赔偿问题外，在这一时期，阿利森还进行了其他工作，用国务院的话说：“查看美国公民及南京城的美国财产的情况和环境，同时也提供大使馆保护美国侨民权益的正常服务。阿利森忠实地履行这一任务，他与留在南京城的美国侨民保持了密切的联系。他记录和起草了大使馆状况的报告，包括大使馆工作人员财产、美国侨民生活的环境和美国财产的状况。他收到许多侵害美国人权益的案例，其中包括破坏美国财产及侵入美国房产的事件，并向国务院报告了这些案例。除了其他适当的措施外，他努力获得、核对并报告相关问题的实情。”①

在这些案件中，有一件事发生在1938年1月24日深夜，携带武器的日本士兵强行进入金陵大学的农具店，根据看门的何姓中国人的讲述：他听到日本兵的敲门声后，出去开门让他们进来。日本士兵向他要“花姑娘”。他说这儿没有“花姑娘”，只有工人和他们的妻子。日本兵坚持说这里有“花姑娘”，并用刺刀逼他到后面去，并开始搜查。他们向左转，进入何姓中国人的厨房，但没发现妇女。他们又去敲妇女住的第三个门。门最终被打开，日本士兵将一名中国妇女从那里带走，并强奸了那名妇女。

第二天，即1月25日，阿利森收到这一报告，在进行了初步调查后，

① Press Release by the Department of State on Jan. 28, 1938 United States Department of State, *Papers Relating to the Foreign Relations of the United States*, *Japan: 1931—1941*, Vol. 1, Washington: United States Government Print Office, 1943, p. 571.

阿利森将这一案件通知了日本大使馆。1月26日下午，一名日本大使馆警察和一名日本宪兵前往金陵大学调查这一事件，并从那里带走那位中国妇女前往一座由日本士兵占用的建筑，去指认强奸她的日本士兵。阿利森和金陵大学的教师查尔斯·里格斯陪同日本大使馆警察、宪兵和那位妇女前往那里，结果遭到日本军人的殴打。阿利森在1月27日的电报中向国务院报告了事情的来龙去脉：

> 昨天在调查非法侵入美国财产事件的过程中，查尔斯·里格斯先生和我都被日本士兵打了耳光，里格斯还遭到进一步的攻击，衣领被撕坏。这一事件是许多小事件的积累，而这些小事件是过去几天来日本大使馆为了结束非法侵入美国财产所做出努力的过程中经常遭遇的。在1月25日晚与日本大使馆的福井先生就这一问题进行的一般性讨论中，他对我说我过分相信美国传教士的陈述。由于这次谈话……我决定亲自调查下一个发生的案件。25日我接到报告说，前一天晚上大约11时，带着武器的日本士兵强行闯入金陵大学的农具店，在搜查那里的一个中国人后，带走一名中国妇女，两小时后，那名中国妇女回来，她报告说她被强奸了三次。1月25日下午，里格斯和美国教授M.S.贝茨博士与这位妇女交谈，她说她能够辨认出自己被带去的地方，这个地方以前是一位天主教神父的住所，现在被日本军占用。我们将这事件报告给日本大使馆。1月26日下午，一名日本大使馆警察和一名便衣宪兵来调查这件事，里格斯先生和我陪同他们前往那位妇女被劫持的农具店，他们在询问了那里的人后，又带着那位妇女和两名中国人到那个据称发生强奸的房屋。[①] 当时，我们讨论了里格斯先生和我是否要陪她进入房子去

① 根据档案资料，在发生殴打事件后，何姓和胡姓中国人趁乱逃脱。涉及此案的那位妇女被扣留在日本大使馆讯问达28个小时，最终于1月27日晚9时被释放。她说在讯问期间没有受虐待。将妇女送回贝茨博士家的使馆警察说已证明妇女被日本兵强奸，但并不是被所声称的宪兵强奸的。

指认强奸她的人。由于过去有被指控干坏事的[日本]人有威胁中国人的经历，里格斯先生不愿让那位妇女独自进去。那位宪兵说我们最好不要进去，但他没有明确地说我们不可以进去。他们中的一个用力拖住那个妇女，跟她一块进入院子的大门，于是里格斯先生也跟着进去。我跟在其后，正好在大门之内，我们停步商量这个问题。正在此时，一个日本兵跑出来，怒气冲冲地用英文喊："退出去，退出去。"同时，把我推出大门。我慢慢地退出，但在我退出大门外之前，他用手掴我的脸，然后转身打了里格斯一记耳光。跟我们在一起的那位宪兵有气无力地去阻止那个日本士兵，他们中一个用日语说"他们是美国人"或是类似的意思。这时，我们在大门外的街上。当那名日本士兵一听说我们是美国人时，他气得脸发青，嘴里重复着"美国人"，并试图去攻击里格斯先生，当时里格斯离他较近。那位宪兵阻止了他，不过，他还是扯了里格斯的衣领，有几只纽扣被扯了下来。此时，那个部队的指挥官出现了，粗暴地对我们喊叫。整个过程中，里格斯和我都没有碰日本士兵一下，除了那位宪兵外，我们没有跟日本士兵说话。

阿利森在电报中介绍了他们去了日本大使馆后，日本大使馆官员对这一事件的看法：

在那里我们向福井先生详细报告这一情况。福井先生的态度是他认为即使当时我们是在调查上述的日军非法进入美国财产的事件，我们也不应进入日军的院子，他说日本士兵已经让我们离开，因此，打我们的耳光似乎是在他的权力范围之内。我告诉福井先生，他们没有任何理由可以打我们，我说我期待日本军方向我解释这个问题。他说他会马上向军事当局报告这一事件。

阿利森在电报的结束部分写道：

今天(12 月 27 日)上午 11 时，本乡(Hongo)少佐来到大使馆，代表日军指挥官对发生的事件表示遗憾，并进行道歉。他说已经对这一事件负有责任的部队进行了严格的调查，尽管这支部队原本定于今天调防离开南京，但被留在此地数天以便接受调查。我感谢本乡少佐来访，我本人接受他的道歉，不过，我说我还不知道我们政府会对这一事件有什么看法。①

由于阿利森的外交官员的身份，因此，他遭到日本士兵的殴打毫无疑问是一起性质严重的事件。美国媒体对该事件也进行了大量地报道和评论。(见图 4.1)在这种情况下，国务院于 1938 年 1 月 28 日晚指示驻东京美国大使馆向日本外务省就有关日本士兵于 1 月 26 日打美国驻南京大使馆三等秘书阿利森耳光事件进行口头抗议。

DIPLOMAT SLAPPED BY TOKYO SOLDIER
By HALLETT ABENDWireless to THE NEW YORK TIMES.
New York Times (1857-Current file); Jan 28, 1938; ProQuest Historical Newspapers The New York Times (1851 - 2001)
pg. 12

DIPLOMAT SLAPPED BY TOKYO SOLDIER

John M. Allison, American in Charge at Nanking, Struck —Protests to Japanese

ARMY UPHOLDS THE ACT

Spokesman at Shanghai Says Sentry Was Within Rights—Hull Awaits Report

By HALLETT ABEND
Wireless to THE NEW YORK TIMES.
SHANGHAI, Friday, Jan. 28.—John M. Allison, whose reports to Washington have caused the United

SLAPPED BY JAPANESE
John M. Allison

图 4.1　《纽约时报》刊登阿利森被打的新闻

国务院指示驻东京大使馆强调美国政府认为该事件的“严重性”，并要求驻日本大使馆指出该事件并非孤立的案例，与日本士兵多次非法侵

① Press Release by the Department of State on Jan. 28, 1938, United States Department of State, *Papers Relating to the Foreign Relations of the United States, Japan: 1931—1941*, Vol. 1, Washington: United States Government Print Office, 1943, pp. 571 - 573.

入美国财产和漠视美国的权益是联系在一起的。国务院还要求大使馆强调下列的事实：

一是由于不断发生日本士兵侵犯美国房产的事件以及日本驻南京大使馆的福井称阿利森过分地相信美国传教士的陈述，因此，阿利森特地亲自调查一件未经授权而擅自侵入美国房产的事件；

二是阿利森是在一位日本大使馆警察和一位日本宪兵陪同下，前去调查的；

三是阿利森和里格斯在所调查的院子门口没有遇到任何岗哨或卫兵，是跟着那位宪兵进入院内的；

四是当日本士兵要求他们退出时，他们便开始这么做了，而日军打阿利森是在他还未来得及出门，且正在退出院落的过程中。

基于上述理由，国务院要求日本外务省进行适当的道歉和保证日本政府将采取充分的措施惩罚冒犯者。

1月29日，格鲁大使前往日本外务省执行国务院的指示。当天晚上他与日本副外相进行了长时间的会谈。格鲁大使强调尽快满足美国政府要求的重要性。并且说星期日，即1月30日，他整天留在家中，不外出，希望立即收到答复。

根据美国破译的日本外交电报，就在当天，日本驻美国大使斋藤给日本外务省发了一份电报，建议广田迅速解决这一事件。电报全文如下：

> 美国南京大使馆的一位秘书阿利森被一日本士兵打耳光的事件在这里(美国)也被广泛地报道。尽管我没有被告知这一事件的真相，但这一事件正好发生在这样的时刻：自“帕奈”号事件以来，[美国]存在一种奇怪的不正常的公众舆论的暗流，而且据报道，英国和法国在向中国提供武器方面正在寻求美国的合作。另外，美国极大地扩充海军的法案正在提交给国会通过。因此需要一个非常谨慎和真诚的声明来影响目前的公众舆论。我理解你对此事的高

度关注，并相信你将能够迅速地解决这一事件。[①]

为了影响美国的公众舆论及美国扩充海军的法案，日本当局采取了迅速平息事态的政策。日本副外相约请美国大使于1月30日晚前往其官邸，并且以日本政府的名义向大使表示对攻击阿利森事件表示深刻的歉意，同时保证在经过严格的调查后，日本政府会采取适当措施惩罚与本事件有关的人员。副外相口头传达的信息如下：

1. 不管事件发生之前的情况如何，日本士兵打美国大使馆官员事件是十分遗憾的事。一位日本参谋官员已经以日军指挥官的名义对此事件表示歉意，尽管阿利森先生显然已经接受了其所表达的遗憾和道歉，但是从日本政府方面来说仍然希望在这里对这一不幸事件表示深刻的歉意。

2. 由于本次事件的严重性质，帝国政府保证，经过严格的调查后将采用适当措施惩罚与事件有关的当事人。

3. 不论何时发生这类性质的事件，当事双方的描述可能有差别。本案中，美国政府抗议中所描述的阿利森的报告，与日本政府所收到的有关日本士兵打美国领事之前的情况存在相当大的差距。事实真相的确定尚需仔细调查，而这一调查目前正在进行中，因此，希望报告该调查的结果。[②]

至于日本政府所称的其收到的情况究竟是什么，日本的广播电台在报道中进行了描述：日本士兵打阿利森的耳光是因为阿利森拒绝日本士兵要求他离开院子的命令。广播援引日本官员的话说，阿利森还拒绝让为其“提供保护”的日本宪兵乘坐他的汽车，并用日语“八格亚鲁”[③]侮辱

① RG 457，Location：190/37/7/1，Box 286，National Archives at College Park.

② Press Release by the Department of State on Jan. 31，1938，United States Department of State，*Papers Relating to the Foreign Relations of the United States*，*Japan: 1931—1941*，Vol. 1，Washington：United States Government Print Office，1943，p. 575.

③ 此处英文原文“baka yaro”是日语“バカヤロウ”的音译。

其中一个宪兵。

这里所谓拒绝日本宪兵陪同的指控,与此次事件完全没有关系。实际情况是,在阿利森达到南京后,日方提出无论何时,只要在他离开美国大使馆院落,都必须由一名宪兵陪同,为阿利森"提供保护",阿利森同意了这一要求。但在阿利森需要出去时,宪兵并不总在那儿。在这种情况下,阿利森常常独自出去。后来日本当局在离使馆区一两百米远的上海路的一座房屋里安置了宪兵站。在街上巡逻的宪兵看见使馆的车子出来时,便招呼另一名宪兵来"陪乘"大使馆车子,但是这总还是要等上几分钟,由于事情很多,阿利森感觉很不方便。阿利森通过福井向日本军事当局请求在大使馆内安排一名宪兵这样可以避免等待的问题,并告诉福井和本乡少佐,他并不反对宪兵陪同,但不希望每次等待宪兵的到来。日本方面的答复是这样的安排很容易,但其实并未做任何的安排。

一次,阿利森突然急需去日本大使馆,但汽车开到上海路时,执勤的日本宪兵粗暴无礼地命令阿利森停车。阿利森告诉对方自己只是去日本大使馆,这么短的距离用不着宪兵跟着。宪兵没说什么,于是阿利森让司机开车。然而车子刚发动,日本宪兵怒气冲冲地持步枪跳上汽车踏脚板,嘴里还骂骂咧咧。在这种情况下,阿利森叫他离开。当晚,阿利森前往日本大使馆向福井说明了这一事件的来龙去脉,福井表示将向适当的上级汇报。他还再次保证迅速在使馆里安置宪兵,将来不会发生需要等待的情况。

显然,日本指控阿利森不要宪兵陪同及侮辱日本宪兵的说辞完全与本事件无关。日本副外相提到的第三点显然是日本方面为自己找一个挽回颜面的台阶。实际上,几天后本乡少佐通知阿利森,在初步调查之后,涉及"打耳光事件"的一名军官和二十名士兵被送交军事法庭。少佐还说他意识到阿利森侮辱日军一事是个误会,并已将此事向高一级的军事当局解释。

2月1日晚,日本大使馆举行招待会,出席宴会的有在南京的外国外交代表和本间(Homma)少将①、南京新的卫戍区司令天谷(Amaya)少将及从上海赶来的日本大使馆参赞日高,阿利森也受邀出席了宴会。

在招待会上,本间向阿利森表示表示了道歉。阿利森在第二天给国务院的电报中报告了当时的情况:"本间对我说的第一句话就是对最近发生的不幸事件表达深切的遗憾。我向本间将军表示,[美国政府]在东京就此事提出了抗议,既然我的政府已经接受了日本人对该抗议的回复,我唯一的希望是尽快地忘掉这一事件。"②

尽管对阿利森个人而言可以尽快忘掉这一事件,但是历史却永远记住了日本士兵在南京殴打美国外交官的这一事件,这也从另一个侧面反映了日本军队占领南京后的行为方式。日本军队对待美国的外交官尚且如此野蛮,对待中国平民的生命和财产的态度就完全不难想象了,下面就是美国外交文件中记载的日军对中国平民生命和财产侵害的事实。

第二节　侵害中国平民生命和财产

一、美国大使馆的调查报告

早在1937年12月25日,身在汉口的美国驻华大使约翰逊从美国驻上海总领事处了解到了日军在南京的种种暴行,并将相关情况转发给了国务卿赫尔:

> 从日本军队进入南京后离开该城的外国记者和从贝茨博士那里得到的消息表明,除了那些有外国人住的地方,日本军队实际上进入了南京每座建筑,并有计划、有组织地抢劫了住所和商店。对

① 本间雅琴是日本陆军部派到南京监督执行纪律的军官。

② The Third Secretary of Embassy in China (Allison) to the Secretary of State(Feb. 2, 1938), United States Department of State, *Foreign Relations of the United States Diplomatic Papers, 1938, The Far East*, Vol. 4, Washington: United States Government Print Office, 1955, p. 253.

留在城里的中国人包括那些在难民区的人进行了大规模的抢劫和许多不分青红皂白的枪击和屠杀(见图4.2)。①

图4.2　古林寺附近被屠杀的中国人

1月6日上午,阿利森一行返回南京后进一步证实了日军在南京的暴行。美国大使馆官员返回南京不久,留在南京的14名美国公民前来拜访他们。这些美国人讲述了日军进城以来南京发生的极度骇人听闻的恐怖与暴行。他们特别希望美国大使馆能够使日本当局关注南京的局势,“让日本当局管束自己的士兵,停止正在发生的恐怖和暴行。”

大使馆的一项工作职责就是收集和向本国政府反映所在国家、城市的基本情况和重要的信息,美国大使馆副领事詹姆斯·埃斯皮(James Espy)于1月15—24日起草了一份有关日军占领南京后南京基本情况及日军暴行的长篇报告,并于2月2日邮寄给约翰逊大使(汉口)和国务院。② 这一报告是根据留在南京的美国人的讲述及美国大使馆官员的实地调查,特别是安全区国际委员会向日本大使馆提交的抗议日军暴行的

① The Ambassador in China (Johnson) to the Secretary of State (Dec. 25, 1937), United States Department of State, *Foreign Relations of the United States Diplomatic Papers, 1937*, *The Far East*, Vol. 4, Washington: United States Government Print Office, 1954, p. 414.

② RG 59, M976, Roll 51, National Archives at College Park. 另参见杨夏鸣编:《南京大屠杀史料集·东京审判》,江苏人民出版社2005年版,第331—346页。下面内容均出自上述两处来源,不再一一加注释。

记录而写的，由于可以不受字数的限制，与美国大使馆通过电报向国务院报告的日军在南京暴行的个案相比，该报告更加全面地反映了1937年12月10日至1938年1月12日期间日军在南京的行为。

1. 南京陷落前的情况 南京陷落之前，中国军队与平民已持续不断地从南京撤离。大约五分之四的人口已逃离南京城，大部分中国军队携带主要的军用物资与装备也已撤走。除为了军事目的，中国军队将沿城墙地区一定范围内的房屋及其他的障碍物清除、焚毁外，中国军人在城内基本没有毁坏和抢劫财产的行为。南京陷落后留下的居民大部分都在南京国际委员会建立的安全区内避难。南京陷落时有数千名中国军人脱掉军服换上便装与平民混杂在一起，或者在城内任何可能的地方隐藏。

2. 屠杀军人与平民 报告描述了暴行开始的时间和方式："12月13日夜晚与14日清晨，残暴的行为开始出现。首先一队队日本兵去搜捕与'扫荡'留在城内的中国军人，在城内所有街道与建筑物里进行仔仔细细地搜查。曾经当过兵的，以及被怀疑当过兵的人都被有组织地枪杀。虽然没有获得确切的记录，但估计以这种方式处决的人数远远超过两万人。[日本军队]没有对当过兵的人和那些实际上从未在中国军队服役的平民加以区别。如果他们稍微怀疑某个人曾经当过兵，这个人肯定被押走枪毙。日本人要'歼灭'所有中国政府军队残余分子的决心显然是不可变更的。"

报告分析了日本军队这一残暴行为的原因："他们[日本士兵]期望[在南京城内]搜寻到十万多军人。他们在全城各处搜索当过兵的中国人时，很有可能由于只搜捕到为数较少的中国军人而产生恼怒或疑惑，这促使他们将许多无辜的平民与他们捕获的当过兵的人一道处死，也促使他们比原来预计时间更长、更残暴地进行着与恐怖相伴随的'扫荡行动'。"

图 4.3　安全区内被日军集中在一起的中国青壮年

报告详细介绍了两个具有代表性的个案：

一是南京电厂的 54 名雇员在和记洋行的厂房里避难而被屠杀。12 月 15 日或 16 日，一队日本士兵来到工厂，强迫人们说出待在那儿的中国人有哪些不是和记洋行的雇员。日本人得知有 54 个人过去受雇于电厂，但其中 11 人也在和记洋行兼职。因此，日军带走 43 名电厂的全职雇员，并说由于他们受雇于中国政府，因而必须被枪毙。与此同时，日本官员不断地询问国际委员会在哪里能够找到训练有素、从事公共服务的人员，以便为全城恢复供电、照明。

二是发生在金陵大学操场上的诱骗件事。日军开始为全城所有的中国人进行身份登记后，12 月 25 日左右，几名日本军官来到金陵大学，准备对在校舍内避难的三万多中国人进行登记。在把约两千名男子集合起来后，日本军官开始训话，保证那些以前曾在中国军队中服役过的难民如果自报身份的话，他们将会得到保护，但如果他们不自报身份，一经查实，必遭枪杀无疑。(见图 4.3)由于相信了日本人的保证，将近 200 名男子向日军坦白了曾是中国军人的事实。随即，他们被押走。后来有四五名重伤的男子逃了回来。据他们说，他们这 200 人与从其他地方抓来的另外一批中国人被分成几组带到几处荒僻的地方，在那里被日军小分队用刀劈、枪击致死。只有这几人侥幸逃脱,成了幸存者。

日军除了有组织地搜捕和屠杀被怀疑是中国军人身份的人外,更多的暴行是由一些四处游荡的日本士兵所为。报告写道:“除了日军的小分队负责追捕处决前中国士兵外,两三人或更多人组成的许多小股日军在全城到处游荡。正是这些日本士兵的杀戮、强奸和抢劫给这座城市制造了最严重的恐怖。现在还没有充分的证据说明,究竟这些士兵是得到授权可以随心所欲地去做自己想干的事呢,还是进城后日军已经完全失控。我们已经得知,日军最高统帅部至少发布过两道命令,用来管束军人。而且在日军入城前,[高层指挥官]还曾下令不得烧毁任何财产。”但是,“数以千计的日本兵成群结队地在大街上游荡,犯下数不清的抢劫和其他种种残暴罪行,这种情况还在继续”。

图 4.4　南京的许多水塘中都有中国人的尸体

报告写道:“根据外籍目击者对我们的叙述,日本士兵犹如一群野蛮人肆无忌惮地侮辱这座城市。全城有数不清的男人、女人和儿童被杀害。老百姓平白无故地遭到枪杀或刺杀的事件层出不穷。我们从日本人那里得知,在我们抵达南京的前一天,(他们)不得不清理掉众多尸体。尽管如此,在屋内,在池塘里,在街道旁仍能见到尸体。”(见图 4.4)

作为具体的证据,报告列举了两个案例:一是夏淑琴一家及其房东的遭遇。日本士兵闯入她家租住的位于城南的房子,她家及房东共有 14 人。日本人杀害了其中的 11 人,其中的女性先遭强奸,后被杀害,仅有夏淑琴和她年仅四岁的妹妹及房东家的一名儿童侥幸逃脱。二是美国大使馆旁的一个小池塘里打捞出二三十具身着平民服装的中国人尸体。

作为附件一起报告给国务院的还有下列发生在南京的屠杀案例(见图 4.5、图 4.6):

(1) 12 月 15 日,安全区卫生委员会第二区的 6 名街道清洁工被日本士兵杀死在他们所在的鼓楼住所,另外还有一个被刺刀刺成重伤。

(2) 12 月 15 日,一名中国人来到大学医院(鼓楼医院)。他报告说,他背着他 60 岁的叔叔到安全区的时候,日本人开枪杀死了他的叔叔,他自也受伤。

图 4.5　由于没有脱帽,一个中国农村孩子被日军用枪托打死

(3) 12 月 15 日,一名被刺伤的中国人来到大学医院。他报告,日本士兵将他和另外 5 名中国男子从安全区抓走,要求他们往下关运送弹药,到达下关后,他们 6 人被日本士兵刺杀,只有他一人幸免于难,来到金陵大学医院接受治疗。

(4) 据福建路 6 号和昌记联合公司(德国)的王玉惠(音)先生报告,12 月 15 日早晨 8 点左右,几个日本士兵闯入公司,抓住他。当他出示德国执照时,士兵将其扔在地上。他还称日本士兵扯下了那里的德国国旗。日本人强迫他将物资运到军官学校,之后将他被释放,并给了他一张纸条,证明他完成了工作。在回家的路上,走到珠江路时,另一个日本士兵或一伙士兵无端地从背后向他开了两枪。他现在正躺在大学医院,愿意作进一步的证明。

(5) 12 月 17 日下午 4 时,一名中国平民马吉在位于大方巷的房子附近被 3—4 名日本士兵枪杀。住在这所房子里的除了马吉外，还有3个外国人，他们是福斯特先生、波德希沃夫先生和齐阿尔先生。

(6) 12月17日，吴家花园内的3名中国人遇害，2名妇女被强行拖走，之后杳无音信。

(7) 12月17日上午11时，日本士兵来到安全区的警察总部检查。在检查的过程中，一个名叫常清亮(音)的厨房佣人遭逮捕并被抓走。此人的确是平民，没有任何过失，也从未当过兵。我们请求日本方面释放他。

(8) 12月18日，陆军学院的难民收容所传来报告：12月16日，有200名男子被带走，只有5人回来；12月17日，26名男子被带走；12月18日，30人被带走。另外，一名25岁的中国男子被杀，一名老妇被推倒在地，20分钟后死亡。

(9) 12月18日16时，日本士兵在颐和路18号向一个中国人索要香烟。由于香烟没有及时递上，该中国人被日本士兵用军刀砍伤头部。伤者现在大学医院，已没有存活的希望。

(10) 昨天得到消息，美国大使馆的三等秘书小道格拉斯·詹金斯(Douglas Jenkins Jr.)先生的住所遭到洗劫，一名佣人被杀。于是菲奇立即赶到位于马台街29号的这栋房子，确认这一报告完全属实。该住所里一片狼藉，佣人的尸体躺在佣人的房间里，其他佣人都已经逃走，没有任何人留下来看守这座房屋。

(11) 12月19日下午5时，一名年轻的男子在母亲的陪同下被送到国际委员会总部，日本士兵无故刺中他的胸部。菲奇和斯迈思博士将这位年轻人送到大学医院。

(12) 12月20日上午7时30分，里格思先生走过汉口路28号时，有人向他报告，昨天夜里在那里寻找妇女的日本士兵杀了一名中国人，用刺刀重伤另一人，另外3人也不同程度受伤。

(13) 12月20日，今天一位盲人理发师来到大学医院。12月

13日，他带着他的孩子在城南，日本兵进来向他要钱，他没有。他们向他射击，子弹穿过胸膛。

图4.6　1938年1月在城外日军为取乐而屠杀的中国农民

(14) 12月20日，城南一家帽子店的老板也同样被日本人开枪击中了胸部，日本人向他要钱，并对他给的数额不满意，还想要更多，但他再也拿不出了。这位伤者今天被大学医院收治。

(15) 1938年1月2日10—11时之间，一名日本士兵闯入陈家巷5号刘盼坤的住所，声称要对该房子进行检查。当他看到刘的妻子时，便向她提出了许多有关该住房的问题。当刘妻开始回答这些问题时，屋内的其他人示意她离开，因为他们注意到这名日本人试图把她引到另一房间去。当她准备离开时，她的丈夫过来骂了这名日本人几句，并打了他一记耳光，该日本人随即离开了这所房子。然后刘妻回来做饭，其丈夫试图弄些食物给5个孩子吃。下午4时，这名士兵又来了，这次他带了一把手枪，要找刘。刘此时藏在厨房里，邻居们纷纷请求他饶恕刘，有一个人甚至给这名士兵下跪，但没用。该士兵一看到刘，就向他肩膀开了一枪。4时30分，当人们把许传音博士叫去的时候，刘早已死亡。马吉随后赶到，他证实了这一情况。

(16) 1月9日早上，克勒格尔先生和哈茨先生看到一名可怜的身着平民服装的中国人被一名日本军官和一名日本士兵赶到安全区内山西路，就在中英庚子赔款楼东面被处死的情景。克勒格尔和哈茨到那里时，这个男子摇晃着站在薄冰破碎的齐腰深的池塘中，奉军官的命令，日本士兵趴倒在一个沙袋后面开始射击。第一枪击中男子的肩膀，第二枪没有打中，第三枪才把他打死。

(17) 今天(1月14日)上午，刚刚登记完的两个人(马和殷)来到马在汉西门的家看望马的瞎子母亲，因为据一位邻居说他的母亲被日本士兵杀死。他们看到了马母的尸体。在回去的路上，他们遇到了日本士兵，日本士兵索要他们的衣服，然后将他们刺死，并将他们的尸体扔进一个防空洞里。其中一人没有死，他苏醒过来，并爬了出来。人们看到了他，并给他衣服。他后来走回到蚕桑楼(金陵大学)。他的两个朋友用一张床把他抬到国际委员会总部。菲奇把他们送到大学医院。

3. 强奸妇女　强奸妇女是日军占领南京后暴行的重要组成部分，而且规模大，持续时间长，发案的频率高。大概是详细描述此类案件有伤大雅，或者是由于附件中相关案例已经十分详尽，在美国大使馆给国务院的报告中，报告人副领事埃斯皮在报告的正文中仅用了短短数语概括了这一暴行，并请国务院关注附件中的相关内容："日本兵到处寻找本地妇女，无论在哪里发现，便就地强奸她们。随函附件详细描述此类事件，供参考。当地的外国人相信，仅在日本人占领初期，此类案例一夜之间就有不下数千起。据一位美国人统计，在一处属于美国房产的地方，仅一个晚上的时间，此类案件就有30起。"

下面是美国大使馆在附件中报告国务院的相关案例：

(1) 12月14日晚，也就是昨天晚上，7个日本士兵闯进金陵大学图书馆，并抓走了7名中国女难民，其中3人被当场强奸。

(2) 12 月 14 日晚，许多日本兵闯进中国人居住的房子，强奸妇女并把她们带走，因而在这一地区造成恐慌。昨天，数以百计的妇女逃进了金陵文理学院校园，因此，3 名美国人昨晚在金陵文理学院待了一夜，保护校园里的 3000 名妇女和儿童。

(3) 12 月 14 日中午，日本兵闯进了铜银巷的一间房屋，抓走了 4 名女孩，强奸了她们。过了两小时才把她们放回。

(4) 12 月 14 日晚上 10 点，11 名日本兵闯进位于铜银巷的一家中国人家里，强奸了 4 名中国妇女。

(5) 昨天晚上，也就是 12 月 15 日晚上，一群日本兵闯进了位于汉口路的一家中国人家。他们强奸了年轻的妻子，并带走了 3 名妇女。当两位丈夫逃离时，日本兵开枪将他们两人打死。

(6) 12 月 15 日的晚上，若干名日本士兵进入金陵大学桃园附近的校舍内，当场强奸了 30 名妇女，有一些是被 6 人轮奸的。

(7) 12 月 16 日晚上，7 名日本士兵打碎了窗户，抢劫难民，用刺刀刺伤了金陵大学的一名教工。理由是他没有手表和姑娘给他们，并在房屋里强奸了几名妇女。

(8) 12 月 16 日下午 4 点，日本兵进入莫干路 11 号住宅，并且在那里强奸了一名妇女。

(9) 12 月 16 日，四处游荡的日本士兵 5 次闯入斯迈思博士位于汉口路 25 号的住所，寻找姑娘。

(10) 12 月 17 日，日本兵进入珞珈路 5 号，强奸了 4 名妇女，拿走一辆自行车，一些被褥和其他东西。当哈茨(Hatz)和克勒格尔到达现场时，他们很快就离开了。

(11) 12 月 17 日，在拉贝住的干河沿小桃园后面的一栋小房子里，一名妇女遭强奸并被刺伤。如果她今天能得到医治的话，或许还有救。这名妇女的母亲也在路上被严重打伤。

(12) 12 月 17 日，一名年轻姑娘在琅琊路(珞珈路 25 号对面)

被拖到一栋房子里遭到强奸。

(13) 12月17日，司法部附近一名女孩被强奸后又在腹部挨了一刀。

(14) 12月17日，在仙府洼[音译]附近，一名40岁妇女被抓走并被强奸。

(15) 12月17日，在积善云路，几名日本兵强奸了两名女孩。

(16) 多名妇女被从五台山小学里带走，并被整夜强奸，在第二天早晨，即12月17日才被放回。

(17) 12月16日晚8时，2名日本军官和2名日本士兵闯进干河沿18号吴江琴(音)家，将房屋内的男子全部赶走。几名妇女(邻居)得以逃脱，没有逃脱而留下的妇女遭到强奸。一个日本士兵落下了一件背心。吴江琴(30岁)自己也被强奸。

(18) 12月16日，7名16—21岁的姑娘从陆军学院被抓走，其中5人被放了回来。根据她们的12月18日的报告，她们每天遭到六七次强奸。12月17日，日本士兵在夜晚11时爬过围墙抓走了2名姑娘，过了半小时后，将她们放回。

(19) 12月17日下午3时，3名姑娘在大方巷的难民收容所里先后被日本士兵强奸。在同一房屋里的另外一名妇女被枪弹击中，受重伤。

(20) 12月18日晚，450名惊恐万分的妇女逃到我们[菲奇]的办公室寻求保护，并在院内露天过夜。她们中的许多人都曾经遭到过日本士兵的强奸。

(21) 当日本军官永井少佐到安全区主席拉贝先生位于小桃园的家中拜访时，拉贝先生的一个中国邻居赶来呼救，有4名日本士兵闯进了他家，其中一人正在强奸家里的一名妇女。永井少佐抓住那个士兵，打了他的耳光并命令他滚开。另外3个士兵在看到少佐来时早已迅速溜之大吉。

(22) 哈茨先生报告说,12 月 19 日上午 11 时 30 分,他发现在宁海路我们总部隔壁房子的防空洞里,2 名日本兵在试图强奸妇女。当时防空洞里大约有 20 名妇女,她们竭力呼救。哈茨先生进去,并赶走了这些"可敬"的士兵。

(23) 12 月 19 日上午 10 时,贝茨博士、菲奇先生和我(米尔斯)向田中先生通报了日本士兵的行为后去了金陵大学附中,并打算了解一下那里的情况。我们发现,昨天夜里有 3 名姑娘被抓走,其中一名在门房就遭到 3 名日本士兵的轮奸。当我们向大门走去,但仍在校园时候,吴(Pearl Wu-Bromley)小姐出现在大门口,她的身后跟着 3 个日本士兵,还有一个低级军官骑在马上。我们试图拦住日本士兵,并让吴小姐上我们的汽车,那名日本军官表示反对,并企图用马挡住我们的去路。但他的马害怕我们的汽车,所以我们开出大门,并带着吴小姐来到日本大使馆,我们向日本大使馆询问,在城市什么地方能将吴小姐安全安置下来。吴小姐是从美国回来的学生。

(24) 12 月 18 日,一个茶馆老板的 17 岁的女儿被 7 名日本士兵轮奸,并于 12 月 18 号死亡。昨天晚上 6 时到 10 时之间,3 名日本士兵强奸了 4 位姑娘。一名上了年纪的男子报告,他的家在莫干路 5 号,他的女儿遭到多名日本士兵的强奸。日本士兵昨天夜里从金陵文理学院抓走了 3 名姑娘,并强奸了她们。这几名姑娘今天早上回到了陶谷新村 8 号,身心受到严重摧残。在平安巷一名姑娘被日本士兵强奸致死。在阴阳营发生了多次强奸和抢劫的事件。

(25) 12 月 18 日,广州路 83 号和 85 号的房子里一共挤了有约 540 名难民……目前年轻的妇女每晚都被日本士兵用汽车强行拖走,然后被强奸,直到第二天才被放回来。30 多名妇女和姑娘遭到强奸,妇女、儿童的哭声彻夜不停。这个院落里的情况糟糕到无法描述。请帮助我们。

(26) 第八区卫生总稽查孟财德(音)先生 12 月 19 日报告,他位于北平路59号的房子昨天和今天分别遭到的侵扰多达6—7次。12月17日，有2名姑娘在这所房屋里遭强奸，今天又有2名姑娘遭强奸，其中一人受到残忍的摧残，可能会死。今天，还有一名姑娘被抓走。住在这所房屋里的难民都遭到了抢劫，被抢走的有钱、手表和其他值钱的东西。

(27) 12月19日，乡村领导培训学院(金陵大学的一部分)的一个工人被日本士兵抢走10元钱，在此之前，他已经被日本士兵抢走了2.5元。下午，房子里有2名妇女被日本士兵强奸。晚上又有5名妇女被日本士兵强奸。

(28) 12月19日18时，贝茨博士、菲奇先生和斯迈思被叫到属于金陵大学的汉口路19号去驱赶正在里面强奸妇女的4名日本士兵。他们发现日本士兵在妇女们藏身的地下室里。日本士兵被赶走后，这所房子里的所有妇女、儿童被转移到金陵大学的主楼里。这一夜有日本领事馆的警察守卫。

(29) 12月20日凌晨3点钟，尽管有一名日本领事馆的警察在大门口站岗，2名日本兵仍然进入金陵女子文理学院500号楼，并强奸了2名妇女。

(30) 12月17日，Y. H. 肖先生(基督教男青年会的行政秘书)家的3位姑娘被从陆军学院抓走。她们是因为安全原因离开了阴阳营7号的。她们被带到国府路后被强奸了，但在半夜由日本兵送回。

(31) 12月18日下午，日本士兵从安置有100多名难民的金陵大学园艺系将4名妇女抢走，并整夜强奸她们，第二天早上才被放回来。12月19日，又有2名妇女被抓走。其中一人今天早上(20号)返回，但另一个到现在仍未回来。

(32) 12月18日下午2时30分，菲奇先生正要去我们的汽车修理工家接2名妇女，并把她们送到大学去。这时修理工跑来说，日本人发现了他家的2名妇女，正准备强奸她们。我们[菲奇、威尔逊医生、麦卡伦、斯迈斯博士]立即到平仓巷13号，发现3名日本士兵和那2位妇女在门房，那2名妇女的衣服已被脱光。我们要求日本士兵离开这里。2名日本士兵立即听从了我们的话，但第3名日本士兵则开始检查我们的看门人，看他是否当过兵，他检查了他的手、后背和脚。这2名妇女迅速穿上了衣服，上了菲奇的车，菲奇把她们送到大学医院。

(33) 12月17日这天，住在金陵文理学院校园内一位难民家的儿媳在她的房间被日本兵强奸。一位教师的女儿被日本士兵抓走。

(34) 12月20日19时30分，一名怀孕9个月的17岁少妇遭两名日本士兵强奸，21时出现临产的阵痛。午夜时婴儿出生，由于人们晚上不敢上街，少妇早晨才被送进医院。目前婴儿状态良好，但母亲处在歇斯底里的状态。(见图4.7)

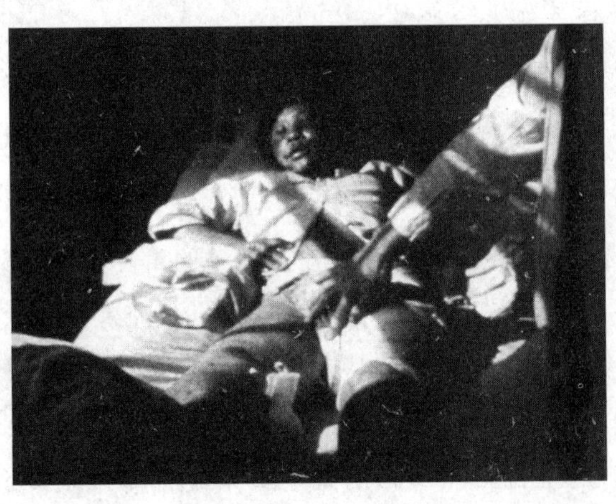

图4.7 因反抗强奸，身中数十刀而流产的妇女

(35) 12月20日下午，日本士兵闯进汉口路5号的住宅，房主是J. H. 丹尼尔斯(Daniels)，大学医院的主管。该住宅前门上贴有日语布告，日本士兵闯进楼上的房间，并把2名妇女带进去强奸。他们在那里呆了3个小时。他们还拿走了地下室的3辆自行车。

丹尼尔斯先生不在的期间，该房屋由威尔逊医生居住。

(36) 12月20日下午3时，3名日本军官闯进汉口路小学难民收容所办公室，工作人员试图通过翻译与之交谈，但被赶出办公室。日本军官在光天化日之下，在办公室里强奸了2名妇女。

(37) 12月20日，日本士兵闯进了国际委员会成员舒尔茨·潘丁(Schultze Pantin)先生家，该房子目前由马吉牧师、波德希沃洛夫和齐阿尔先生合住。波德希沃洛夫正在帮助恢复发电；齐阿尔先生在帮助日本大使馆修理汽车。日本士兵闯进来并当着马吉先生的中国朋友的面强奸了一些妇女。这所房屋里住着来自下关的具有良好素质的美国圣公会基督教家庭，他们反对任何有这种行为的人。

(38) 12月20日下午4时，4名日本士兵在国际委员会总部旁的江苏路23号的房子里，先是用手枪把所有男人逼到另一个房间里，然后强奸了3名妇女。这些妇女后来在夜里逃到了国际委员会总部，但这些士兵今天早上又来要女人。今天(21号)下午4时30分，又有2个日本士兵闯进来，强奸了另一名妇女。当一位男子上前阻拦时，一名日本士兵向他开枪，幸好子弹卡壳没有射出。

(39) 12月21日，今天下午，又有100多名住在国际委员会总部旁边的妇女因为昨天夜里被日本士兵强奸来到我们这里寻求保护。我们把先前到我们这里的妇女送到金陵大学。

(40) 12月23日下午3时，2名日本士兵闯进汉口路小学难民营搜寻财物，并强奸了学校的员工黄小姐。这一事件当即报告给了特务处的宪兵，该处派来几名警察来抓2名士兵，但那2名日本士兵已经逃走，于是警察把黄小姐带到办公室作为证人。同一天晚上，另外一些日本士兵闯进难民营，强奸了王女士的女儿。晚上7时，又有3名日本士兵闯入，强奸了2名年轻的姑娘，其中一名才13岁。

(41) 12月24—25日晚,7名日本士兵闯进了圣经师资学校难民营,并在那里待了一整夜。25日早晨9时和下午2时,分别闯进4名和3名日本士兵,他们抢走衣服和钱,强奸了2名姑娘,其中一名才12岁。

(42) 12月22日,2名日本士兵在金陵大学蚕桑楼强奸了一名13岁的姑娘,当其母亲想阻止日本士兵时,她被打伤。同一地点,另一名28岁的妇女也被强奸。12月23日清晨4时,日本士兵在抓2名姑娘时,遇到日本宪兵,日本士兵随即逃跑。

(43) 12月25日,15岁的李小姐被日本军官和2名士兵从鼓楼新村抓走。

(44) 12月26日下午4时,一名13岁的姑娘在陈家巷6号被3名日本士兵强奸。

(45) 12月27日下午1时,5名日本士兵和1名佣人来到汉口路小学,想抓走2名姑娘。正当他们把2名姑娘往街上拉的时候,几名日本宪兵到我们[郑大成(音),汉口路小学难民营负责人]这里来视察,因而看到了所发生的事情,并抓住3名士兵和1名佣人。

(46) 12月27日下午3时,3名手持刺刀、佩带黄色领章的日本士兵闯入华侨路5号我[难民,屠培英(音)]的家,想要强奸我18岁的女儿,但被几名宪兵制止,宪兵把他们带走了。

(47) 12月30日下午,两个日本士兵闯进了北平路64号意大利大使馆一名官员的住宅,偷走100多元钱,并企图抓走2名姑娘。在我们[施佩林]的恳请下,其中一名姑娘被释放,但另一名身穿毛皮里子衣服的名叫韩思之(音)的16岁的姑娘被抓走。

(48) 12月29日夜间,被派来站岗的一名日本士兵闯入圣经师资培训学校校舍的一个房间,强奸了一名姑娘。在此之前的12月27日,这些哨兵中就有一人喝醉酒后索要姑娘。这一事件在12月29日报告给了福井,12月30日夜间哨兵被撤换。此后,再也没有发生侵扰事件。

(49) 1938年1月1日下午3时,当施佩林先生经过宁海路和广州路拐弯处时,他看到一所房屋里逃出一名老年妇女。当施佩林进入这所房屋时,一名士兵从这所房屋中跑出来。施佩林发现另一名赤身露体的士兵同一名刚被强奸的半裸的姑娘在卧室里。施佩林给这名士兵必要的时间穿好衣服之后将其赶走。

(50) 1月1日晚9时,日本士兵乘坐卡车来到拉贝先生小桃园的住宅索要姑娘。因为拉贝先生禁止他们入内,他们就继续朝金陵大学附中开去。

(51) 1月1日下午,3名日本士兵闯入金陵文理学院楼内。其中一名士兵跟踪一名中国姑娘到竹园,该姑娘便向魏特琳小姐呼救,魏特琳小姐及时赶到从而制止了一起强奸事件。魏特琳小姐还看到另外2名日本士兵,他们自称是宪兵队的。

(52) 1月1日下午1时40分,2名日本宪兵闯入珞珈路17号福斯特牧师的住所强奸了一名姑娘,殴打了另一名反抗的姑娘。两个多星期里,外国人第一次离开这所房屋,时间仅是两小时。当时福斯特牧师同菲奇先生去吃饭了。他得到报告后就立即同菲奇先生和马吉先生驱车返回,并把2名姑娘送到大学医院治疗。

(53) 1月1日下午4时,3名日本士兵在汉口路11号一所属于金陵大学的房子(美国财产)里强奸了一名14岁的姑娘。同一所房子里的一名妇女跑到大学门口向宪兵报告,但宪兵行动缓慢,来迟了。

(54) 1938年1月2日15时,施佩林和菲奇先生被人叫到宁海路13号,4名日本士兵闯进那里企图抢劫和强奸妇女。当这些日本士兵看到施佩林先生佩戴着黑色的印有纳粹党徽的臂章时,便喊着“德国人,德国人!”然后跑走。

(55) 1938年1月3日，一名安置在大学医院的妇女报告：1937年12月30日，她与其他5名妇女一起从铜银巷的6号被带走，日本人骗她们说是给日本军官洗衣服，她们被带到西郊的一所房子里，根据她们判断那是一所日本军队医院。在那里，她们白天的确必须洗衣裳，但晚上她们都要被多次强奸。年纪大一些每晚被强奸10—20次，而年轻漂亮的则被强奸多达40次。1月2日，两名日本士兵把我们[威尔逊医生]的病人拖到一处被遗弃的校舍，砍了她10刀，其中4刀砍在她的脖子上，伤口露出了脊椎骨；一刀砍在手关节上，一刀在脸上，4刀在背上。虽然这名妇女预计会康复，但脖子将不能弯曲。那2个日本士兵将她丢在那等死。但她被另一名日本士兵发现，看到其惨状，他把她送到朋友那里，这些人后来把她送到医院。

(56) 1月3日，威尔逊医生报告一个尚未发育成熟的14岁姑娘因遭强奸受重伤，需要手术治疗。

(57) 1月8日夜里，五六个日本士兵闯入沈举人巷22号的房屋强奸了一名32岁的李姓妇女，并用手枪枪杀了几名中国人。

(58) 1月8日，4名日本士兵敲高家酒馆45号房屋的大门要求进入，由于人们没有立即满足他们的要求，他们就用手枪射击。3名妇女被强奸。3名妇女的年龄分别为21岁、25岁和29岁，她们都是来自袁姓家庭。

(59) 1月7日，2名日本士兵企图强奸年轻姑娘，慈悲社7号的张傅氏(音)想要制止这一罪行，结果被刺。

(60) 1月8日下午6时，3名日本飞行员在华侨路4号强奸一名姓高的18岁姑娘，并用手枪向四处乱射。

(61) 1月9日下午3时左右，米尔斯牧师先生和斯迈思博士前往双塘视察那里的收容所，同时也为了查实有关城区(城市西南区)的局势是否允许居民返回。他们到达时遇到一个怀抱孩子的妇女，她刚刚遭到了3个日本士兵的强奸。

(62) 1月9日夜里，一名日本宪兵从汉口路25号斯迈思博士住宅里拉走一名妇女，并从另一所房子里带走第二名中国女子。正要返回汉口路23号自己住所的里格斯先生碰见了这名宪兵，该宪兵用刺刀威胁他。

这62个案例，虽然只是冰山一角，但较全面地反映了日军占领南京后日军侵害中国妇女的方式和特点，强奸妇女是日军南京暴行的重要内容。埃斯皮用"日本兵到处寻找本地妇女，无论在哪里发现，便就地强奸她们"来概括日本士兵这方面的丑恶行径，虽然在一定程度上反映了日本士兵的疯狂，但没能反映出在一些案例中，日本士兵杀害受害妇女及其他试图阻止其强奸行为的人。值得一提的是在这些案例中，既有日本宪兵将企图强奸中国妇女的日本士兵抓走的情况，也有宪兵自己不怀好意地将妇女带走，甚至强奸的案例。

4. 抢劫财物　关于日本士兵如何抢劫南京的民众，美国大使馆报告这样写道："根据国际委员会和美国居民个人提供的情况，以及本使馆工作人员的调查，可以认为在南京几乎没有一处房舍没有被日军闯入和抢劫。无论院落、房屋、商店、建筑物，或是外国教会的产业，还是外国人或中国人个人的房产，不加区别地悉数被闯入，并在不同程度上遭到洗劫。"

报告还以外国驻南京使领馆被日军闯入和遭抢劫以及苏联大使馆被烧毁为例，说明了日军在南京抢劫行为的疯狂程度。报告以大使馆官员自查结果和美国居民报告为依据，得出了下面的结论："美国房产无一例外地被日本兵一而再，再而三地多次闯入。这样的情况甚至发生在现在仍有美国人居住的住宅。一直到撰写这份报告时为止，美国居民与国际委员会的其他成员仍要持续不断地将闯入外国人房产搜寻财物与妇女的日本兵驱赶出去。"

图 4.8　抢劫满载而归的日本士兵

报告描述了日本士兵抢劫(见图 4.8)的内容:日本兵能够拿走的各类物品似乎都是他们理所当然的掠夺目标。就外国人的房产而论,汽车、自行车、烈酒以及能装进口袋的珍玩似乎是他们特意搜寻的目标。在所有的房屋里,不论是外国人的房产,还是中国人的,入侵者随心所欲地将他们中意的东西席卷而去。城里商业区残存的商家店铺显示店内的货物被洗劫一空。在有些情况下,有证据显示,他们中意的东西太多,不能徒手搬走,于是开来卡车把货物运走。外国居民报告,他们有几次看见整卡车的货物从商店和仓库被运走。德士古中国有限公司仓库保管员报告说,日本兵从仓库抢走汽油、油料,并用公司的卡车运走这些油料。

报告还详细描述了金陵汽车行遭洗劫后的详细情况:“车行的两扇门用木板钉上,木板外面还有上了锁的铁栅栏。两块木板上都张贴着使馆的布告,说明这是美国财产。我们抵达南京之后察看了车行,发现一块木板已从墙上被敲松动,推到一边。木板上仍贴着布告。车行然后被闯入,彻底洗劫。除了两只旧胎,几根铁棍和小段铁丝,车行里只留下一台空气压缩机。几个办公室的地板上布满了文件、纸张,一张桌子被搬走当柴烧,两只保险箱从顶上被砸开。保险箱里的东西都不翼而飞。车行后面一个锁上的小棚子也被闯入。纸张、零件和设备散乱在地板上达六英寸厚。在杂乱堆中发现一部珍贵的标准尺码的电影放映机被打成碎片。”

在美国大使馆报告的附件中，还有34件日本士兵在南京抢劫的案例，时间从1937年12月15日至1938年1月10日：

(1) 12月15日下午4点，在金陵文理学院大门口，一辆载米的马车被日本兵抢走。

(2) 我们第二区的好几名居民，在12月14日晚上被日本兵从他们的家中赶出，家也被洗劫一空。第二区的负责人本人竟被日本兵抢了两次。

(3) 大约30名日本士兵，显然没有军官带队，于12月14日搜查了大学医院以及护士们的集体宿舍，并有计划地进行抢劫。被抢的物品有：6个自来水笔、180美元、4块手表、2捆医院绷带、2个手电筒、1件毛线衣。

(4) 昨天，即12月15日，居住在我们较大的难民营公共设施里的难民报告，日本兵有好几次到那里抢劫。

(5) 12月15日，日本兵非法闯入美国大使馆人员的住处，并搜走了一些小型的个人物品。

(6) 12月15日，日本兵翻越后墙，打破房门，闯入金陵文理学院教师住宅。自12月13日以来，每一件能移动的东西都被拿走。现在已没有什么可偷的了。

(7) 12月15日下午，一些日本兵闯进宁海路米店，拿走了3包大米(3.75担)，只给了5美元。正常的米价是每担9美元，因此，日本皇军欠国际委员会28.75美元。

(8) 12月14日，一群日本兵闯进美国传教士格蕾斯·鲍尔(Grace Bauer)小姐家。这些日本兵拿走了一双皮毛手套，喝光了桌子上所有的牛奶，还用手抓白糖吃。

(9) 12月15日,一批日本兵闯进R.F.布雷迪博士(美国人)位于双龙巷11号的汽车房,把他的福特V8汽车的一扇窗子打碎,随后又找来一名机修工,并试图开走汽车。

(10) 12月16日,日本士兵从红卍字会粥厂的工人手中抢走了一个烧饭用的锅,并将锅中的米饭倒在地上。

(11) 12月16日,日本士兵偷走了阴阳营徐氏牛奶场的两头奶牛,并抓走了两名男子。

(12) 12月16日,日本士兵将40名佩带我方袖标的志愿工人强行从赤壁路9号的住所中赶走,并不允许他们携带行李和被褥等用品,我们[菲奇]的两辆卡车也同时被抢走。

(13) 12月16日,日本士兵闯进了卫生委员会总稽查位于牯岭路21号的住所,偷走了1辆摩托车、5辆自行车和1个垃圾桶。

(14) 12月16日,日本士兵试图偷走大学医院的救护车,被约翰·马吉牧师及时制止。

(15) 12月13日,我们[克勒格尔]查看了德国孔斯特·阿尔贝斯(Kunst and Albers)位于金银街的房屋。中国军队早已撤离了这个地区,这里一切正常。我们在12月15日中午再次来时,发现房门敞开着,所有的门窗都被砸开,房屋里的东西被搜查过,哪些东西被抢走已无从查实。

(16) 12月17日,日本士兵从停在沅江新村6号住所前的克勒格尔先生的汽车里偷走了一架蔡司伊康牌(Zeiss Ikon)相机的6×9厘米胶片。

(17) 日本士兵出现在新园(Shing Yuan)路11号博尔夏特(Borchardt)和波勒(Poblo)先生的房屋里,这座悬挂德国国旗,并贴有德国大使馆布告的房屋已被闯入的士兵翻遍。我[克勒格尔]到达时,日本士兵正在发动博尔夏特先生的汽车,见我来了,他们便丢下汽车。但在12月17日,他们还是偷走了博尔夏特先生的汽车。

在我12月15日第一次去的时候，一名日本军官给我他的姓名。12月16日，这座房子又遭到其他士兵的洗劫。

(18) 12月16日约11时，一名日本军官请求我(克勒格尔)为电厂和水厂重新开工一事提供质询。在经过我的住房(中山北路244号)时我向这名日本军官指出，在我们谈话的这会儿，我的汽车很可能会被偷走。大约3点钟，当我和3位日本军高级军官返回时，汽车真的不见了，同时被偷的还有几本书和4桶汽油。12月17日下午11时左右，我在西门子洋行办事处的附近发现了我的汽车，我没有花很大的周折就让日本士兵把属于德国财产的汽车还给了我。

(19) 12月18日17时，10名日本士兵闯入并抢走了100名难民和我们[菲奇]卫生委员会成员的被褥及其他物品，这包括我们委员会负责人的马生(音)先生的物品。

(20) 12月18日，在宁海路日本士兵抢走了一名中国小男孩的半桶煤油，将他打了一顿，并强迫他为他们拎这个桶。在阴阳营，大约8点钟，一名日本士兵在那里任意地抢劫食物。日本士兵在平仓巷6号抢走了一头猪。另外5名日本士兵赶走了一批小马。

(21) 12月19日，菲奇的司机李文元(音)一家八口住在珞珈路16号(德国人的住宅，有德国旗帜和封条)，在8时30分时遭到了日本士兵的洗劫，全部财产被掠夺一空，他所拥有的东西全部被抢走：有7箱衣物、2筐家庭用具、6床羽绒被、3顶蚊帐、碗筷和50元现钞。他家现在一贫如洗，连睡觉的被子都没有。

(22) 3名日本士兵昨天闯进了我们委员会6名成员位于宁海路21号的住所，住所外有委员会的旗帜和徽标。日本士兵偷走一双手套、一双拖鞋，还有剃须刀和蜡烛。第二天，也就是19日，中午时，又有2名日本士兵闯了进去，偷走了3床被子、1套蓝色斜纹哔叽西装和1个装有个人财物的小箱子。

(23) 今天下午3时30分，一些醉酒的日本士兵闯进红卍字主席陶先生位于莫干路2号的家，撬开了几个箱子。菲奇和施佩林先生及时赶到制止了进一步的掠夺。

(24) 12月16日，许传音在峨嵋路7号的房子遭到抢劫，门被砸开，箱子被撬开。一辆1934或1935年型、车号为1080的道奇牌轿车(有蓬)和一大批其他物品被抢走，被盗物品清单正在整理中，现在还无法确定具体损失。

(25) 12月20日，卫生委员会第八区的多名工作人员的衣服和被褥被抢。由于无法在自己的办公室待下去，他们请求被安置在总部或委员会其他成员那里，以便能在没有骚扰和威胁的情况下工作。

(26) 12月20日，日本士兵多次闯入中山路209号德士古公司(Texaco. Co.)，拿走被褥、鞋子、地毯和家具，并砸碎许多窗户玻璃，撬开保险箱。日本士兵抢走了楼下金陵摩托汽车公司的3辆摩托车；卫生工程公司的一个保险箱也被撬开，一块手表和许多其他的其他的物品被偷走。

(27) 12月20日，2名日本士兵从金陵大学红卍会粥厂的会计那里抢走了7元钱。

(28) 12月17日上午8—9时，保罗·特威纳姆(Paul D. Twinem)夫人位于鼓楼头条巷3号车库里的一辆汽车被盗。该车的型号是奥斯汀(Austin)7型，深蓝色，发动机号为230863，底盘号为229579，车牌号为1492。特威纳姆夫人目前在金陵文理学院帮忙，因此可以在学院找到她。

(29) 12月21日下午2时30分，施佩林发现了2名正在施密特公司(Schmidt & Co.)的哈蒙(Hammon)先生家抢劫的日本士兵。日本士兵看到施佩林后，丢下东西逃走。施佩林将曾经在上述德国公司工作过的2名妇女和2名男子安置到自己家中。

(30) 12月21日下午4时，4名武装日本士兵闯进了第六区住房办公室，拿走了衣物。离开时，他们强迫一位佩带安全区袖标的工人为他们提他们抢来的东西。

(31) 12月25里，日本士兵从金陵大学胡家菜园11号的院子里偷了2头牛。

(32) 2月25日，数名日本士兵偷走了2辆大型消防车上的车轮。安全区消防队的4辆消防车和12台水泵，在过去的10天里，它们几乎全部被日本士兵拿走。剩下来的除一台水泵外，其余的不是被破坏，就是没有轮子。

(33) 12月25日下午3时，一些日本士兵闯入娥嵋路7号许传音博士家，抢走钢琴一架、衣服数件。

(34) 12月27日下午，在宁海路33号我们[赵子常(音)，门卫]的住宅里，闯入3名日本士兵，他们砸开了6个箱子，抢走一些贵重物品。

5. 纵火破坏　在报告中埃斯皮概述了南京遭受的焚烧破坏情况："焚烧造成下关地区相当大的损失。从长江往下关(见图4.9)及其江边一带观察，可见江边一带房屋破败的景象。然而，仍有一些建筑物完好，例如大来公司的木材场、美孚石油公司的设施、扬子旅馆①和大型发电厂。电厂在轰炸中受损，但现在已恢复生产。我们刚抵达时，沿江一带除了'和记'公司的趸船，遗留下来的码头设施只有南京轮渡的趸船仍飘浮着。"

图4.9　焚烧后的下关

① 扬子旅馆(Yangtze Hotel)位于下关，离火车站不远，为一英国人所有、经营的旅馆。

报告描述了南京遭受破坏最严重地区及具体细节:“南京城内受损失最严重的是城南的商业闹市区。南京城要恢复正常,几乎得将这个城区完全重建。在新拓宽的主要街道如太平路、中山路、中华路(见图4.10),以及其他主要街道上,每个街区临街的建筑除了十来幢或更少的房屋,其余均被焚毁。中山路上似乎只有店面和商业建筑被烧。唯一被摧毁的国民政府建筑是在日军占领城市前被焚毁的交通部。其余的政府建筑均完好,目前被日军占用着。”

图4.10 遭到焚毁的中华路

其他地区遭受破坏的情况:“遍及南京城其他地区的房屋建筑,最通常的是贫困阶层的房子,间隙性地遭到焚烧。城北的住宅区受焚烧的损失最小。如前所述,安全区内没有发生焚烧的情况。”

在大使馆的报告中,埃斯皮强调了,“南京不动产遭受的最严重破坏来自火灾”,“这座城市的南部边缘一带遭受了最严重的火灾,这里乃商贾云集之地”,而且,“在我们写这份报告的时候,城市好几个地方仍然可以看见火光”。接着,他描述了遭受火灾的地区的具体情况:“在多条大街上都可以见到被大火烧塌的房子和建筑,它们分布在那些根本未曾被大火烧过的其他房子和建筑之间。有的街上只有一二幢或稍多一点的建筑物墙面被烧黑，而其余部分却未曾着火。”在城南，美国官员看到：“这一带的建筑物和房屋成片成片地被焚毁。许多街区烧得只留下一打或更少的建筑物。与上海闸北大火几乎把整个区完全毁灭不同，这里通常只是临街建筑遭焚毁，而其背后的建筑则大部未被殃及。”

有关起火的原因，埃斯皮指出：“日本当局争辩说，城墙内的火灾都是南京陷落后，那些正在撤退的中国人或身着便装的中国士兵干的。”但他认为：“这里面可能有一些是中国人干的。但是我们有充足的理由相信，与南京陷落和战事停止后，日军蓄意地或不小心地放火相比，中国人干的那点事根本不值一提。在被闯入抢劫后，这些建筑物不管是被人故意纵火，还是被人不小心留下火种继而引发火情，或者是被附近燃烧的其他建筑物所殃及，无论是哪种，日本人都没有采取任何灭火措施。”埃斯皮的这一判断所依据的是国际委员会于 1937 年 12 月 21 日所写的题为《关于南京城纵火的调查》报告，并将该报告作为附件发给了国务院。

该报告分为两部分，第一部分由约翰・拉贝、爱德华・施佩林、黑姆佩尔、哈茨、曹迪希、克里斯蒂安・克勒格尔、福斯特、约翰・马吉、克拉・波德希沃洛夫、詹姆斯・麦卡伦、贝茨、米尔斯、刘易斯・斯迈思签名，并讲述了 12 月 10 日新街口国家剧院[①]对面发生了火灾，上述国际委员会成员前往观察，“发现是一个木材仓库着火。城市消防队正在救火，成功地阻止火势向邻近建筑物蔓延，及时控制住了火势”。报告接着写道：“星期日，即 12 月 12 日夜，同样发生了多起火灾。同时，山西路北面的顾正伦（音）家以及交通部的新楼发生火灾。有证据显示，交通部的建筑看起来是中国人自己放火烧掉的唯一的重要建筑物。当然这一点还有待进一步的证实。此外，南门附近也有几栋小房子被烧毁。”12 月 14 日，一些国际委员会成员前往城南去确认德国和美国财产的情况，“我们惊奇地发现只有为数不多的建筑被烧毁或被炮弹击毁。在太平路上，有

① 即今天的大华电影院。

一建筑被严重烧毁,但火灾是夏天发生的。在中山东路,兴华信托公司(音)被烧毁。但市内没有大面积过火的地方。”

报告的第二部分描述了日本占领南京一周后南京发生的火灾情况,目击者为R. R.哈茨、克里斯蒂安·克勒格尔、贝茨、菲奇、爱德华·施佩林、刘易斯·斯迈思,报告写道:

委员会成员调查了12月19日夜间在安全区内发生的火灾及损失情况。日本士兵点燃了平仓巷16号的房子。施佩林和安全区消防队的一名官员赶往火灾现场,但无法救火,因为他们的水泵和所有的消防器材都在几天前被日本士兵抢走了。同一天,在中山路和保泰街的拐角有一栋房子被烧毁,晚上在国府路的方向也看到一系列的火灾。

12月20日下午5时和6时之间,菲奇先生和斯迈思博士前往保泰街,绕过太平南路来到白下路,他们发现整条街上停满了日军的军用卡车和汽车,日本人正在装货。从珠江路南面的小河开始一直到白下路,他们碰到了数支由15—20名士兵组成的日军小分队,这些小分队显然由低级军官带队,有的在观看街道两边燃烧的房子,有些则从商店往外搬商品。菲奇和斯迈思还看到了一些日本士兵在商店的地上点起篝火。

他们接着去了中华路,在那里看到了类似的情况。基督教青年会建筑的北半部已经起火,毫无疑问,火是从房子的内部点燃的,因为房子周围相邻的建筑并没着火。

12月20日晚上9时,克勒格尔和哈茨先生驱车沿中正路来到白下路,原打算向东去中华路,这时日本哨兵拦住他们,不让他们向南行使。基督教青年会的房子此时即将被全部烧毁。从太平路向北行驶时,他们数了一下,除了以前被烧的房屋外,街道两侧共发生了约10起大火。其他的建筑已成灰烬。向西转向中山东路时,他们看到东海路和国府路的街角燃起大火。到达中山路和珠江路路口时,他们看到珠江路北侧有一处大火。这时一支日本巡逻队拦住他们，不让他们东行。街上到处是日本士兵，人数很多，但他们根本不打算去救火，反倒有许多人在拖走货物。

埃斯皮报告的附件中还包括另外两起日本军队纵火案例：

(1) 12月19日16时45分，贝茨博士被人叫到平仓巷16号，这座房屋里的难民几天前被赶了出去(里格斯、斯迈思和斯蒂尔①目睹了这一事件)。日本士兵刚刚洗劫了这所房子，并在三楼纵火。贝茨博士试图灭火，但没有成功。整座楼被烧毁。

(2) 12月20日7时，麦卡伦先生在大学医院值完夜班回家的路上碰到许多为了安全正在逃往金陵大学的妇女和儿童。来自城区不同地方的3个家庭向他报告说，昨天夜里他们从家里被赶了出来，日本士兵放火烧毁了他们的房屋。

二、外交电报中的暴行

1. 阿利森的报告　除了埃斯皮在其报告②中描述的发生在南京，特别是在美国房产内对中国人的侵害案件外，阿利森还通过电报向国务院报告了日军对中国人犯下的案件。在1938年1月14日给国务卿的电报中，阿利森除了报告美国的一所学校在1937年12月24日被烧毁的情况及有关日本士兵侮辱美国国旗外，还报告了最近几天发生的一些案件：

1月10日下午，一名全副武装的日本士兵，强迫南京神学院的看门人带他去行政楼的三楼。在那里，他拿走了大量的蜡烛。

1月11日下午，日本宪兵进入了金陵大学美国教授贝茨的住宅，抓走一位在金陵大学附属中学当日语翻译的中国人。他既没有要求得到许可，也没有对此做出任何解释。

1月12日晚，日本士兵翻越围墙进入金陵大学附属中学，在向满是

① 原文如此。斯蒂尔于12月15日离开南京，这里几天前，含义应该是三四天前。
② 报告截止日期为1938年1月24日。

难民的教室开了两枪后，抢走一位女孩，又翻墙出去。①

四天后，阿利森再次致电国务卿报告："从1月15日中午到今天中午，大使馆接到了15起日本士兵非法进入美国房产的报告。在上述非法进入的案件中，除了美国公民及机构的财物被这些闯入的日本士兵抢走外，在那里避难的10位中国女难民也被强行抓走。"电报还详细报告了当天上午日军推倒围墙，开着卡车从美国房产内搬走一架钢琴及其他财物的事实。②

在阿利森连续向国务院报告了日军在美国房产内对中国平民的暴行及抢劫美国财产后，日军的这些行径通过美国驻日本大使馆的抗议传递到了日本外务省。1月21日，日本驻南京大使馆的福井、福田和南京卫戍司令部的参谋本乡前往美国大使馆向阿利森解释日军在南京所遇到的"困难"及将要采取的措施以防止类似事件的发生。

一天后，即1月22日，阿利森再次给国务院发电报。在电报中，阿利森回顾了其返回南京前后所发的有关日军暴行的系列电报，包括1月5日的有关日军在芜湖"残忍对待和屠杀平民，并肆意抢劫和破坏私人财产"；1月6日的有关日本军人"在美国房产内随意屠杀中国平民，强奸妇女"；1月18日的日本军人"从美国房产中抓走中国妇女"及1月19日电报中类似的案例报告。阿利森强调，由于案件太多，因此"我认为用电报报告这类暴行的细节是不可行的，但是准备了一份详细的报告，该报告不久将会通过安全的方法发给上海。"③

---

① The Third Secretary of Embassy in China (Allison) to the Secretary of State(Jan. 14, 1938), United States Department of State, *Foreign Relations of the United States Diplomatic Papers, 1938, The Far East*, Vol. 4, Washington: United States Government Print Office, 1955, p. 234.

② The Third Secretary of Embassy in China (Allison) to the Secretary of State(Jan. 18, 1938), United States Department of State, *Papers Relating to the Foreign Relations of the United States, Japan: 1931—1941*, Vol. 1, Washington: United States Government Print Office, 1943, pp. 567 - 568.

③ 即前面提到的由埃斯皮起草的报告。

关于日本士兵暴行的原因,阿利森的结论是:"本使馆的档案中保存了来自负责任的美国公民有关见证日本军队绝对野蛮行动的书面陈述。在日本占领南京后,日本军官没有做出明显的努力来控制其士兵。"换言之,在阿利森看来是日军军官故意放纵日本士兵。

阿利森最后报告了南京目前的局势:"尽管(南京)状况有所改善,但是纪律还没有得到完全地恢复,每天我们仍然收到来自美国居民的报告。难民区内平均每天有3—4起强奸和企图强奸的报告。美国公民不了解的案例每天发生多少起,就不得而知了。日本人现在正试图迫使中国难民返回其在难民区外的家中,但是中国难民相当不情愿这么做。因为许多返回的难民遭到抢劫、强奸,还有好几起难民被日本士兵刺死的案例。这些案例的记录保存在本大使馆的档案中。"①

实际上,就在阿利森发送这份电报的当晚,美国大使馆车库又发生了一起日本人试图抓走中国妇女的案件。1月22日晚,大约在8时30分,三名日本人闯入大使馆的一个车库,该车库当时由大使馆警察的家属居住。其中一名日本人带了一名大使馆警察的妹妹匆忙逃走,而另外两人则留下来试图阻止中国人去报警。阿利森与副领事埃斯皮得知了这一情况后,立刻去了那里。当时他们并不知道有一个姑娘被抓走了。一看到外国人,这两名日本人就离开了。有一名日本人穿着海军制服,带了一把很大的手枪,而另外一人是平民,穿着通常为日本的基督教青年会成员所穿的那种典型的制服。当阿利森等了解到有妇女被抓走,正准备去寻找时,她却回来了。她讲述了日本人正要将她塞进汽车时,另外两名日本追上了他们,劝说第一名日本人放了她,因为她为外国人工作。阿利森认为这是一起非常典型的案件,如果没有外国人在场的话,这位女性本来是会受到伤害的。

---

① The Third Secretary of Embassy in China (Allison) to the Secretary of State(Jan. 22, 1938), United States Department of State, *Foreign Relations of the United States Diplomatic Papers, 1938, The Far East*, Vol. 3, Washington: United States Government Print Office, 1954, pp. 48 - 49.

第二天早上，阿利森前往日本大使馆，就这一事件提出强烈抗议，并表示准备立刻将这一事件通报给华盛顿和东京美国大使馆。阿利森与日本大使馆官员福井的交涉值得注意：

福井请求我在几天内不要报告，因为他担心这会使日美关系恶化。他再一次提到，日本军事当局正在采取特别措施以防止这类事件的发生，并向我保证如果我再等几天的话，我将会看到局势的极大改善。①

我告诉福井有必要报告这一事件，但我愿意暂时不公开此事。因此，(我)要求这一案例不要公之于众，等几天后再公布。届时，我们将会看到上面提到的特别措施是否会真正的奏效。如果局势有明显的改善的话，我会立即报告。

1月25日下午，日本大使馆武官中原(Nakahara)②上尉来到美国大使馆，对一名海军成员非法进入使馆车库一事表示遗憾，并表示日本方面正在进行一次彻底调查，并发布了严格的规定：海军人员无论是公干，还是常规的旅游，都禁止进入南京的城墙以内。

南京的日本当局这次似乎真的采取了必要的措施来阻止日军的暴行，因为南京的局势出现了好转的迹象。阿利森在其2月18日给国务院的电报中这样写道："在过去的10天时间里，南京的局势有了明显的改善。绝大部分的中国人从所谓的'安全区'返回到他们以前在南京各个地方的家中。尽管有关无序状态和日本士兵不法行为的报告仍然时不时地传来，但此类报告的数量有了实质性的减少。"③这也从一方面表

① The Third Secretary of Embassy in China (Allison) to the Secretary of State(Jan. 23, 1938), United States Department of State, *Foreign Relations of the United States Diplomatic Papers, 1938*, *The Far East*, Vol. 4, Washington: United States Government Print Office, 1955, p. 248.

② 该英文名的另一个翻译为仲原。

③ The Third Secretary of Embassy in China (Allison) to the Secretary of State(Feb. 18, 1938), United States Department of State, *Foreign Relations of the United States Diplomatic Papers, 1938*, *The Far East*, Vol. 3, Washington: United States Government Print Office, 1954. p. 96.

明，只要日本当局真的采取有力的措施，日军在南京的暴行是可以得到制止的，至少可以得到有效地减缓。

但好景不长，不久，日本士兵又故态萌发。2月27日，阿利森致电国务卿，报告："在经历一段相对安静的时期后，在此期间没有侵害美国财产的报告和为数很少的无秩序状态的报告，但近来日本士兵非法行为的再次出现引起本使馆的关注。"接下来阿利森报告了两起案件：

一是在过去几天发生在金陵大学的三起案件——日本士兵强行将男性难民抓去当劳工及在校园内粗暴对待和威吓其他中国人；日本士兵砸碎学校的窗户；一群日本士兵破坏了环绕大学一处建筑的一段树篱笆，并抢走了储存在里面的一些水。

二是前一天下午(2月25日)，一名日本士兵闯入美孚石油公司的住宅区，在抢劫了那里的四名中国苦力九元中国货币后，还要更多。当这一要求没有得到满足后，日本士兵用军刀砍向其中一位中国苦力。这位苦力躲闪开，结果日本士兵砍断了悬挂美国国旗的有2英寸粗的毛竹旗杆。本事件最严重的结果是使在现场的中国人受到严重的惊吓，他们可能离开那一建筑，这样这些房屋将根本无人守卫。在电报中，阿利森还报告了对于这一事件南京大使馆与日本大使馆官员交涉的经过及日本方面的道歉。①

2. 日本当局的反应　南京大使馆上述电报所报告的日军在南京的暴行，一般都通过美国驻日本大使馆以交涉的形式转到了日本外务省，外务省再传递给日本政府的相关部门，如陆军省，然后再通过军队的渠道回到现地。值得注意的是，日本各级官员从来没有否认过这些事实，

① The Third Secretary of Embassy in China (Allison) to the Secretary of State(Feb. 27, 1938), United States Department of State, *Foreign Relations of the United States Diplomatic Papers, 1938, The Far East*, Vol. 4, Washington: United States Government Print Office, 1955, pp. 282 - 283.

而是表示要采取措施防止类似的事件再次发生。

1938年1月20日,美国驻日本大使格鲁致电国务卿报告日本政府准备采取的行动:“今晚外务省通知我们,作为将要采取的防止侵害外国列强权利和财产的措施之一,一位高级军官作为陆军省直属代表将很快被派往南京。该军官的姓名还要几天后才能宣布。① 与此同时,一位联络官将立刻从东京派出,并被授以全权处理现在流行的问题。外务省补充说其他更具长远影响的措施正在考虑当中,并在不久的将来透露给我们。”②11天后,即1月31日,格鲁得到了更具体的消息:

> 1. [美国驻日本]使馆武官在陆军省被秘密地告知,本间将军作为大本营的代表,已经前往中国,并带有大本营给松井将军的有关防止侵犯外国人权利和利益行为的指示。
>
> 2. 根据陆军省的说法,其中一项防止侵害外国人权利和利益的措施是在有日本军队集结的中国各地派遣常驻校级军官。广田中佐将是这样一名军官,他将前往南京,并配置在松井将军手下。③

尽管这些措施并没有能够有效地终止日本军队在南京的暴行④,但这也从一个侧面显示,日本政府知道日本军队在南京的行径,并试图加以控制。不仅如此,美国亚洲舰队总司令亚内尔也曾就日本士兵侵犯美国利益,包括侮辱美国国旗,抢劫、破坏美国财产,还有是对中国平民的暴行与日本大使馆武官原田(Harada)少将进行过交涉,原田从未否认过

① 就是前文提到的本间雅琴。

② The Ambassador in Japan (Grew) to the Secretary of State (Jan. 20, 1938), United States Department of State, *Foreign Relations of the United States Diplomatic Papers, 1938, The Far East*, Vol. 4, Washington: United States Government Print Office, 1955, p. 241.

③ The Ambassador in Japan (Grew) to the Secretary of State (Jan. 31, 1938), United States Department of State, *Foreign Relations of the United States Diplomatic Papers, 1938, The Far East*, Vol. 4, Washington: United States Government Print Office, 1955, pp. 251-252.

④ 尽管这些措施主要的是防止侵害外国人的权益,但由于大部分中国难民都在外国人房产内避难,侵害外国权益与对中国平民施暴之间存在着密切的关系。

上述情况的真实性，而是表示日本陆军当局将采取措施防止此类事件的再次发生。1938 年 1 月 19 日，亚内尔在给海军作战部长的电报中报告了交涉的经过：

> 今天对最近前来拜访的日本大使馆武官原田(Harada)少将和联络官古城(Furujo)进行了回访，请他们注意许多涉及侮辱美国国旗，破坏、抢劫美国财产的事件对美国舆论所产生的严重影响。[我们]强调了美国人看待国旗就像日本人敬畏天皇一样。这样的事件，如果持续的话，可能会导致出现负责任的当权者都试图避免的危险局势。[我们]还说，日本陆军的荣誉要求其用行动来阻止日本军队对中国非战斗人员的暴行以及对违法人员的迅速惩处，这对日本陆军在国外的名声的维护是必须的。原田少将回答说他认识到情况的严重性，陆军当局将采取行动防止[类似]事件的再次发生，并惩罚冒犯者。①

但是，当日本当局采取了前面提到的措施后，日军暴行仍旧不断。为了避免这一尴尬局面，这时，日本官员开始将矛头指向在南京的外国人。2 月 5 日，新上任的南京卫戍区司令天谷少将在日本大使馆为在南京的外国外交代表举行了一场欢迎茶会。在茶会上，天谷发表了长篇讲话，批评了那些将日军暴行的报告寄往国外的外国人，并警告南京的美国人不要在其房产内保护中国民众。

天谷对日本军队在南京犯下的暴行在国外被突出地报道感到遗憾。他试图解释日军士兵在南京的暴行的客观原因：“长时间和艰苦的战斗和未曾预料到的中国人的强烈抵抗及日本军队的迅速推进引起了食物供给的缺乏。军队的筋疲力尽导致了纪律的缺失，因此造成了抢劫和暴

① The Commander in chief, United States Asiatic Fleet (Yarnell), To the Chief of Naval Operations (Jan. 19, 1938), United States Department of State, *Foreign Relations of the United States Diplomatic Papers, 1938, The Far East*, Vol. 4, Washington: United States Government Print Office, 1955, pp. 239 - 240.

力。”接着，他试图以日本军队过去的表现来为当下的日本军队涂脂抹粉：“日本军队是世界上纪律最好的，在日俄战争和满洲事件中没有发生暴行。”正因为这样，“他希望欧洲人和美国人会在批评方面保持克制，保持旁观者的角色，并尊重伟大的日本民族。日本方面现在正在做出努力以恢复纪律。”他还强调：“日本军队对中国居民并没有敌意，但是他们对中国人中存在狙击手和间谍感到愤怒，这些都是蒋介石向中国民众和中国士兵长期灌输反日思想的结果。”

他还将日军持续的暴行归咎于在南京的西方人：“由于外国人的干预，鼓励了南京当地中国民众持续的反日情绪。这阻碍了正常局势的恢复，大批的中国人继续居住在所谓的安全区内。”他还不点名地批评了美国：“某国国民的报道和活动破坏了日本和这个国家的关系。”天谷表达了对一些外国人以法庭法官自居感到厌恶。最后他威胁美国公民：“他们的批评和在中国人与日本人之间进行干预会激怒日本军队，因而有可能导致一些令人不愉快的事件……”他要求外国代表与他讨论他们所关注的保护外国财产方面所面临的困难，但不要干预与中国人有关的事务。①

在得知天谷这一讲话的内容后，在汉口的美国驻华大使约翰逊在第二天，即 2 月 7 日，致电国务卿，建议美国政府就天谷对美国公民的威胁进行抗议，并陈述了有关的理由：

> 考虑到这样的事实，即负责保护美国公民的卫戍区司令的讲话构成了对在南京的美国人的直接威胁，我觉得天谷将军讲话的要点

① The Third Secretary of Embassy in China (Allison) to the Secretary of State(Feb. 6, 1938), United States Department of State, *Foreign Relations of the United States Diplomatic Papers, 1938, The Far East*, Vol. 3, Washington: United States Government Print Office, 1954, pp. 72 - 73. The Ambassador in China (Johnson) to the Secretary of State (Feb. 7, 1938), United States Department of State, *Foreign Relations of the United States Diplomatic Papers, 1938, The Far East*, Vol. 4, Washington: United States Government Print Office, 1955, pp. 258 - 259.

> 应该提交给东京政府。有关南京安全区的局势不是外国人的选择。[安全区国际]委员会的工作显然在日本军队进入南京和战斗停止后的第一天就应该结束。但是据信，[一些]日本人同样反对由日本军队所造成的局势，这种情况使得民众是如此的恐惧以致他们不敢离开由外国人管理和提供食物的安全区。国际委员会的美国成员，特别是乔治·菲奇和贝茨先生记录并寄出了有关在恐怖统治时期，他们在南京的经历的详细描述。只要这些描述是符合事实的陈述，这些人不应该因由日本人自己造成的局势而受到他们的威胁。①

由于美国政府的关注和介入，菲奇、贝茨等留在南京的美国人才没有遇到更大的麻烦和危险。

不仅日本驻南京的军事首脑将日军在南京制造问题归咎于在南京的西方人士，特别是美国公民，而且就连日本大使馆的代理总领事福井也将南京西方人士对日军暴行在美国报道称为“反日宣传”。

荷兰公使博斯(Bos)于2月10日告诉阿利森，福井强烈批评南京外国人的行动和向外界报道日军暴行。根据博斯的说法，福井的逻辑是南京的局势每天都在改善，局势完全在日本军队的掌控之下，外国人任何相反的报道都是“反日宣传”。对此，阿利森在给国务院的电报中评论道：“尽管在一定程度上局势已经有所改善是真的，但是仍然还有许多混乱和日本人犯下暴行的报告。[我们]已经做出了类似的努力使日本当局相信，向他们抱怨日本军队的行为并非源自反日情感，而是希望使负责任的[日本]人了解[南京]正在发生什么，以便阻止它。然而，由于日本代理总领事采取了上述的态度，建设性的工作几乎是不可

① The Ambassador in China (Johnson) to the Secretary of State (Feb. 7, 1938), United States Department of State, *Foreign Relations of the United States Diplomatic Papers*, *1938*, *The Far East*, Vol. 4, Washington: United States Government Print Office, 1955, pp. 258 – 259.

能的。”①

日本南京当局对驻南京的外国人的敌视言论也表明了他们对外国人士记录下日军暴行，并向外界传播的担心和不满。

三、“广田电报”和“多德电报”

正如前文所述，阿利森的电报和埃斯皮的报告，特别是附件中的案例详细记载了日军屠杀、强奸、抢劫、纵火等暴行的方方面面，并包括了大量具体的案例。但由于各种各样条件的限制及混乱的现状，上述电报和报告并没有强奸受害者，特别是屠杀受害者的确切或者是估计的人数。而“广田电报”和“多德电报”在一定程度上弥补了这方面的不足。

图 4.11　破译日本外交文件的“红色机器”

从 1937 年 11 月起直至 1945 年 8 月日本投降，美国利用“红色机器”破译了大量的日本外交文件。（见图 4.11）其中就有著名的“广田电报”②。该电报（见图 4.12）全文如下：

---

① The Third Secretary of Embassy in China (Allison) to the Secretary of State (Feb. 10, 1938), United States Department of State, *Foreign Relations of the United States Diplomatic Papers, 1938, The Far East*, Vol. 3, Washington: United States Government Print Office, 1954, p. 78.

② 该电报由已故美国教授吴天威 1995 年在美国国家档案馆发现。电报内容在《抗日战争》（1995 年第 2 期）上发表，《光明日报》等中国媒体进行了报道。杨大庆教授对电报的作者究竟是谁进行了考证，并在《民国档案》（1998 年第 3 期）上发表。

来自:东京(广田)

致:华盛顿

1938 年 1 月 17 日

编号:227

收自上海编号为 176

附加电报(Extra Message)

“自几天前返回上海以来,我调查了报道中的日本军队在南京和其他地方所犯下的暴行。可靠目击者的口头描述以及那些信誉毋庸置疑的个人的信件提供了令人信服的证据,表明日本军队过去的举止及目前的行为方式使人们想起阿提拉(Attila)①和他手下的匈奴人。不少于 30 万中国平民被屠杀,在许多情况下是以残忍的方式。抢劫、强奸,包括对少女的强奸,以及对平民惨无人道的兽行在敌对行动已经停止了数星期的地区继续被报道。这里品行良好的日本平民感到深深的耻辱——日本士兵在上海本地系列胡作非为的事件凸显了日本军队在其他地方应受谴责的行为。今天的《字林西报》(*North China Daily News*)报道了一件特别令人恶心的案例:一名酩酊大醉的日本士兵由于无法得到他要的花姑娘和美酒而开枪打死了 3 名 60 多岁的老妪,并打伤了多名无助的平民。”

本电报是以译成密码的英文发送的,也是 S. I. S 编号 1257 电报提及的。②

第 1263 号

破译时间:1938 年 2 月 1 日

---

① 阿提拉(406? —453),侵入罗马帝国的匈奴王,被称为 the Scourge of God,即“上帝之鞭”,意为“天罚”。

② 原件中还有手写体在“1257”后注明是 1938 年 1 月 19 日。

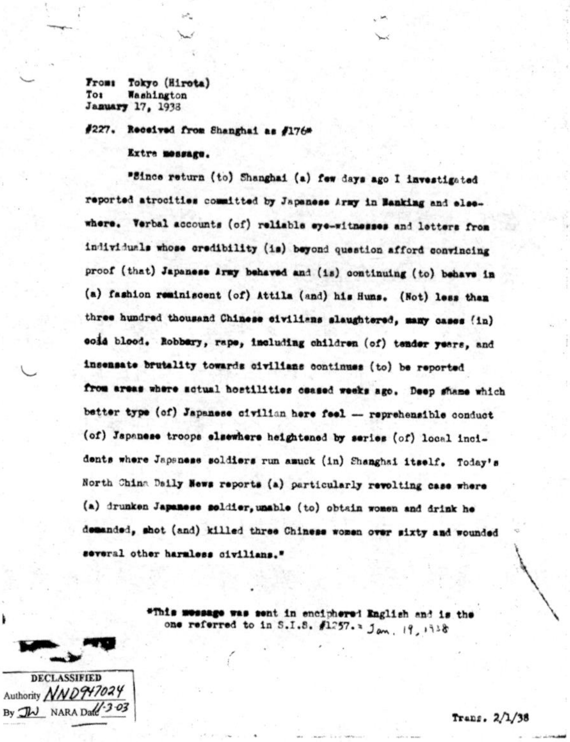

From: Tokyo (Hirota)
To: Washington
January 17, 1938

#227. Received from Shanghai as #176*

Extra message.

"Since return (to) Shanghai (a) few days ago I investigated reported atrocities committed by Japanese Army in Nanking and elsewhere. Verbal accounts (of) reliable eye-witnesses and letters from individuals whose credibility (is) beyond question afford convincing proof (that) Japanese Army behaved and (is) continuing (to) behave in (a) fashion reminiscent (of) Attila (and) his Huns. (Not) less than three hundred thousand Chinese civilians slaughtered, many cases (in) cold blood. Robbery, rape, including children (of) tender years, and insensate brutality towards civilians continues (to) be reported from areas where actual hostilities ceased weeks ago. Deep shame which better type (of) Japanese civilian here feel — reprehensible conduct (of) Japanese troops elsewhere heightened by series (of) local incidents where Japanese soldiers run amuck (in) Shanghai itself. Today's North China Daily News reports (a) particularly revolting case where (a) drunken Japanese soldier, unable (to) obtain women and drink he demanded, shot (and) killed three Chinese women over sixty and wounded several other harmless civilians."

*This message was sent in enciphered English and is the one referred to in S.I.S. #1257. Jan. 19, 1938

DECLASSIFIED
Authority NND947024
By JW NARA Date 11-3-03

Trans. 2/1/38

图 4.12　广田电报原件

根据美国教授杨大庆的考证,该电报并非是日本外相广田所写,而是由其签发的供日本驻美国大使等参考用的电报,真正的作者是英国《曼彻斯特卫报》的特约记者田伯烈。相关的论据:一是类似的广田所写的日文电报原件的签发栏统一印有"□□大臣"的字样,空格中填有"广田";二是根据相关的历史资料,广田在担任外交大臣期间从未去过中国;三是他查到了电报的破译者所提到的编号 1257 的电报,该电报全文如下:

发自:东京(广田)

发往:华盛顿

1938 年 1 月 19 日

第 206 号,作为第 175 号发自上海

16 日晚,我方检察官发现《曼彻斯特卫报》特约记者田伯烈(外

国人名的日语发音)将要拍发在别函(第176号)(未见)中的一份稿件。在征求主管官员的意见之后,我军方面要求特约记者前来,并在他修改了稿件中的不适当之处后,由检察官在17日晨用电话通知他,可以拍发这份稿件。可是田伯烈不服从指示,而且我们亦接到英国总领事的抗议,其要求我们对田伯烈因为新闻稿而受到日本军方盘问一事做出解释。我方回答说,希望这件事由主管官员和田伯烈直接解决。

在同日下午的新闻发布会上(田伯烈虽然已经很久没有参加,但这一次他特意列席),这件事被提出质问,田伯烈起立并声称他曾被命令前往日本军部。我方主管官员仔细解释并非如此,并表示愿意随时与田伯烈直接商谈此事。发布会结束后,我方主管官员向田伯烈建议讨论此事,但田伯烈称此事现已交由英国总领事处理,不能再加评论。从田伯烈这天的态度可以清楚地看出,他有意以此事制造事端。我方主管官员对他的态度更是大为不悦。(在此间,据传田伯烈最近前往汉口是由其友人端纳[①]出资,让他去接管蒋介石政权的宣传工作。)

因为此事可能为路透社和美联社大为渲染,请将此件与前面提到的别函由伦敦拍发给在欧洲的所有使馆,并转往华盛顿、纽约及美国西海岸。

第1257号

1938年1月29日(破)译[②]

笔者在美国国家档案馆的国家安全机构档案的卷宗(RG 457)中也找到了该电报,并认为杨大庆的考证和理解是正确的。这里根据相关资料,将该电报的来龙去脉做进一步的说明:

---

① 端纳(William H. Donoud)(1875—1946),澳大利亚人,蒋介石的私人顾问。

② 杨大庆:《1938年1月17日“广田电报”考证》,《民国档案》,1998年第3期,第104—105页。

首先,这里涉及三种电报的编号序列:一是日本上海当局的,即 175、176;二是日本外务省的电报编号序列,即 206、227;三是美国情报部门破译日本电报的序列,即 1257、1263。1938 年 1 月 16 日晚,田伯烈在上海准备发一份稿件,由于有揭露日军暴行的内容,他本人被要求前往上海的日军机构接受盘问并受到刁难。日军新闻检察官还将稿件中所谓的“不适当内容”进行了删除。由于田伯烈将此事报告给了英国驻上海总领事,因而此事又成为了一个外交事件,因此,上海的日本当局将此事由来和田伯烈的“背景”资料及一些道听途说的消息以编号 175 号电报发给日本外务省。随后又将上海日本当局“修改”过的稿件及删除的内容以编号 176 号电报发往日本外务省。外务省将来自上海的 175 号电报的内容以编号 206 号发给伦敦,并要求伦敦转发给欧洲其他使领馆及美国。第二天,即 1 月 17 日,日本外务省又将上海的 176 号电报的内容以编号 227 发给华盛顿,被删除的内容也以同样的序号,但注明是附加电报(Extra Message)发给华盛顿,即所谓的“广田电报”。由于担心“路透社和美联社大为渲染”这一事件,尽管在编号 206 号电报中外务省要求将上海的 175 号电报“由伦敦转发给在欧洲的所有使馆,并转发华盛顿、纽约及美国西海岸”,但在 1 月 19 日,外务省又亲自将 206 号电报发给华盛顿,所以出现了 1 月 17 日发的电报编号为 227,而 1 月 19 日发送的电报的编号反而是 206 的现象。这表明日本外务省对这一事件可能在美国引起反应的担心。

在美国情报部门破译方面,1 月 29 日破译了外务省编号 206 号电报(破译编号 1257),但在翻译中说明在美国截获的日本外交电报中未见到 206 号电报提及的来自上海的 176 号电报。2 月 1 日破译了外务省 227 号电报(破译编号 1263),即 176 号电报的附加电报(Extra Message),也就是所谓的“广田电报”。由于两天前刚破译过 206 号电报,所以破译人员在注释中得地说明了两者之间的联系,并说明美国方面截获的 176 号的附加电报(Extra Message)是用英文发送的而不是通常的日文。正如前文所述，实际上“广田电报”就是田伯烈稿件中被删除的部分。这一结论还有其他佐证：1938 年 2 月 11 日《曼彻斯特卫报》的一篇报道写道：“上海的《曼彻斯特卫报》记者在发送日军南京暴行的报道时被日本军队新闻检查人员阻止。在他表示抗议时，他被告知他的报道‘夸大’或‘失真’。现在从南京直接得到的文件完全有可能揭示日本人恐怖主义的细节。”①

田伯烈本人在 1938 年出版的《战争意味着什么：日军在中国的暴行》一书的前言中也证实：“也许，如果不是报道去年 12 月日军占领南京后对中国平民所犯暴行的电报而遭到日本当局在上海的外国电报局安排的新闻检查人员的打压，此书本来是不会编纂的。”在这些受到检查或是扣留的电报中，数份电报是记者试图发给《曼彻斯特卫报》的。②

另外，笔者在看这批档案时也注意到，从 1938 年 8 月起，所有来自东京的破译电报的发送者均变成了宇垣（Ugaki）。我们知道此时广田已不再担任日本外相，其继任者为宇垣（Ugaki）。这也是外相是外务省电报的签发者的一个重要证据。

尽管“广田电报”并非由广田亲自撰写，但该电报仍然有着十分重要的价值：一是田伯烈对之前有关日军暴行的报道进行了实地调查，并根据目击者和留在南京的外国人的信件得出了南京及其他地方有 30 万平民被屠杀的结论；二是日本军方在进行新闻审查时只认为是“不适当”而并没有指控他是在造谣，说明日本军方也承认日军暴行是普遍存在的；三是日本政府高层当时就了解发生在中国，特别是南京的暴行。

---

① The Atrocities in Nanking Widespread looting and Outrage in the Captured City, *The Manchester Guardian Weekly*, Friday, Feb. 11, 1938.

② H. J. Timperley, *What War Means: The Japanese Terror in China*, London: Victor Gollancz Ltd., 1938, p. 1.

无独有偶，在美国外交文件中还有一份由美国驻德国大使多德(Dodd)[①]于1937年12月14日发给国务卿并请其转呈罗斯福总统的“多德电报”，该电报也提到了日军在占领南京前屠杀中国人的人数。该电报全文如下：

美国驻德国大使致国务卿

柏林，1937年12月14日，下午3时

收件时间：12月14日，下午12时35分[②]

转呈总统。这里的俄国大使昨天对我说，所有的民主国家都希望他的国家(苏联)拯救中国。他补充道，除非与美国和英国合作，否则他的政府不会采取任何行动。

今天来自远东的消息比以前更加糟糕。我已经看过您和国务卿赫尔就日本野蛮行径[③]所发表的声明。就在一两天前，这里的日本大使吹嘘说他的国家已经打死了50万中国人。今天的事实以及

① 根据美国外交文件，多德在1937年8月4日返回美国后，在诺福克(Norfolk)发表谈话，指出：“欧洲一些大国的目标是威胁甚至摧毁全世界的民主。”这引起德国外交部的不满，次日指示德国驻美国大使进行交涉。8月25日，美国驻德国临时代办吉尔伯特(Gilbert)收到德国的正式邀请，参加9月6日—13日在纽伦堡举行的纳粹党成立纪念活动，吉尔伯特有条件的接受了邀请，并得到国务院批准。9月6日，美国报刊报道，多德于9月4日敦促国务卿赫尔建议吉尔伯特不要接受希特勒的邀请。9月7日，德国驻美临时代办拜会了美国国务院欧洲司司长，指出多德不止一次表达了使德国政府尴尬的观点，并私下表示了如果多德仍将返回德国如何能继续他的工作。他还对该消息泄露给媒体感到疑惑。9月20日，国务院欧洲司的官员约见了德国临时代办，告诉他多德将在10月1日返回德国，但他计划在明年初(1938)退休，并要求德国临时代办对这次会晤保密。9月底，德国驻美国大使返回美国后仍表达了对多德的不满，但强调这不是正式要求美国政府将其召回。10月1日，美国副国务卿韦尔斯约见了德国大使，并告诉德国大使国务卿授权他(韦尔斯)非正式通知他，多德返回德国是结束其使命，并很有可能在新年不久后将离任。11月22日，国务卿赫尔给多德发了一份电报，通知“总统要我转告你他希望任命现任比利时大使接替你作为(美国)驻德大使”，电报继续写道：“由于你所熟知的，并且可能进一步恶化的复杂因素，尽管总统对可能给你个人所造成的不方便深表遗憾，但他希望我通知你，如果可能的话，在12月15日前安排离开德国，在任何情况下不迟于圣诞节。”多德的这封电报正是对国务卿11月22日电报的回复。

② 原文如此。应该是时差的问题。

③ 美国务院编辑该电报时加注释说明，这里指的是日本飞机炸沉美国炮艇“帕奈”号事件。

(您)已发表的声明表明美国和英国方面将不会采取积极的行动,这就意味着墨索里尼和希特勒的政策将在全世界得以实施,这将是多么令人悲哀的结果。

如果我可以提供意见的话,我会明确地说美国需要对日本进行抵制。英国应该[予以]合作以拯救自己。如果这还产生不了立竿见影的效果,美国海军应与数艘英国战舰[一道]驶往远东。采取上述任何一个行动,墨索里尼[可能]会威胁英国,但我相信意大利人民会拒绝与美国战斗。德国可能会为了日本而威胁要采取行动,但是德国人民是如此地反对,这一战争不大可能会发生。因此,我认为您和国会能够再一次拯救现代文明。这一次甚至无需一场大规模的战争,但继续拖延意味着民主文明的丧失。

多德(Dodd)①

从这份电报提供的信息中我们可以看出日本驻德国大使吹嘘打死50万中国人的时间应该在12月13日之前,即发生在日军进行南京大屠杀之前。尽管从上面的文字中无法确定日本打死50万中国人的时间段、地域范围及50万人的身份,尽管从多德的口气看,他认为日本大使是在吹嘘,但如此众多的中国人生命的丧失还是非常令人震惊。同时,上述两份电报从不同的视角反映了日军的暴行发生在更大的地域范围和更长的时间段里,这对理解日军在南京的行为模式十分有益。

四、中国人遭受的财产损失

1938年4月28日,阿利森给约翰逊大使和国务院寄去了一份有关

---

① The Ambassador in Germany(Dodd) to the Secretary of State, United States Department of State: *Foreign Relation of the United States Diplomatic Paper*, *1937*, *The Far East*, Vol. 3, Washington: United States Government Printing Office, 1954, p. 806.

日军占领南京所导致南京的中国人遭受的财产损失的报告。在报告中，阿利森写道:“根据由南京市自治委员会主持完成的一项调查的初步结果，目前在南京城内的中国人家庭遭受的损失共计达 35 000 000 元(法币)，根据损失产生之平均外汇兑换率(1 美元兑换 3.4 元中国币)折换成美元为 10 000 000。”阿利森特别说明，“这个数字只代表那些调查时在南京的人口，这一数字只是正常人口四分之一不到的家庭所遭受的损失。遭受损失大得多的是那些在日军逼近南京之际逃离南京的人口，他们一般为富裕阶层。”阿利森提请国务卿注意:“值得注意的是，从附上的表格看，真正军事行动造成的损失不到 400 000 元中国币(112 000 美元)，或者，还不到总损失的 2%。总损失近 85%是由日军占领城市后，完全不是军事行动，而是由纵火和抢劫造成的。纵火造成的损失计有 18 695 350元(法币)，换算成美元为 5 498 632，约占总数的 53%。抢劫造成的损失为总数的 30%多，为 11 114 087 元(法币)，约 3 268 849 美元。与此同时，偷盗(区别于日军的抢劫，由中国人造成的偷盗)约占 10%，约 3 582 225 元(法币)。”

阿利森特别强调:“虽然这次调查表面上是由南京自治委员会主持的，但实际上是由两名美国公民，金陵大学教授贝茨博士和路易斯・思迈斯博士鼓励、监督的。他们还将结果制成表格及进行了审核。这些美国人参与调查一事被相关的中国官员保密，因为他们害怕如果本地日本当局得知外国人参与调查，便不会为该调查项目雇用的中国调查员发放通行证，提供其他设施。”

阿利森还报告:“对邻近南京地区的农业家庭遭受的损失，正进行类似地调查，完整的结果还没有出来。据信，本地的中国官员甘愿冒为他们获得权力的日本当局不悦的风险而与这些美国人合作的事实说明日本人很难迫使中国官员，甚至是亲日本的，将日本的意愿在最大程度上得到执行。”

在报告中，阿利森还引用了思迈斯对报告的评价:“损失的数字可能有些夸大，但是他相信军事行动、纵火、抢劫和偷盗造成损失的百分比相当准确地反映了真实的情况。据信，在现代战争编年史上很难找到另一个受到侵略的人民遭受的由于军事行动(例如炮击、轰炸和巷战)所造成的损失占总损失的比例如此之小的案例。”报告的附件部分是一份调查统计表格：

目前生活在南京的家庭所受损失一览表

根据每五十户有人居住的房屋和三月份难民营中每五十个家庭的调查材料(只包括城内非农耕地区)

项　目	平均每户	总计　50×782家庭＝39100家庭					
		损失总计	军事行动	纵火	抢劫	偷盗	不明
动产：							
机械工具	16.13	630500		424000	152250	17250	37000
商店设施	71.95	2813400		1698500	895550	143250	76100
家具器皿	122.95	480747	63000	1631700	1497225	761800	853750
制造用原料	22.80	891500		150800	678200	35500	17000
商店货物	195.00	7624700	6000	2407650	3177650	1874250	159150
家庭食品	5.70	222900	3500	42400	144425	15525	17050
衣服、床上用品	126.60	492634	24250	1025500	2871490	691150	313950
自行车	2.82	110100	12500	6000	89600		2000
人力车	3.40	156250	11500	63250	66650		14850
现金	8.34	326242		11500	313292		1450
珠宝	1.54	60150		5000	51400		3750
其他	33.06	1292755	27500	98750	1130855	25750	9900
动产总计	**61029**	**23862312**	**157250**	**7575050**	**11059587**	**3564475**	**1505950**
房屋建筑	292.06	11420350	226800	11120300	54500	17750	1000
总计(中国法币)	**902.35**	**35282662**	**384050**	**18695350**	**11114087**	**3582225**	**1506950**
总计(美元)	**265.40**	**10376488**	**112956**	**5498632**	**3268849**	**1053596**	**443221**
百分比(%)		100.00	1.09	52.99	31.50	10.15	4.27

阿利森还对该表格进行了解读:"从附上的表格可以看到动产的损失几乎是房屋建筑损失的两倍。列出的各类动产,按列举顺序排列,损失最大的为下列各项:商店货物、商店设施、制造业原料和机械工具。仅上述各项共计就达到 11 970 100 元法币(3 520 618 美元)。这个数字超过了建筑物的损失 11 420 350 元法币(3 417 750 美元)。考虑到上述所有数字至少必须乘以四才能得到被占领后南京人口实际遭受的损失,显而易见,现在本地政府面临的恢复经济的问题需要非凡的力量和能力方能令人满意地加以解决。不幸的是,有相当的理由相信现在的官员几乎没有人认识到他们面临的任务有多么巨大,而那些认识到这一点的人则既无经验又无权力实现期望的结果。"①

正如阿利森在报告中所述的那样,这一调查结果是不全面、初步的,但统计数据揭示了这样的一个事实:仅就财产损失而言,南京居民所遭受的最大的损失不是军事行动本身造成的,而是日军占领南京后暴行的结果。

第三节　对外国机构和个人的侵害

一、机构的财产损失

大使馆最重要的职能之一就是为所在国的侨民提供人身和财产的保护。因此,美国大使馆返回南京后便着手开始了调查和收集美国机构和公民所遭受的财产损失的具体数据。埃斯皮起草的题为《南京美国财产与权益的状况》的调查报告反映了日本占领南京后日军对美国机构和公民财产侵害的细节。这也从一个侧面揭示了日军占领南京后的行为模式——肆意妄为、无法无天和南京当时的基本情况。埃斯皮在报告中写道:"随着南京城的陷落,城内美国产业与这里所有的房产一样遭受了抢劫和破坏。本使馆所了解的情况是美国房屋没有一座不在一定程度

① RG 59, M977, Roll 54, National Archives at College Park.

上受到侵犯，这包括大使馆馆舍。房产上飘扬着美国国旗，院落的大门上或房门上张贴着日本大使馆布告，但这并不能使得它们免遭闯入、被洗劫及盗窃。12 月 13 日，五万多名日军进城，蜂拥闯入所有的房屋，全然不顾房产的性质或国籍。日军占领城市后立即破门闯入美国人房产，这样的行为时常发生，甚至持续到 2 月 23 日。"①根据这一调查，美国在南京的机构的具体财产损失情况如下：

1. 金陵大学　金陵大学的 M. S. 贝茨博士于 1938 年 2 月 22 日呈交给美国大使馆的有关日军对金陵大学抢劫、破坏的统计数据一览表。

	擅闯次数	日军偷盗对象			损坏建筑	抓走男子	强奸妇女	其他暴行	侮辱国旗
		金陵大学	大学员工	难民					
1. 主校园	175	1500	30	200	200（炮击）	2	5	殴打 5 人	
2. 图书馆	200		10	700	100	200	25	刺杀 1 人殴打 15 人	
3. 女生宿舍	100			800	50	6	4		
4. 农作物园	120	2360		300	30	3	6		
5. 农具店与农经系	40	100	100	150			3		
6. 小桃园	80	70	500	1000	150	5	36		2
7. 金大附中	240	300	200	2500	60	48	44	杀害 5 人	1
8. 蚕桑大楼	150			1200		140	80	刺杀 7 人殴打多人	
9. 农业专修科	120	3300	200	800		235	55	殴打多人	1
10. 美国教师寓所	160		8000	1500	50	2	7		1
11. 中国教师寓所	300		1600	2500	300	3	25		2
12. 大学医院	35		450	200	150	3			
总计	1720	＄7630	＄11090	＄11850	＄1090	647	290		7

① Conditions of American Property and Interest in Nanking(Feb. 28, 1938), RG 59, Entry 198 B, box 1821, National Archires at College Park. 以下资料来源如果没有专门注释，均来自这一报告。

贝茨博士还对日本军人擅闯校舍的次数如此多做了进一步解释:这是因为属于金陵大学的房产,除了52处住宅,还有45幢其他建筑。为了使报告更有说服力,阿利森还将1937年12月14日以来金陵大学的相关人员就日军侵犯金陵大学校产而递交给日军当局和美国大使馆的报告全部附在了报告的后面。

2. 金陵女子文理学院　校园里的建筑没有受到日军破坏,但根据魏特琳的报告,校园被日军闯入许多次,有些住宅被洗劫,东西被抢去。在校舍里避难的一些中国妇女遭到日本士兵的强奸,有一次12名中国妇女被抓走。南京陷落以来,该学校一直用于收容躲避战乱的中国妇女和儿童(见图4.13)。魏特琳报告说,有一个时期估计在那里避难的难民达一万多人。魏特琳就校园遭受日军侵扰的几份报告的副本也附在了报告后面。

图4.13　金陵文理学院的中国儿童难民

3. 安息日会(Seventh Day Adventist Mission)　位于南京高楼门20号。安息日会的看管人于1938年1月23日前往美国大使馆报告去年12月间日本兵闯入教会房屋,逼迫他离开以及日本兵数次破门而入,洗劫、抢走物品等情况。他希望大使馆能有人去查看、巡视这一美国房产目前的状况。当天,美国大使馆的埃斯皮和麦克法瑾前往该教会,发现大院大门关着,可以看见教堂旁的旗杆上飘扬着美国国旗。显然教堂没有受到骚扰,但是在查看位于小山丘上的三栋住宅时,发现它们都被闯入过。房屋内许多个人和家用物品遭到彻底洗劫，遍地散乱着家具、衣物、纸张，以及其他家庭用品。看上去屋里的东西没有被抢走很多，但是看管人说，一台缝纫机、几块地毯，还有别的一些东西被抢走。屋里的物品被摔和踩踏，造成了进一步的破坏。除了几扇门窗被打破，房屋本身基本完好。

4. 美国长老会(American Presbyterian Mission)　美国长老会在南京拥有 11 处房产，其中一处是块空地，另一处搭建了不属于该教会的临时建筑。有两处房产遭破坏。安德鲁 T. 罗耶夫妇位于户部街 41 号的住宅被进攻的日军用炮弹击中。现在南京代表这一教会的 W. P. 米尔斯牧师说，炮火造成的损失估计在一千三百到一千五百元中国法币之间。据米尔斯牧师报告，其他受损的财产包括门房和位于中华路的主要建筑物是在日军占领城市后遭焚毁。估计这里的损失在五百五十到六百元中国法币之间。

美国长老会所有的九处房产都有美国国旗和大使馆布告，明确说明这是美国财产。米尔斯牧师说在日本大使馆警察的陪同下，在这些房产上也张贴了日本大使馆的布告。然而，他说这些日本大使馆的布告和美国国旗、美国大使馆布告一样，起不到任何保护作用。所有的房屋均被日本兵破门而入，大肆洗劫，抢劫走很多物品。米尔斯牧师说，有几次在日本大使馆警察陪同的情况下，他也在几处房产内见到日本兵。他说不可能说出房屋和教会成员的个人物品损失的精确数额。但是根据他掌握的情况，提交了估计在两千到三千美元之间的损失。

5. 基督教联合会(United Christian Missionary Society)　詹姆斯 H. 麦卡伦于 1938 年 1 月 18 日向美国大使馆报告基督教联合会的中华女子中学(见图 4.14)的围墙被推倒，里面的钢琴被搬走的事件。除这次事件外，麦卡伦牧师报告说该教会的房产曾多次被闯入。房屋遭洗劫，里面的东西被抢走，但具体损失情况现在还未统计出来。麦卡伦表示将呈交一份详细的有关侵犯该教会财产的报告，并附上受毁坏的财产、遭抢劫的物品所受损失的估计价值。阿利森表示，一旦收到这份报告就立即发给美国驻华大使和国务院。

图 4.14　中华女子中学

6. 金陵神学院(Nanking Theological Seminary)　留在南京的金陵神学院代表胡勃特 L. 索恩牧师告知美国大使馆，过几天他将呈交一份有关该机构房产及存放在该机构房屋中的物品遭受侵犯和抢劫所造成的损失的详细报告。但在 1937 年 12 月 23 日和 12 月 24 日，他还分别向日本大使馆报告了日本士兵扯下美国旗，撕掉大使馆布告和他本人遭日本兵殴打的事件。之后，他还进一步口头报告了 R. A. 费尔顿(Ralph Almon Felton)教授、C. S. 史密斯(Charles Stanley Smith)教授和爱德华·詹姆斯(Edward James)教授为安全起见存放在上海路 2 号房子里的物品被彻底洗劫的情况，这些物品包括食品、衣物、床铺、桌子、床、画、碟子、炉子、留声机等，另外还有其他物品被砸碎。

7. 北方卫理圣公会(Methodist Episcopal Mission, North)　位于升州路 111 至 113 号的美国北方卫理圣公会的主要建筑遭焚烧。1938 年 1 月 11 日，埃斯皮在 W. P. 米尔斯的陪同下察看了这一产业。临街的主建筑是同一条街上被烧的一系列房屋中的一座。这是座砖混结构的建筑，所以没有被烧毁。但是，除了朝东的一两个房间，建筑内部及物品都被烧毁。主楼后面是属于教会的体育馆和几栋小屋子。这些房屋没有被纵火损坏，但遭洗劫，部分被毁坏。

8. 美国基督教会(American Church Mission) 美国基督教会位于太平路上的教区房屋在南京陷落前被进攻的日军发射的两发炮击中。1938 年 1 月 11 日，埃斯皮察看了这一房产，除了炮火造成的损失外，还注意到院子中的其他建筑被闯入、洗劫。福斯特向美国大使馆报告了该教会的房屋又遭闯入、毁坏与抢劫。过几天，他将提交一份有关事件详细情况与所受损失的估计数额的报告。约翰·马吉向大使馆报告了位于下关的教会大院数次被在离城前的中国军人以及后来的日军闯入，有些门窗被打破，东西被拿走，除此之外，他说房屋没有损坏。

9. 慎昌洋行(Anderson Meyer and Company, Ltd.) 收到经由驻上海总领事馆发来的慎昌洋行有关该公司在南京权益的电报之后，埃斯皮于 1938 年 1 月 11 日调查了电报中所说的房产和设备。这家公司所称存放物资的南京代理商是位于中山东路 170 号的大都会贸易公司，价值两万元(中国法币)的物资没有发现受损。虽然不可能断定还有多少物资储存在里面，但估计有 20—30 件管道装置堆放在位于前面房间之后的深坑之中。此外，还见到在房屋后面楼上的房间里有一堆五英尺高的线材。日军把这栋建筑当作食堂用。

该公司说其拥有中正路 45 号的大华戏院中价值两万五千元的空调机。吞没戏院的大火即使没有完全烧毁空调机，也严重损坏了它。安放在旁边进口通道上方的空调设施的一部分掉了下来，其他部分被严重烧焦。遍布建筑物的管道，不是完全被毁，就是被严重烧焦。

10. 中和灯泡公司(China United Lamp Company) 1938 年 2 月 25 日，根据中和灯泡公司通过驻上海总领事馆提出的要求，埃斯皮察看了位于太平路麟和里的建筑，以确定该公司所说的在日军占领城市之前存放在那儿的 430 箱(每箱 25 只)电灯泡的情况。虽然在屋子里发现许多空箱子，但没有电灯泡留下。建筑物本身看上去并没有受损，但有迹象表明被洗劫过。没有迹象可证明是谁闯入并洗劫这里的财物。

11. 大昌实业公司(Chinese Engineering and Development Company) 埃斯皮于1938年1月17日察看了大昌实业公司,该公司在南京陷落前搬到湖南路516号的房屋。察看时,埃斯皮看到该房产被中国难民占用,发现车库里没有汽车,那里的两名中国雇员说车子在12月被日军抢走。据在那里的中国人说,屋子数次被日本兵闯入。在院子里找到保险箱,已被撬开,里面的东西不见了。屋子里的东西大部分被抢劫,但公司的记录好象没有被动过。房子里留下很少的家具,除了楼下屋里的书桌被撬开,其他没有受损。

12. 大来公司(Robert Dollar Company) 应大来公司一名中国雇员的要求,埃斯皮在1938年1月22日察看了该公司在南京的两个木材场。城南的毗胪寺木材场大约只有12根木材。虽然木材厂的大门上仍张贴着大使馆的布告,但木材场的大门洞开着。木材场尽头的简易房子被闯入,里面的东西遭抢劫。几件家具和铺盖被扔得到处都是。虽不知具体有多少木材被搬运走,但据中国雇员说,大概有好几千立方英尺的木材被搬走。埃斯皮察看时,有几个日本兵在木材场里游荡。

该公司在下关的木材场的房屋完好无损。屋子上飘扬着两面美国国旗,大门上张贴着大使馆的布告,还可以看见一大堆木材堆放在院子内。在木材场临水的河滩上,更多的诸如圆木和锯好的木材堆放着。中国雇员报告说,虽然还有两辆卡车留下,但日本兵在1937年12月21日已抢劫走两辆雪弗莱卡车。从12月21日至12月31日,日本士兵从溪流中搬运走大批木材。他们还报告位于三汊河的房屋被焚烧,好几千立方英尺的木材从那里被运走。

1月31日上午,在比希普里克(Stanley Bishoprick)先生的陪同下,埃斯皮先生看见日军从大来公司前面的溪流中搬运木材,并用手推车运到江边。此后,埃斯皮立即拜访了日本大使馆的福井先生,向他通报了在大来公司所发生的情况,并就日军持续窃取美国财产的情况向福井先生提出了口头抗议,要求福井让日本军方颁发命令,禁止日军搬运那里的木材。福井说将通报日军，并要求日军不要再从那儿搬运木材。但2月9日上午，大使馆的埃斯皮和麦克法瑾先生又见到日本兵从溪流中搬运木材。

阿利森于1938年2月10日将备忘录提交给福井先生。由于福井先生以前表示希望在本地解决这样的事，阿利森相信这事可迅速解决，要不然他将把这事提交给东京和华盛顿。

13. 金陵车行(Ginling Garage, Bills Motors)　美国大使馆在此前的报告《1938年1月南京的状况》中作为日军在南京抢劫财产行为的例证提到了在中山路和上海路拐角处的金陵车行发生的情况。1938年1月11日左右，大使馆官员第一次巡查那处房产。由于前一天晚上看见几名日本兵进入该车行，1月20日上午，美国大使馆官员又一次察看了这个车行。大使馆官员在车行里发现两名日本兵在地板上的一只盆子里生起一堆火，坐在火堆前烤火。面对着倒在地的门板，门板上张贴着大使馆布告。为了燃火，他们从这栋房屋的办公室里搬出桌子，并从上面敲下几块木材。大使馆官员要日本兵滚出屋子去，日本士兵照办了。他们重新关上大门，并在门上又张贴了一张布告。德国人克勒格尔先生陈述他于1937年12月14日上午看见该车行门关着，情况完好。另外，德士古中国有限公司办公室的看门人说在12月20日日本兵从楼下金陵车行抢走三辆汽车。

14. 万国商用机器公司(International Business Machine Corporation)　美国大使使馆于1938年1月19日接到由驻上海总领事馆转来的万国商用机器公司的电报。电报询问属于该公司但租赁给中国政府的两部财会计算仪器的情况。其中一部已包装好，存放在中山路上的铁道部，另一部在卫生署。

1938年1月20日，埃斯皮访了日本大使馆，请求允许他察看这个公司的财产。日方含混地告诉他这事要提交给日本军方。1月27日，美国大使馆又向日本大使馆提及此事。这次日本大使馆代理总领事福井先生对埃斯皮说美国方面没有交给日本大使馆明确的证据，表明这些东西并没有出售给中国政府，而是美国财产。埃斯皮对福井先生说，这家公司从上海发来的电报中说这些设备是他们的。然后，埃斯皮问福井这些机器是否在所说的建筑里，他是否可以察看。福井先生的唯一答复是必须提交证据给日本大使馆，以表明这些财产是属于美国公司。

万国商用机器公司在2月5日的复电中说设备只是租赁而不是出售给中国政府，书面证明已邮寄给美国大使馆。2月7日，美国大使馆将电报的副本提交给日本大使馆，并再次提出要求允许埃斯皮察看机器。埃斯皮指出他已两次请求察看机器，但是日本方面对他的要求都没有答复。此外，日本大使馆没有告诉他这些机器是否仍存放在那些建筑里。

2月7日，美国大使馆将从上海寄来的，包括将机器租赁给中国政府的合同影印件以及相关的机器清单提交给日本大使馆。福田说他将把这一清单交给军事当局，查找这些机器，一旦找到，他将亲自带埃斯皮去察看。

15. 孔雀电影公司(Peacock Motion Picture Company)　美国大使馆收到在上海的美国孔雀电影公司的来信，说战争爆发时该公司在南京中山路的新都大戏院①的一个房间里存放了十二盘电影胶卷。美国大使馆官员于2月5日在这家剧院进行了查找，但没有找到胶卷。在此之前，剧院被彻底洗劫过，根据在剧院内的中国看守人员说，日本兵曾闯进来，抢走剧院内所有的电影胶卷。

16. 菲尔科销售公司(Philco Sales Corporation)　为上海的美国菲尔科销售公司在南京的代理商，其在位于中山路55号的福昌贸易公司处存放了价值达3106.79元(中国法币)的无线电设备及物资。1938年2月17日，在经营这家商店的德国人爱德华·施佩林先生的陪同下，埃斯皮察看了福昌贸易公司。虽然在店里见到几只装电子管的空盒子，但

① 新都大戏院(Capital Theatre)位于南京中山路82号，1949年以后更名为胜利电影院。

没有找到菲尔科销售公司的无线电设备和物资。施佩林说日本兵在1937年12月15日破门闯入该店，此后直到12月21日，他看到日本兵数次从店里搬运货物。施佩林曾就日军闯入，并抢劫福昌贸易公司的情况专门写信给美国大使馆。

17. 胜家缝纫机器公司(Singer Sewing Machine Company)　1938年1月17日，上海胜家缝纫机器公司给美国大使馆来信，说去年秋天他们的中国代理人被迫离开南京时，将下列缝纫机留在南京：29台缝纫机留在白下路144号；25台在中山路232号；36台留在左所巷26－6号。2月5日，美国大使馆的官员察看了位于这三个不同地点的该公司财产。1937年12月期间，中山路上一排建筑，包括232号，被日本兵纵火烧毁。在烧焦的废墟瓦砾堆中见到一些缝纫机的残骸。位于白下路144号的商店没有被烧，张贴在前门和边门上的两张大使馆布告仍在墙上。然而，从后面进入商店，发现有人曾从后门破门闯入。店堂里的东西被砸碎，散落在四处，两台缝纫机部分破损，屋里还能见到其他缝纫机的零件。

左所巷26－6号的屋子由几名中国人，包括一名该公司的南京代理商的雇员居住着。这名雇员一开始对存放在那儿的缝纫机的情况含糊其词。他最后说36台缝纫机不在那座房屋里，而是在慧园街12号，又从那里搬到白下路144号。后来，雇员们将23台搬到左所巷。他接着说23台缝纫机中，19台还在那儿，有4台被日本兵抢走，据说弄到芜湖去了。除此之外，雇员们还将7台缝纫机藏在白下路144号。

18. 美孚石油公司(Standard-Vacuum Oil Company)　1938年1月7日，埃斯皮察看了位于南京下关的美孚石油公司的设施，然后去看了该公司L. J. 米德(Loren Joseph Mead)先生和J. B. 舍伍德(John Bingham Sherwood)位于幕府山的两栋住宅。

在公司，埃斯皮遇到南京陷落以来留在那里的四名该公司的中国雇员。他们报告说日军多次光顾公司的大院，并向埃斯皮及日本官员展示了日本兵进入门房和小办公室的痕迹。他们说有些小东西被抢去。他们还给大使馆官员看了一辆在北墙边的油罐卡车,他们说车上有些部件被拆走。大院的其他部分没有受到侵扰,主要的库房也没有被闯入,院子里还有另一辆卡车。院子上飘扬着两面美国国旗,使馆的布告仍张贴在大门上。

陪同埃斯皮到公司去的日本大使馆官员安井也和他一起去了两栋住宅。据那里的佣人说,自1937年12月13日以来,这些房屋曾多次被日军闯入。他们说日本兵从屋子里抢走一些小东西、两只炉子和一辆自行车。除此之外,房产并未遭受严重损坏。他们还说,日军从房屋里抓走两个中国人,其中一个是舍伍德先生的仆人。埃斯皮等四处查看了房产,佣人指出日军闯入房屋的地方、原先摆放炉子的地方和屋子里遭洗劫的地方。当埃斯皮和安井仍在屋内时,他们看到窗外有三名日本士兵从房产的西边逃走。这一情况被埃斯皮指给安井看了,同时埃斯皮要求日本当局禁止日本兵进入美国房产内,制止日本大使馆官员也亲眼所见的类似的抢劫行为再次发生。

之后,一直没有美孚石油公司被日军闯入的报告。但是,1938年2月25日上午,一个惊恐万状的苦力来到大使馆。他说前一天下午2点,一名日本士兵闯入住宅大院,从住在那里的四名中国佣人身上抢走九元钱之后,还要更多的钱。佣人们拿不出钱来,该士兵用一把长军刀砍向那时站在飘扬着美国国旗的竹竿前的一个佣人,该佣人躲闪过去,军刀砍断了直径两英寸的旗杆。苦力说这次事件使所有的佣人非常惊恐,他们将离开那儿到别处去避难。苦力来时,日本大使馆的安井先生正好也在美国大使馆,并了解了这一事件。那天下午,他和埃斯皮及几名日本大使馆警察和宪兵一起到那处住宅。苦力说的一切都被当场证实。在他所说的事发现场,他们看到被军刀砍为两段的旗竿,以及日本兵闯进房产时在篱笆上留下的洞。

19. 德士古公司(Texas Corporation) 乔治·菲奇于1938年1月4

日和1月5日向日本大使馆报告了德士古(中国)有限公司仓库的中国佣人告诉他的情况,即日军闯入位于汉西门外凤凰街58号的该公司进行抢劫。美国大使馆官员返回南京后,一名叫王庆永(Wang Ching Yung)的中国雇员数次来到大使馆,向埃斯皮讲述了日军侵犯公司设施的情况。他对那座大院发生的情况所作的描述有些地方自相矛盾。他告诉菲奇他只被抓走一天,但对埃斯皮说被抓走了三天。他对菲奇说日本兵1月4日将仓库里剩下的所有汽油和油料都抢走了,但后来他说这些情况是他的家人和邻居告诉他的,他本人没有见到。他说1937年12月30日,几名日本兵来到仓库大院,用手枪逼迫他打开仓库,抢走两辆汽车、装有德士古公司雇员和其他人员个人物品的几只箱子和一些汽油。日本士兵还扯下飘扬在大院入口处旗杆上的美国国旗,并踩踏旗子,之后将其焚毁。

王还说日本兵于1937年12月31日又来抢走一辆卡车,第二天,即1938年1月1日又来抢走了另一辆卡车,1月4日来抢走更多库存的油料。当问及他怎么能听懂日本人讲的话,他说一个日本人对他及当时在那里的其他雇员讲汉语。

1938年1月10日上午,埃斯皮和大使馆职员麦克法瑾先生到那座设施察看。大门口没有美国旗,门上也没有锁,只用一段铁丝扣着。一名中国人松开铁丝,让美国大使馆的官员进大院,但没能进入库房,因为库房门外上了锁。他们在与库房分开的车库中见到一辆大油罐车。大使馆的布告仍张贴在仓库边上,仓库屋顶上画了一面大大的,色彩鲜艳的美国国旗。

1月29日,四名日本宪兵来到美国大使馆,要求王与他们及埃斯皮一道去调查德士古公司的设施情况。他们将库房的门推开,察看了里面的东西,发现这个大院先前被闯入,并遭到相当程度的洗劫。里面的办公室也遭抢劫,地上四散着许多显然是原本存放在库房里的个人和家庭用品。很多箱子被撬开,里面的东西不是不见了,就是散落在地上。库里没有汽车或卡车。

日本询问王被抢劫走的汽油和油料的情况，他发现库房里还有些汽油和油料。宪兵的负责人松本（Matsumoto）用英语说，日本大使馆通报他根据菲奇先生转来的王的报告，日本兵抢走了所有库房里的汽油和油料。松本说通过这个例子可以看出中国人在散布日军的谣言，显然不能接受中国人的报告。宪兵希望就此中止调查。但是埃斯皮要求宪兵记录下所发现库存的汽油和油料，这样以后他们在察看仓库时，就可以进行比较。日本宪兵照办了。埃斯皮同时向他们指出这地方被闯入，遭洗劫，虽然当时没有一份完整的库存物品清单，但可以看出除了已不在库房内的汽车和卡车，还有别的东西被抢劫走。

2 月 15 日，美国大使馆官员又察看了该设施，发现自上次察看之后，库房又被闯入，有 180 加仑的汽油被抢走。属于这一设施的公司雇员非常害怕回到这座大院来，因此库房无人看管。但是库房的门仍锁着，可能只有知道门可以推向旁边的人才知道如何进去。这次他们将日本兵在篱笆上弄出的洞尽可能地修补好，前门用大使馆买的锁锁上，还重新在大门上张贴了一张布告。

2 月 22 日，王又来到大使馆，说他回到仓库，发现篱笆上有洞的地方又被捅破，门上的挂锁也被砸了。当天下午埃斯皮去察看，发现以前被抢劫的地方又被劫走 20 加仑汽油。埃斯皮设法用上海德士古公司提供的存放在这座库房里的设备和财产清单来比对仍遗留的货物，但清单上所列的库房中的东西和王所说去年留下的东西之间存在出入，能否准确地核查，颇有疑问。他们相信除了汽车，大部分公司的设备都还在那儿，但至少有两辆汽车、两辆卡车被抢走。根据公司的清单，有 4050 加仑汽油被抢劫走，但根据王的数字，只有 750 加仑汽油被抢走了。C. 叶兹·麦克丹尼尔先生存放在那里的物品和属于其他人的物品也被抢走了一些。

2 月 23 日，阿利森口头告知日本大使馆的福井这一情况，并就德士古公司设施及其他物品持续遭到抢劫的情况提出抗议。阿利森说虽然不能排除是中国人干的可能，但鉴于日本人完全控制着城市，却没有提供足够的治安来制止这样的行为，日本人应对此负责。

20. 大华大戏院(State Theatre)　1938年1月10日，美国大使馆收到驻上海总领事的电报。电报说，慎昌洋行称大华大戏院(见图4.15)内价值25000元的空调装置为该公司所有，目前在香港的美国公民司徒英铨先生称他拥有该剧院48%的股份。

图4.15　1935年建成的大华大剧院

1月11日，美国大使馆官员察看了位于中正路45号的大华大戏院。除了有些玻璃和窗户被打破，戏院面临中正路的门面看上去完好。然而，绕到戏院的旁边，可以看到戏院被烧毁。舞台的塔台仍屹立着，但礼堂完全被焚毁，礼堂的屋顶已塌了下来。侧面入口处的建筑物北边也被烧掉。安装在建筑物里的空调装置位于入口通道的上方，已严重烧焦，有一部分已经塌下来。放置电影放映机的塔台看上去没有被烧毁，不过无法去察看，因为楼梯被烧毁，已不能上去。除了屋顶由于玻璃穹窿烧焦，框架断裂，已不复存在，门厅并没有被焚毁。在电影放映塔底部的门厅地板上散落着被砸坏的蔡司·伊康放映机的碎片。

实际上，美国大使馆官员还专门向有关人员调查了大华剧院起火的原因。1938年1月5日，麦卡伦写信给阿利森，就其所见，向美国大使馆讲述了发生火灾时的情况："12 月 27 日和 29 日，我到城南去。大华大戏院在 27 日还没有被烧，但是在 29 日，我已报告了戏院被烧毁的情况。那几天，我在那个地区，以及城南一些地方目睹了焚烧房屋的情况，包括这座戏院紧邻的市场，以及中山东路上的建筑，包括起士林点心铺及其隔壁的建筑都有火情。在每一桩纵火案中，日本兵都在那儿观看，或在指手划脚，发号施令，显然不是过路的人。"1 月 18 日，德国人格鲁克尔也给美国大使馆写信，描述其当时情况："根据我的日记，1937 年 12 月 28 日晚，我见到新街口燃烧着熊熊大火，便去那儿看个究竟。大约 7 点到那儿，见到大华大戏院两旁的商店已在烈焰之中，日军的卡车，以及在一名军官带领下的日本士兵都在戏院的前面。"这足以证明谁是放火的元凶。

二、个人财产损失

除了机构遭受的财产损失外，美国在南京的个人财产也遭到日本士兵的侵害，部分美国个人①财产损失情况如下：

1. 乔治·菲奇　作为留在南京的安全区国际委员会的成员，在南京即将沦陷前搬到了平仓路 3 号与其他美国人住在一起，承担起了保护安全区难民的任务，但他自己位于保泰街 21 号的住宅，尽管张贴着美国大使馆和日本大使馆的布告，飘扬着两面美国国旗，却屡遭日军的闯入。菲奇本人显得无能为力，只能向日本大使馆和美国大使馆报告，希望大使馆官员能够阻止日军不断地闯入。其他留在南京的外国人都有类似的经历，这也从一个侧面反映了南京居民，包括外国人在内，当时所面临的严峻现实。

1938 年 1 月 14 日，一名日本兵翻越菲奇保泰街 21 号花园的后墙，

① 根据威尔逊医生、马吉和福斯特的日记，他们在南京的住所都被日军光顾过，并遭受了损失。但由于未知的原因，在埃斯皮的报告中未列出他们的损失。

强迫看门人让他进屋，并在阁楼上翻找东西。1月17日中午，两名日本士兵强行闯入保泰街21号的寓所，其中一人携带着长军刀，他们抢劫走一个枕头和其他物品。他们还踢开那扇先前被砸破又被钉好的南门，彻底洗劫了阁楼。他们还撬开先前被忽略了的一个盒子，将里面的东西拖出来四散在地板上。

1月19日，菲奇向美国大使馆报告了其所遭受的损失情况，并强调："我进行了比较保守的估计，并感到总的数额难以完全地涵盖我的损失，因为许多被抢劫走的东西，我目前无法察觉，特别是五只箱子里的东西。所以，如果我以后发现不包括下面所列的各项损失，我希望保留进一步提出赔偿的权力。"菲奇所遭受的具体损失如下（以中国货币计算）：

两张卡波克牌（Kapoc）的单人床垫	80.00
双人毛皮床垫——半个垫子	75.00
床上用品：被子和毯子	58.00
床单和毛巾	30.00
帘子、锦缎	60.00
衣服：四套西装、六件衣服	280.00
六只垫子和枕头	36.00
五只箱子、一只手提箱、一个柜子破损	60.00
珍贵的照相集	80.00
画	60.00
一件乐器：笛子	20.00
唱机和唱片	260.00
雕刻的柚木屏风，刺绣的面子	48.00
雕刻的橡木碗橱，木板被砸坏	45.00
古董：一尊唐代的马被打碎	25.00
古董：一张镶嵌的威尼斯式书桌被砸坏	60.00
一只大橱子后面砸坏	10.00

一只带锁的保险手提箱	12.00
罐头食品	8.00
文具用品	12.00
圣诞节的装饰品	8.00
零碎小物品	80.00
两扇大门和两扇房门的损伤	50.00
总计	1437.00

图 4.16　麦卡伦牧师

2. 麦卡伦　麦卡伦家位于南京白下路209号，是美国基督教会的房产。日本占领南京前，由美国驻南京大使馆颁发的布告清楚地标示出其为美国财产，大院的每座大门上都张贴了布告，大院内几处飘扬着美国国旗。美国大使馆颁发的布告也张贴在麦卡伦存放财物的房屋外面。

1937年12月11日，麦卡伦（见图4.16）察看了位于白下路209号的住宅和其他房屋，发现屋子和里面的东西均没有受侵扰。但在1937年12月14日，路易斯·思迈斯博士、福斯特牧师和约翰·拉贝察看了白下路209号的美国基督教会大院，发现大院里的房屋被破门而入，他们还发现有日本士兵在教会的房产里。

在收到上述情况的报告后，麦卡伦于当天（1937年12月14日）下午前往白下路209号。在他到达那里时，他发现四名日本士兵在其房屋楼上，正在被撬开的箱子、盒子里寻找东西。麦卡伦将美国国旗指给他们看，日本士兵才离去。在察看过程中，麦卡伦还看见其他日本兵在教会大院的其他房屋中。他发现所有的食品和床上用品、大多数衣服、大量小体积的贵重物品和三辆自行车不见了。然而，麦卡伦特别注意到，后来失踪的留声机、盘子和厨房用具等物品在1937年12月14日察看时仍在那儿。

此后每隔三四天，麦卡伦便查访那处房产，几乎每次去都发现有日本士兵在那座房产里。在 1937 年 12 月 18 日的察看中，发现钢琴被严重损坏。日本士兵驻扎在紧邻该房产的中国旅馆内。由于在 12 月那段时间内，中国人几乎完全离开南京这一地区，也由于日本兵在这段时间内经常光顾教会的房产，或在附近居住，中国人不会有机会参与上述的抢劫行动。

具体损失情况如下(所有损失均以美元计算)：

衣物	
一套男式夜礼服	40.00
一件礼服大衣和条纹裤子	45.00
一套棕黄色羊毛西装	35.00
一套夏季西装	12.00
一件美军军官制服、皮革护腿和帽子	45.00
一件丝绸中装长袍(丝绵衬里)、漆皮鞋、衬衫、领带、衬衫前胸饰扣、领口和袖口钮扣	20.00
床上用品	
一床盖被(传家宝)	25.00
两床被子	20.00
三床羊毛毯	24.00
四条床单	16.00
两张床垫	3.00
四个枕头	8.00
三条床单	9.00
枕套、毛巾	5.00
碗碟	
一套美国餐具，每样十二件	20.00
一套早餐具	8.00

一套中餐具,西式和中式盘子每样十件	20.00
四十八只酒杯、冰淇淋盘子、高脚酒杯	8.00
一套绿玻璃杯、盘、碗等	5.00
稻米图案的盘子及花卉图案瓷器	10.00
食品	
三十六只装满罐头水果、腌菜和肉的瓦坛子	30.00
罐头食品、肉、牛奶、水果、果酱	10.00
自行车	
一辆有车灯、车铃的英国邓禄普牌自行车	30.00
一辆英国飞马牌自行车	25.00
一辆男童自行车	10.00
贵重物品	
一套文具,包括书桌用犀飞利牌笔(Sharffer)	20.00
一盒女用首饰,包括金手镯和琥珀、金、白金胸针等	50.00
一只壁炉钟	15.00
一只装有三只手表、古钱币等物的坚固盒子	15.00
乐器	
钢琴的损坏	75.00
直立留声机	50.00
三十五张唱片	35.00
尤克里里琴、横笛、节拍器、口琴	15.00
厨房用具	
四分之一的用具,包括铁壶、铝锅、秤、冻箱的部件,煤油炉和一听煤油不见踪影	25.00
工具	
斧头、钳子、锤子、扳手等	10.00

杂物

过滤器、皮革草药箱、一套象牙梳妆用具等 10.00

破损的物品

十只画框、四把锁、四只网球拍、家具、一盒圣诞饰物、玩具、镜子等 30.00

洗涤、干洗剂 5.00

总计 858.00

3. 里格斯 从1937年12月16日至1938年1月8日，里格斯(见图4.17)每天晚上睡在在汉口路23号，但是白天要去安全区工作。因此，他大部分时间不在家，但有一位佣人经常在里格斯家。在局势最紧张的时候，里格斯一位在基督教青年会工作的朋友及其一家也住在二楼。里格斯还请金陵大学的另外一家中国人住在一楼。这使得里格斯能够了解其不在家时家里发生的情况。

图4.17 里格斯在金陵大学测试新研制的农业机械

在三个星期左右的时间内，日本兵闯入汉口路23号达60多次。他们通常来寻找年轻女人，或者出于好奇来转悠，顺手偷些东西。有组织地抢劫没有在里格斯家里发生，不过日本兵好几次把许多家庭用品摔出去。12月17日晚，里格斯到家时发现日本士兵刚刚强奸了一名50多岁的妇女。

在12月18日,里格斯见到四名日本兵来到其门前,将他们赶走。12月26日,里格斯以同样的方式驱赶七名企图闯进门来的日本兵。但在里格斯不在家的情况下,日本兵多次闯进来。12月21日,日本宪兵队的布告张贴在了大门口。里格斯等在屋内,想看看布告是否起作用。在45分钟之内,日本士兵在三个不同的时间里闯进来,并拿了东西。只有在里格斯露面赶他们走时,这些日本士兵才离开。第一次有两名日本士兵,第二次也是两名,第三次是另外一名士兵。

另外,1937年12月14日约下午5时,日本兵在汉口路23号住所前的大门口,抢走了里格斯牌照为5040的雪弗莱汽车。车是1934年型号,四个门,赭色。麦卡伦当时途经汉口路,见到一名日本兵坐在里格斯大门前停着的汽车里,企图发动车子。麦卡伦一直观察,直到日本士兵离开。

附近的中国人告诉里格斯,麦卡伦离开不久,日本士兵要这些中国人将汽车推到大路上,然后弄来另一辆车将里格斯的车拖走。

里格斯将汽车失窃一事于12月15日以书面报告给日本大使馆。此后,里格斯曾三次见到日本士兵开着这辆车,但在当时的情况下,没法阻止日本兵,并将车要回来。其中一次是在中山东路特务机关总部旁边的小巷子里,里格斯当时正陪着福田先生,并将车子指给福田先生看。

日本士兵在里格斯家所造成损失的清单(价值以中国货币计算):

一顶毡帽	17.50
一件雨衣	13.00
一根银柄手杖	12.00
两把剃须刀	4.50
一套梳妆用具	10.00
一串珠子和人造珍珠	25.00
一只手提箱	16.00

十一块上等手帕	3.30
八块普通手帕	1.20
七件衬衣	13.50
三件厚棉内衣裤	10.50
三条工作裤	8.40
一双拖鞋	2.60
十三双袜子	5.80
一辆雷明顿牌自行车	50.00
一辆蒙哥玛利·沃德牌自行车	35.00
一辆上海造女式自行车	15.00
一只瑞士表	15.00
一只英格索尔牌表	5.00
一把爱弗雷莱笛牌大手电筒	1.50
一只大电灯笼	8.25
两只电动老虎钳	2.20
两把扳手	3.60
一幅大刺绣画	25.00
两百枝雪茄	15.00
二十七听果酱	6.75
十一听牛奶	5.50
十五听蔬菜	4.05
六大块象牙牌香皂	4.80
五块碳化肥皂	0.50
一辆雪佛兰汽车	1900
总计	2240.45

4. 贝茨　贝茨的住宅位于南京汉口路21号。1937年12月18日至1938年1月11日之间，日本兵光顾汉口路21号的住宅10—11次，他

们偷窃、毁坏了贝茨的个人财产。从1937年12月1日到1938年3月1日，贝茨平均每周回去察看3—6次。到12月18日，住宅内的财物情况良好。12月1日以来，房屋没有受到任何破坏。

一位贝茨认识很久的熟人负责照看其屋子，在那些困难的日子里，他日日夜夜都住在那里；贝茨还邀请一位中国教师的一家住在那儿。日军进入南京后，贝茨每天收到他们1—2次的报告，有抢劫的事发生时，贝茨都去那儿察看。那栋房子离金陵大学和贝茨的临时住所平仓巷3号只有五分钟步行的路程，所以报告和察看很便捷。日本士兵所有的偷盗行为都被看到。

在12月19日以及12月27日，成群的日本士兵在贝茨的住宅里逗留了两个小时，把抽屉、橱子、书桌、壁橱里的东西摔在地板上踩踏。几个房门和箱子上的锁被砸破，玻璃、瓷器也被打碎一些。

住在汉口路23号的里格斯曾于12月20日看见一名日本士兵从他的院子闯入贝茨的院子。12月22日，他见到两名日本士兵从贝茨住宅的前门出来。

贝茨住宅的屋顶上有一面美国国旗，大门上张贴着美国大使馆的布告。从12月21日起，房屋的前门后门上还张贴了日本大使馆的布告。12月21日下午，贝茨的住宅遭到第四次抢劫，而且日本士兵在贝茨家的两个房间里留下粪便。1938年1月11日，一名日本"临时宪兵"闯入贝茨住宅，贝茨迅即将其行径报告给了日本大使馆，以后还就此事提过几次，但一直无下文。

据不完全统计，以下为分类的被偷盗、毁坏财产的清单(中国货币)：

食品：罐头水果、牛肉和鱼、食糖、食品杂货 35.00

工具、厨房器皿：锯子、短柄小斧、两把榔头、钢丝钳、理发剪刀、五只厚重铝锅、四只打火机 45.00

羊毛衣物：厚大衣、两件毛线衣、女用皮毛衣服 130.00

绘画：五幅中国画、两大幅镶有镀金框的西画印刷品、三幅小画 181.00

唱机(75 元)、85 张英美唱片(4.50/张) 457.50

两条北京地毯,分别为 160 元与 125 元;三条小北京地毯(19 元/张) 342.00

一套完整的大油灯、有特别灯罩的台灯 19.00

瓷器:两只精致的花瓶、五只古碗 55.00

台布与刺绣:4 块上好质地的美国大台布(52 元/块)、24 条餐巾(70 元)、6 块上好质地的午餐台布(12 元/块)、42 条餐巾(40 元)、7 件刺绣品和装饰丝绸(65 元)。 455.00

床上用品:九条上好质量的床单(7.50 元/条)、6 个枕套(4 元/只)、4 幅被单(11 元/幅)。 135.50

自行车、男童自行车 15.00

集邮簿与收集的邮票、两本集邮簿 50.00

书桌:质地优良的书桌,桌面、玻璃门、抽屉被砍坏 25.00

锁:五只贵重的号码锁 20.00

干洗、熨平、洗涤被弄脏的衣服、台布、餐巾 50.00

总计 2015.00

5. 布雷迪　1937 年 12 月 14 日至 12 月 31 日之间,日本士兵至少四次闯到布雷迪医生位于汉口路 19 号的住宅,偷窃、毁坏其个人财物。布雷迪在双龙巷 11 号 B 的临时住所在 1937 年 12 月 14 日至 12 月 31 日之间也至少六次被日本士兵闯入,并遭受了财产损失。

从 1937 年 8 月 17 日到 12 月 3 日,布雷迪一直住在双龙巷 11 号 B 的房屋里,后由于其在牯岭的 10 岁女儿生病而离开南京去了牯岭。布雷迪和麦卡伦合住那里。在 1937 年 12 月 14 日至 12 月 31 日住在平仓巷 3 号的这段时间里,麦卡伦时常查访这座房子。

12 月 14 日,麦卡伦察看了双龙巷 11 号 B 的住所,发现房屋、车库和里面的东西都没有被人动过。12 月 15 日再次察看时,发现车库被破门而入,布雷迪八缸的福特牌汽车右门的玻璃被打破,在锁着的车子里发现一个日本士兵的钢盔。15日下午，麦卡伦又察看了上述住所，发现两名日本士兵闯入车库，开始摆弄该车，当麦卡伦向他们走过去，他们就溜走了。

麦卡伦发现12月14日之前，房屋没有被侵扰，但是日本士兵从车库抢走一辆自行车。12月16日，麦卡伦发现一名日本兵在车库里正用工具修车子，麦卡伦将其劝走。该日本士兵上了一辆等在附近中山路上的卡车。卡车上有粗绳子，显然，如有必要，他们准备把车拖走。第二天，即12月17日上午，麦卡伦再去那里时发现车库空空如也。房屋也被闯入，物品要么被拖得到处都是，要么被偷走。那天就在麦卡伦在那里时，两名日本士兵又企图闯进屋内。该房屋有一面美国旗和美国政府的布告。18日，这一住所再次遭到闯入和洗劫。1938年1月1日之前，该住所又被多次闯入。

以下是财产分类的清单，这些都是被日本兵从双龙巷11号B和汉口路19号抢劫走的东西(中国货币)：

1935年多铎八缸型福特车，发动机号码：1333983	
	1627.50
电钟	35.00
电熨斗	10.50
食品，罐头食品	37.10
两张克斯明斯特(Axminster)牌地毯	21.00
女式自行车	10.50
一套男式西装	24.50
三本照相簿	35.00
新棒球和球棒	7.50
15加仑汽油	16.50
1加仑汽车机油	3.85
3夸脱酒精	1.40

约 20 张唱片(3.5 元/张)	70.00
留声机	17.50
总计	1917.85

由于上述人员本人留在南京或者与留在南京的人员住所比邻,因此对自己住宅遭到抢劫的情况了解的比较详细,其所遭受的损失较为清楚。而那些离开南京的美国人所遭受的财产损失只是大使馆官员察看后的一个大概的描述。

6. 布莱恩·达雅(Bryan Dyer)　美国大使馆的埃斯皮于 1938 年 2 月 2 日察看了位于阴阳营 54 号的布莱恩·达雅先生的寓所。根据住在那儿的仆人说,日本兵数次从隔壁人家翻越围墙闯入。据他们反映,日本士兵抢走二三件诸如钟、瓷碗之类的小东西。此外,房屋以及屋子内的其他的东西没有遭到破坏。

7. 爱米琳·阿格罗(Emmeline Arguello)　埃斯皮于 1938 年 1 月 9 日察看了位于太古山 20 号的爱米琳·阿格罗小姐的寓所。据留在房屋里的园丁说,这处房产被日本兵数次闯入,但值钱的东西没有被抢走。

8. 布鲁德里克(Thomas Joseph Broderick)①　埃斯皮于 1938 年 2 月 2 日察看了布鲁德里克先生位于双门楼 56 号的住宅。住在那儿的中国难民和布鲁德里克的仆人都说日本兵数次闯入这栋房子。12 月 18 日,几名日本士兵抢走布鲁德里克的雪弗莱汽车。埃斯皮没有在车库或其他地方发现那辆雪弗莱汽车,也无法确认是哪些东西被拿走。埃斯皮在屋子里看到据说是布鲁德里克的家具,均完好无损。双门楼 56 号院落的前门上仍张贴着大使馆的布告。

9. 凯瑟琳·布莱恩(Catherine Bryan)　在麦克法瑾的陪同下,埃斯皮于 1938 年 2 月 10 日察看了凯瑟琳·布莱恩位于大永庆村 11 号的住所。在此之前,美国大使馆收到布莱恩询问她住宅情况的信件。

---

① 受雇于美孚石油公司,在南京工作。

埃斯皮一行发现这栋住宅遭到严重破坏。除了门窗砸破,墙壁受损,房屋的结构没有损坏。很明显,几扇门上的洞是由刺刀造成的。屋子里面遭到了彻底的洗劫。楼下的餐厅和起居室里的家具都没有了,只有一个电冰箱在起居室中间,冰箱顶上的马达被卸走。厨房里的炉子、几件厨房用具和盘子都在那儿,但有些盘子被打碎,四散在地板上。在二楼,见到一些家具,诸如办公桌、书桌和几张椅子,但这些家具被部分砸坏。在三楼上的一间房屋里有三只箱子被撬开,里面的东西被拿走或被丢弃在四周。后面楼梯平台边上的房间里存放着几只包装箱,这些箱子也被撬开,东西被拿走,或散落在各处。每一层楼到处是散落的被踩踏过的一堆堆衣物、书籍、纸张及家庭用品的碎片,有的地方有一英寸厚。这栋屋子里没有人居住,但邻近的房屋中有日军居住。一楼起居室的墙上以及楼上卧室的墙上被用黑墨涂写着中国字或日本字。

2月24日,埃斯皮和阿利森又来到这栋住宅,目的是让阿利森辨认墙上涂写着的那些字,看看是不是日文。阿利森认出是日文。一处写着"大日本"。另一处写着"1937年12月17日",用的是日本的纪年,也就是昭和十二年十二月十七日。这次阿利森和埃斯皮还注意到,前门原先张贴的11月24日大使馆颁发的布告已经被撕掉,只剩些碎片痕迹还可以看出布告曾张贴在那儿。

同一天,埃斯皮带着日本大使馆的安井先生来到这栋住宅,目的是让他作为日本政府的官员来见证日本士兵犯下的抢劫罪行,并见证由日军在墙上留下的日文,以证明这些抢劫是日军所为。在该住宅门口,美国大使馆官员指给他看了原来布告张贴的地方。进屋后,安井看了涂写在墙上的文字,并承认是日文。1938年4月20日,凯瑟琳·布莱恩在美国驻香港总领事馆就其在南京的财产提供了宣誓证词,具体财产损失如下(中国货币):

起居室

一只维克托牌暖炉	300.00

一套沙发和两把椅子	100.00
两只雕刻的柚木椅子(传家宝)	75.00
一张雕刻的乌木凳子	15.00
两张藤柳扶手椅	5.00
一个橡木书架和书籍	500.00
餐厅	
一个碗橱及碗盘	50.00
一张书桌及三把相配的椅子	40.00
一台小风琴	50.00
四只木箱和里面的东西	30.00
一台电冰箱	400.00
厨房	
一只两灶头的烧饭火油炉	60.00
一只玻璃厨及多只杯盘	50.00
一个直立的三层架子	5.00
一张厨房用的桌子	5.00
厨房用具	15.00
两张黑色高凳子	4.00
佣人住房的家具	
一张铁床	5.00
一张小桌、五张矮凳、一把折叠凳子	10.00
二楼	
卧室	
一张铁床，外加：一张席梦思弹簧床垫、两张毛床垫、一张折叠帆布床、三张白色的椅子	100.00
一张幼儿园用的小椅子	13.00
一张梳妆台和凳子	28.00

一张五斗橱和一块镶镜框的镜子	25.00
一个衣柜	30.00
一张小桌	5.00
一套盥洗室用秤	30.00
书房	
一张桌面可移动的大书桌	35.00
一张黑色桌子	5.00
一个书架和其中的书籍	30.00
一张床头柜和书桌椅子	8.00
连盒子的银质法国号	300.00
一盏书桌台灯	2.00
一个电风扇	15.00
一只电暖炉	7.00
烧油的取暖器	11.00
一只箱子,里面装有手稿、数据和私人文章	难以估价
后楼梯平台边存放箱子的屋子	
一张藤条桌子,两个藤柳屏风	6.00
烧油的烤箱,一只电烤箱	8.00
一只皮箱,里面装有两百张巴勒斯坦的幻灯片	75.00
四只木箱和里面的东西	100.00
阁楼	
七张北京地毯	70.00
三个壁橱	10.00
三只大箱子和里面的东西	100.00
一张黑色方橡木桌	4.00
一个乌木灯架和灯罩	10.00
总计	2746.00

10. 玛格丽特·希金斯(Margaret Higgins)　美国大使馆通过在汉口的美国大使处获悉先前受雇于国立农业研究院(位于中山陵园陵园路)的玛格丽特·希金斯小姐将她的衣服及家用物品存放在该研究院的一栋建筑中,并请求如有可能,寻找这些物品,加以保护。

1938 年 2 月 5 日,美国大使馆的官员设法去寻找她的物品。然而,国立农业研究院的所有建筑均遭焚毁,没有发现她物品的踪迹。据信这一损失应归咎于中国军队,因为从可靠消息来源得知。同时,又再次从那天就在那座建筑周围的中国老百姓处听说,中国军队向南京城撤退时,烧毁了这些建筑及其附近所有的房屋。

11. 道格拉斯·詹金斯(Douglas Jenkins, Jr.)　1938 年 1 月 9 日,美国大使馆的官员第一次察看位于马台街 29 号的道格拉斯·詹金斯的寓所。当时,他们仍可看到院门上张贴着美国大使馆布告和詹金斯先生用中英文书写的名牌。他的中国籍仆人的尸体已从车库搬走,尸体已躺在那儿数周之久。其住宅被彻底洗劫,很多瓷器和家具被砸碎,还有一些物品被抢走。

12. 贝蒂·林(Betty Ling)　1938 年 1 月 17 日,美国大使馆收到驻上海总领事代表贝蒂·林小姐发来的电报,要求了解她在南京的房产的情况。美国大使馆的官员对位于湖南路 15 号、17 号,以及重庆新村 1 至 4 号的房产进行了察看,发现日本士兵住在她位于湖南路上的两处房屋里。其位于重庆新村的小房屋都空着,但均被闯入,很多窗户被打碎了。屋里的东西均遭彻底洗劫,四处散落,无法确定有多少东西被抢走。

13. 海泽尔 M. 惠特尼·刘(Hazel M. Witney Liu)　在海泽尔 M. 惠特尼·刘夫人位于石婆婆巷 16 号住所工作的中国园丁到大使馆报告,12 月日军来到该住宅,撕去张贴在大门边墙壁上的大使馆布告,破门而入,洗劫了这栋房屋。他还说后来一小队的日军搬进来,驻扎在那儿。接着,他给大使馆官员看了日军最后离开时留在屋里的小队旗。这的确是日军小队的旗帜。

大使馆官员于1938年2月7日察看了该住宅，发现1937年11月29日发给刘夫人的大使馆布告已不在墙壁上。草坪上有汽车车辄印。房屋被彻底洗劫，只有几件家具留在屋里，而四散在地板上的是一包包衣物、瓶瓶罐罐。一大堆家用物品被从窗户摔到外边的草坪上。妇女的衣服、衬衫、纸张、椅子、桌子、床垫、冰盒，还有被撬开的保险箱撒落在草地、灌木上。

14. C.叶兹·麦克丹尼尔（C. Yates McDaniel）和F. H. 瓦因斯（F. H. Vines） 美国大使馆官员1938年1月23日察看了英美烟草公司位于太古山上的两栋房子。叶兹·麦克丹尼尔先生和F. H. 瓦因斯先生去年12月离开南京之前居住在这两栋房子里。据留在屋子里的中国仆人说，这两栋房子12月份数次被日本兵闯入。据观察，这两栋房屋在一定程度上遭到洗劫。据中国仆人说，士兵喝掉几瓶酒，还抢走些小东西。察看时，大使馆官员发现大使馆的布告在地上，据中国仆人说是日本兵从屋子外面的墙上撕下来的。

15. 罗勃特S. 诺曼（Robert Norman） 美国大使馆于1938年1月3日收到由美国驻广州的领事转来的罗勃特S. 诺曼请求察看其位于中山陵园陵园路187至188号的寓所。美国大使馆的官员回到南京后约一周，通报了日本大使馆有关察看诺曼先生房屋的要求。由于当时如果没有事先安排，日军当局不允许大使馆官员出城，大使馆官员之后请求日本当局做出这样的安排。最后，埃斯皮在贝茨博士与两名日本宪兵的陪同下，于1938年2月5日前往该房产察看。

大使馆官员发现这处房产遭到严重破坏。房屋内的物品遭受抢劫的程度极其严重。实际上，诺曼损失了所有的个人物品。除此之外，房屋遭受了严重的炮火破坏。炮弹似乎是从南面击中屋子的，也就是说，炮弹来自进攻的日军方向。屋内还剩下一两件家具，但在外面的草坪上发现两只炉子。书籍、纸张和其他物品散落在地板上和外面的门廊上。克勒格尔先生在1938年1月22日给美国大使馆写信。在信中，他说12

月 26 日他见到诺曼先生住宅的大门是关着的，能看见大使馆的布告，看上去房屋情况良好，显然没有被闯入过。然而，从马路上是看不见炮火造成的损失，估计克勒格尔先生没有注意到，因为那肯定发生在 12 月 13 日之前。

这次去察看时，房屋的前门洞开着，大使馆的布告也不在那儿。对该房产相当严重的抢劫显然在克勒格尔见过这栋房屋之后发生。然而，这处房产以前曾被中国军队或日军占用，或者中日两国军队都占住过。在地上发现弹药、装备和三具中国人的尸体。此外，屋子里许多房间的墙壁上写有东方文字。过几天要核查这些文字，以确定它们是中文，还是日文。

为了澄清问题，1938 年 2 月 27 日下午，阿利森也去察看了诺曼位于南京中山陵园陵园路 187 至 188 号的房产，并注意到诺曼先生的房舍遭到严重损坏、抢劫，个人物品散布在各个房间的地板上和屋子外面的花园里。由于阿利森懂日文，他发现在楼下门厅的墙壁上写着许多日本文字。大体上有诸如"東洋平和の為"这样的词语，翻译出来意思大致是"为了东亚的和平"，相信这也是一首颇为流行的日军进行曲的歌名。至少在两个地方用日文写了昭和十二年十三日，即 1937 年 12 月 13 日日军攻占南京的日子。在楼上的一个房间的墙上，有一处写着福田或藤田分队。第一字不怎么清楚，可能是提到的两个字中的一个。这是日军一个部队的名称。花园中似乎有座日本人的坟墓。土堆中直立着一个细小的木片，木片上有几个模糊不清的字，但也有用日文写的日期，昭和十二年十三日。阿利森还报告："除了房屋内的财产几乎完全被摧毁之外，房屋本身也严重损坏，至少有两发炮弹击中房屋，墙壁和门上有被刺刀刺过的痕迹，以及住在屋里的人粗暴地使用房屋也使得房屋损伤严重。"

16. J. W. 巴森斯(J. W. Parsons)　巴森斯先生的房屋在芦席营 310 号。1938 年 2 月 2 日，他的两个佣人为了巴森斯住宅的事来到大使馆。他们说日本士兵分别在 1937 年 12 月 17 日和 18 日破门进入房屋，洗劫了房屋内的东西，抢走食品、衣物以及巴森斯先生的各类个人物品。他们说曾设法尽力阻止日本人侵犯巴森斯的财产，但他们无法做到。他们在12月19日遭到日本士兵的殴打，并被迫离开那栋住宅。自那以后，他们还没有回去过，所以请求美国大使馆的官员带他们去察看还有什么物品留下。于是，美国大使馆官员及两位中国人到这处房产察看，发现院门敞开着，1937年11月27日颁发的大使馆布告已不在门上，也不在院墙上。屋子被闯入，并遭彻底洗劫。有几扇门被刺刀捅破，二楼上的几件家具都被砸破。家中大部分的家具显然都存放在阁楼上的两个房间里。两个房间被破门闯入，东西遭洗劫，被踩踏。有多少东西被抢走则不得而知。

1938年2月22日，美国大使馆官员又去察看了这处房产，情况和第一次去时相同。这次大使馆官员将前门关起来锁上，并在门上重新张贴了大使馆的布告。

三、人身侵犯

日军占领南京后，与对待中国人相比，对留在南京的外国人多少有所顾忌，在行为上有所收敛。尽管如此，仍然发生了对外国人的人身侵犯事件，包括殴打、打耳光等。这也从一个方面反映了日军占领南京后的行为模式。下面是受到日本军人攻击和殴打的外国人姓名以及事件发生的背景。这些事件都报告给了日本大使馆和美国大使馆，因此留下了文字记录。

图4.18 魏特琳

1. 魏特琳　1937年12月17日晚7时许，多名日本士兵到金陵文理学院来搜查所谓的“中国军人”。当其中的两名士兵用力地撞击上了锁的中央楼大门时，魏特琳（见图4.18）赶到，日本士兵坚持要求把门打开。魏特琳在日记中描述："我说没有钥匙，一个日本兵说：'这里有中国士兵，日本的敌人。'我说：'没有士兵。'和我在一起的李先生也说了同样的话。他们打了我一记耳光，并随后狠狠地打了李先生，坚持要开门。"①魏特琳还在日记中描述了之后日军殴打多名中国人，侮辱菲奇、斯迈思和米尔斯，迫使他们离开金陵女子文理学院，让中国人跪在金陵文理学院门口，以及另一伙日军从金陵女子文理学院抓走十几名妇女的细节。一幅日军施暴的场景完整地展现在世人的眼前。

2. 索恩　1937 年 12 月 23 日下午约 5 时，两名日本士兵闯入上海路 2 号。上海路 2 号的这栋房屋是美国财产，是金陵神学院 R. A. 菲尔顿教授的住宅，里面还存放着金陵神学院 C. S. 史密斯教授和爱德华・詹姆斯教授的家庭及个人用品。

图 4.19　金陵神学院教授索恩

日本士兵随即扯下美国国旗。就在日本兵扯下美国旗之前几分钟，日本士兵将日本大使馆在前门上张贴的布告也撕掉，但美国大使馆的布告仍张贴在显著的地方。

不久，金陵神学院的索恩教授（见图 4.19）来到现场。其中一名日本士兵显然是喝醉了。日本士兵坚持要借用这个地方十天，索恩教授不同意。之后，他们变得异常气愤，对索恩大喊大叫，并用拳头打索恩的肩膀。最后，他们还强行抓住索恩的臂膀，将索恩拖着穿过院子到外面上海路的路中央。直到索恩同意签署一个让他们借用房屋两周的字据，他们才肯放索恩。签了字据后，他们放下索恩，并同意索恩重新悬挂起美国国旗。但是，一名士兵将一横幅挂在前门上，并说当天 9 点来占

① Minnie Vautrin, *Diary of Wilhelmina Vautrin, 1937 – 1940*, Yale Divinity Library, Special Collections, Film Ms62, p. 116.

房子。他们命令目前住在这座房屋里的中国难民全部搬走。之后索恩将这一经过写下,并向日本大使馆报告了这一事件,要求大使馆官员阻止日本军人这种强行霸占房产的行径,防止类似事件再度发生。

3. 里格斯　1937 年 12 月 25 日上午约 10 时,金陵大学的里格斯发现有几个日本士兵在汉口路 29 号的房屋里,并听到妇女的喊叫声。一位年龄 25—30 岁的妇女示意里格斯过来。一名日本士兵正抓着她,其他日本兵都在屋里。里格斯过去后,她紧紧抓住里格斯的胳膊。之后日本士兵离开了。原来她是出来买东西,被日本兵抓住。她的丈夫四天前被抓走,至今未归。她希望里格斯先生陪她回到位于汉口路的军官学校难民营。于是,里格斯先生陪她在汉口路上往东走,快要到金大农作物园时遇到一名巡查的军官、两名士兵及一名翻译。

该日本军官将里格斯插在衣服口袋里的双手拽出来,扯下日本大使馆发给他的袖章。在里格斯双手放回衣服口袋时,日本军官猛击他的手。日本军官问他是什么人,但是他们相互都听不懂对方的话。接着,日本军官猛击里格斯的胸部。里格斯问这是什么意思,这一问使得日本军官火冒三丈。他要里格斯出示护照,但里格斯先生没有带。日本军官想知道里格斯在干什么。里格斯告诉他,他在送这位妇女回家。于是,军官又打了里格斯。里格斯看了看他佩戴的是什么袖章,该军官狠狠地打了他一个耳光。军官然后指指地上,接着抓住里格斯先生的头。里格斯认为日本军官要他向其磕头,但是里格斯不从。于是,军官又打了里格斯先生一个耳光。接着,翻译解释说日本军官要里格斯的证件。

里格斯解释说,因为这名妇女害怕,他送她回去。军官命令两个士兵持枪站在他两旁。然后,翻译解释说军官要里格斯向他鞠躬。里格斯拒绝这么做。最后,军官叫里格斯滚回家去。与此同时,妇女见到日军如此对待里格斯先生,惊恐万状,沿汉口路跑走。

里格斯解释道,他没有招惹那个军官,只是将双手插在大衣口袋里在路上走,那位妇女在他前面不远处走着。之后,思迈斯将这一事件的详细经过报告给了日本大使馆。

4. 贝茨 1938年1月8日下午约2点，日军进入金陵大学附属中学将为金陵大学难民收容所从事翻译的刘姓年轻人抓走。贝茨在得知这一情况后想了解日本人抓走他的原因。街上的人们告诉贝茨刘被带到小桃园（金大农业经济系）对面的小粉桥32号。于是，贝茨就去那儿询问情况。在那里，贝茨只是礼貌地问个问题，并没有讲一句抱怨的话，但日本军官十分恼火。日本军官和士兵的粗暴地推搡贝茨。日本军官说他不知道刘翻译被抓一事。之后，日本士兵还殴打了贝茨和打听日本军官房间的中国佣人。当天，贝茨将这一事件的经过报告给了日本大使馆。

5. 麦卡伦 1938年1月27日下午约2点，两名日本士兵闯入金陵大学医院（鼓楼医院）。他们是从天津路上的边门进来，门口挂着美国国旗，进门时不可能看不见。麦卡伦在院子中央的护士宿舍遇到这两个日本士兵。他们扯下一扇纱门，在走廊里来回走动。麦卡伦示意他们出去，并陪他们走到大门，但没有碰他们，也没有以任何方式威胁他们。不过，从麦卡伦的脸上可以看出他们在这里不受欢迎。他们出门时，麦卡伦指了指美国旗，以示他们不应该到这里来。这时穿骑兵靴的一个日本士兵对麦卡伦动起粗来，他抓住麦卡伦的胳膊，推推搡搡差不多走了有100英尺远。这时他拔出刺刀，朝麦卡伦腹部一划。然后，他用刺刀尖顶着麦卡伦的颈脖子，向前轻轻一戳。麦卡伦把头向后一让，只被轻轻刺破点皮。

所幸的是，一名大使馆警察原田（Harada）开车经过这里，麦卡伦向他解释事情的经过。接着，他听了日本士兵对这一事件的说法。然后，警察回到日本大使馆，报告了这一事件，后来又回到医院，表达了大使馆当局的遗憾。他解释说将把这事报告给这些人所属的部队。后来，麦卡伦给阿利森写信，报告了这件事。

6. 汤姆森 1938年6月15日上午约12时，美国公民，金陵大学的教师汤姆森(J. C. Thomson)博士乘坐一辆人力车在南京的街道上行驶。这时,一名日本哨兵将其拦住,提问题,搜身,并打他的耳光。在此过程中,汤姆森没有任何敌意的行为。

事件发生后,汤姆森博士立刻将这一事件报告给美国大使馆。因此时南京的局势已经基本恢复了正常,由此引发了系列的美日外交交涉。当天阿利森陪汤姆森去了日本领事馆,在那里阿利森向日本大使馆提出了强烈的抗议。在副领事春谷(Kasuya)[①]和一位领事馆警察的陪同下,他们来到事件的发生现场,但是那位哨兵被另一名士兵接替。但日本官员记下了地点,并许诺立刻进行调查。阿利森表示期待下午得到一份有关调查结果的报告。阿利森还表示自己给国务院有关这一事件的报告一直延迟到当天晚上,这样日本的报告的内容可能被融入自己的报告中。

尽管阿利森之前也将索恩、里格斯、贝茨给日本大使馆的有关其受到日本士兵攻击的报告的副本、麦卡伦给美国大使馆的信作为附件于 2 月 25 日寄给了国务院,但毕竟索恩、里格斯遭到日本士兵殴打发生在阿利森返回南京之前,贝茨和麦卡伦在遭到攻击后没有立刻向美国大使馆报告。更重要的是,当时整个局势比较混乱,日军的暴行比比皆是。就连阿利森本人也遭到日本士兵殴打,而汤姆森遭到日本士兵的殴打发生在南京的局势已经基本恢复正常后,所以阿利森随即将汤姆森被打事件报告给了国务院。

但与阿利森被打事件后日本当局迅速道歉不同,对于汤姆森被打事件日本采取的策略是不承认日本哨兵打了汤姆森耳光。下午,日本大使馆副领事在当天下午给阿利森的报告中称:“日本宪兵询问了那位哨兵,他承认对汤姆森博士进行了搜身,但是完全否认他打了汤姆森博士的耳光。”阿利森表示,这一解释完全不能令人满意,“因为当汤姆森博士今天

---

① Kasuya 有多种中文翻译,这里相当于音译。

上午到大使馆来的时候，由于他刚才的经历，他仍然是处在紧张的状况下。他的脸上被打的地方有一个模糊的晕红。”阿利森要求日方进行进一步的调查，并向日本领事馆提出了下列要求：“(1) 日本军方代表应该向汤姆森博士进行道歉。(2) 有过失的日本士兵应该受到惩罚。美国大使馆被告知惩罚的内容。(3) 保证日本军事当局采取充分的步骤防止类似的事件再次发生。”并表示：“如果上述要求迅速和令人满意地得到贯彻，我将向(国务院)建议这一事件被认为结束了，并不公开报道。但是我也清楚地表明，这一问题的最终决定权在国务院。”①

三天后，即 6 月 18 日下午，阿利森收到日本总领事的照会，并附有一份日军当局调查汤姆森事件的日文报告。该照会不仅否认日本士兵殴打汤姆森的事实，还倒打一耙，要求美国大使馆对汤姆森进行“规劝”，照会称：

> 日军当局非常重视这一事件，对相关的士兵进行了彻底的调查。然而调查的结果，正如附上的报告明确表明的那样，哨兵从来没有打过汤姆森博士的耳光。日本军事当局甚至有一目击证人，证明哨兵从未如此袭击过汤姆森博士。军事当局准备在任何时候与汤姆森博士进行对证。
>
> 情况既是如此，不仅没有机会考虑您照会里提出的三点要求，而且必须要求您认真考虑以夸大而毫无根据的报告对一位履行庄严职责的日本哨兵进行的羞辱。对此，希望您给予汤姆森博士适当的规劝。
>
> 最后我想通知您，如果像这样侮辱日本士兵的事件将来继续发生，日军当局将保留采取适当措施的权利。

阿利森当即表示，将把这一事件上交给国务院处理。在给国务院电报的最后，阿利森写道：“我觉得日本总领事照会的最后一段几乎构成对

① The Third Secretary of Embassy in China(Allison) to the Secretary of State(Jun. 15, 1938), United States Department of State, *Foreign Relations of the United States Diplomatic Papers, 1938, The Far East*, Vol. 4, Washington: United States Government Print Office, 1955, pp. 357 – 358.

报告日本兵劣行的美国人的威胁。以我的看法,丝毫不用怀疑汤姆森博士陈述材料的准确性。”①

第二天,美国大使馆官员经过努力找到了当时为汤姆森拉车的人力车夫,并获得了他签署的书面陈述材料。有美国公民贝茨博士在场的情况下,车夫在美国大使馆内记录下这一材料,并在上面签了字。贝茨博士还准备了一份文件附在人力车车夫陈述的译文上,以证实他本人的中文知识、译文的准确性以及证明人力车夫是自主作此陈述。在给国务院的电报中,阿利森报告:“该陈述材料支持了汤姆森博士陈述的所有要点,包括被哨兵打耳光的事实。”但阿利森表示,“不想把人力车夫的陈述材料交给日本总领事馆,因为如果日军得知人力车夫的身份可能会对其采取报复行动。”②

6 月 18 日和 6 月 22 日,美国国务卿两次致电美国驻日本大使,分别要求其就汤姆森遭日本士兵殴打及日本总领事馆的照会进行交涉,并在 22 日的电报中表明:“国务院希望你进一步与外务省接触,并表明考虑到事件发生的环境,我们只能认为日本领事给阿利森的照会是不能令人满意的。你可以根据自己的判断补充表达我们的希望,即希望日本政府向日本总领事馆发布指示,撤销他的照会。”国务卿赫尔还指示格鲁:“你也可以说我们不希望将这一事件公开曝光,但是在南京的日本当局的态度可能会迫使我们这样做。”③

但日本外务省坚称:“根据日本总领事收到的报告,日本人所能得到的证据显示汤姆森没有像其指控的那样被打耳光。”外务省补充说,“汤

---

① The Third Secretary of Embassy in China(Allison) to the Secretary of State(Jun. 18, 1938), United States Department of State, *Foreign Relations of the United States Diplomatic Papers, 1938, The Far East*, Vol. 4, Washington: United States Government Print Office, 1955, pp. 363 - 364.

② RG 59, Entry 198 B, location, box1821, National Archives at College Park.

③ The Secretary of State to the Ambassador in Japan (Jun. 22, 1938), United States Department of State, *Foreign Relations of the United States Diplomatic Papers, 1938, The Far East*, Vol. 4, Washington: United States Government Print Office, 1955, p. 369.

姆森博士的孤证将不足以被认为能够推翻日本方面这样的证据。但是如果南京的美国当局能够提供证据确认汤姆森博士的陈述,那么日本当局准备给这一事件以进一步的考虑"。①

显然,日本完全知道,由于日本军队实际控制着南京,美国大使馆的官员是很难找中国证人出面作证指控日本士兵殴打汤姆森的。

在美国国务院表示如果该事件久拖不决美国方面将考虑公布这一事件的全部档案后,日本方面也毫不示弱地表示将公布日本方面的记录。格鲁大使与日本外务省和外相宇垣(Ugaki)②数次交涉后也无进展。

7月底,日本外务省美洲司司长吉泽向美国大使格鲁非正式地建议:"日本当局发表一个与汤姆森事件有关的公开声明,表明尽管日本政府对该案件的事实坚持其立场和信念,但是日本军事当局将向日本士兵强调始终对美国公民保持礼貌态度的重要性和适当性。"与此同时,美国方面将同时发表一个声明:"在经过长期的讨论后,双方得出结论,对该事件的进一步争论是徒劳无益的。尽管美国政府不能就有关汤姆森事件的事实放弃自己的立场和信念,但是考虑到日本人打算告诫其士兵,我们将在适当时候告诫我们的公民,在占领地区对日本哨兵的职责给予适当的体谅。"在给国务卿的电报中,格鲁倾向于接受这一建议。③

在接到这一建议后,赫尔提出了自己的建议。第一方案:"在长期讨论这一问题后,根据这一讨论,我们相信,对该事件的进一步的争论,解决不了任何问题。尽管美国政府继续坚持对汤姆森事件事实的理解,但考虑到日本当局打算告诫日本士兵的声明,我们准备考虑本案已结束。"

---

① The Ambassador in Japan(Grew) to the Secretary of State(Jun. 23, 1938), United States Department of State, *Foreign Relations of the United States Diplomatic Papers*, *1938*, *The Far East*, Vol. 4, Washington: United States Government Print Office, 1955, p. 372.

② 广田之后的日本外相。

③ The Ambassador in Japan (Grew) to the Secretary of State (July 29), United States Department of State, *Foreign Relations of the United States Diplomatic Papers*, *1938*, *The Far East*, Vol. 4, Washington: United States Government Print Office, 1955, pp. 423 - 424.

如果日方不接受这一方案,第二方案为:“在长期讨论这一问题后,根据这一讨论,我们相信,对该事件的进一步的争论,解决不了任何问题。尽管美国政府继续坚持对汤姆森事件的理解,我们相信日本军事当局的意图是在实际执行中,向日本士兵强调对美国公民保持礼貌态度的重要性和恰当性。加上美国公民众所周知地避免出现与日本哨兵产生摩擦的局面的愿望,这一点在留在中国的美国官员中又得到进一步的强化,这将非常有助于预防摩擦。在这些条件下,我们准备考虑汤姆森事件已结束。”在电报中,赫尔特地向格鲁强调:“我们建议你向日本人清楚地表明,我们不准备对我们的立场进行进一步的修改。”①

1938 年 8 月 11 日,格鲁报告了日本方面提出的修改版本:“在长期讨论这一问题后,根据这一讨论,我们相信,对该事件的进一步的争论,解决不了任何问题。尽管美国政府继续坚持对汤姆森事件的理解,但我们相信,建议中的驻华美国官员对目前在日本占领地区美国公民的忠告:克制采取妨碍日本哨兵职责的行动,但不损害美国公民的权利,避免出现与日本哨兵产生困难的局面。加上日本军事当局强调占领区日本士兵对美国公民保持礼貌态度的重要性和适当性的意图将有助于预防摩擦。因此,在这些情况下,我们准备考虑汤姆森事件已结束。”格鲁还暗示他自己同意这一措辞,并表示,“如果建议中的改动国务院乐意接受,日本外务省建议在 8 月 13 日 12 时前(东京时间),在华盛顿和东京向新闻界公布该声明。”②

国务卿赫尔对日本方面暗示日本士兵殴打汤姆森是因为其“妨碍日本哨兵职责的行动”断然加以拒绝,并说明:“在仔细考虑有关汤姆森案

---

① The Secretary of State to the Ambassador(Grew) in Japan(Aug. 3, 1938), United States Department of State, *Foreign Relations of the United States Diplomatic Papers, 1938, The Far East*, Vol. 4, Washington: United States Government Print Office, 1955, p. 427.

② The Secretary of State to the Ambassador(Grew) in Japan(Aug. 11, 1938), United States Department of State, *Foreign Relations of the United States Diplomatic Papers, 1938, The Far East*, Vol. 4, Washington: United States Government Print Office, 1955, pp. 438-439.

件的所有情况和之后与日本当局讨论的内容后，由于确信美国方面没有任何过错，国务院觉得它完全不能同意任何有利于日本方面进一步修改的声明”。但赫尔同时也表示：如果“没有进一步的不利的发展，国务院倾向于不在公布这一久拖不决的案例方面采取主动。”①

这样，汤姆森被打事件最终不了了之。一方面，这反映了美国孤立主义对外交当局的掣肘和影响，在这一思潮的影响下，美国政府在华缺乏必要的制衡日本的手段和意愿；另一方面，尽管与之前发生的类似事件相比，汤姆森遭到日本士兵打耳光并非是一起非常严重事件，但在这一不大的问题上美日双方已经无法在外交层面上达成一致，这是美日关系中的一个重要的转折点和一种新的常态的开端。

四、发生在其他地区的侵害

1. 苏州及长江中下游地区　美国外交档案显示，对中国平民及美国公民财产的侵害不仅发生在南京，也发生在更广大的地区。这也与“广田电报”中所涵盖的日军暴行的范围一致。在苏州西南 10 英里的光福镇，留在那里照顾难民的美国传教士在 11 月 21 日到 12 月 21 日曾数次去过苏州，目睹了日军在苏州恣意妄为、大肆强奸妇女和抢掠财物。在给美国驻上海总领事高斯的一份报告中，这些传教士们写道：

> 我们去苏州的几处教会察看，路上我们必须经过市内最重要的商业区和住宅区。我们看到的每一家店铺、银行和住宅都被闯入，也见到身穿军服的日本兵在这些房子进出。出来的日本兵背着装满丝绸、鸭绒被、枕头和衣物的大包。看来这种抢劫不是个别军人为了个人利益去抢的，而是为了日军的利益，日军军官是了解和同

① The Secretary of State to the Ambassador(Grew) in Japan(Aug. 13, 1938), United States Department of State, *Foreign Relations of the United States Diplomatic Papers*, *1938*, *The Far East*, Vol. 4, Washington: United States Government Print Office, 1955, p. 439.

> 意的。这一点的证据是我们看到有些抢掠的东西被装上了日本的军用卡车。我们看见一辆大卡车停在司令部前，上面满载着中国精美的紫檀木家具。日军在苏州的抢劫骇人听闻，最可怕的还没有叙述……日本掠夺者强奸中国各阶层的妇女。受害人数非常之多。①

高斯在给国务卿的电报中强调："类似的掠夺，无疑在中国许多城市和城镇发生，但可靠的报告要等到传教士被批准回到所在传教区后才能得到。"

几天后，美国驻上海总领事馆收到了11月21日—12月21日期间多次去过苏州的美国传教士有关日军暴行更为详细的报告。高斯将该报告的摘要发给了国务卿：

> (1) 在11月21日，即日本人占领苏州后，美国人拜访了日军总部。他们还察看了浸礼教会的房产，当时其完好。
>
> (2) 在11月24日，他们发现浸礼会房产被闯入，遭到彻底抢劫，并看到日本士兵抢劫"妇女之家"和学校的房屋。在同一天，他们察看了长老会医院，看到一建筑在燃烧，发现行政楼被洗劫。他们还检查了卫理公会医院，发现医生住处的食物遭到洗劫，日本士兵正在抢劫楼上的食物。
>
> (3) 在11月26日，美国人拜访了日本在苏州的指挥官，并留下了美国房产的详细名单。他们在由日军司令部指派的日本军官的陪同下视察了美国传教差会(American Church Mission)，发现美国国旗仍在建筑上飘扬，但是妇女的住所被彻底洗劫。他们看到三名日本士兵正在院落内从事抢劫。他们视察了东吴学院(Soochow Academy)，发现校长办公室和财务室遭到彻底抢劫，所有的保险箱和档案柜都被砸开。他们还发现一位外国人的住所遭到彻底抢劫，

① The Consul General at Shanghai(Gauss) to the Secretary of State(Jan. 25, 1938), United States Department of State, *Papers Relating to the Foreign Relations of the United States, Japan: 1931 - 1941*, Vol. 1, Washington: United States Government Print Office, 1943, p. 570.

教堂被闯入,法衣被抢或是被乱七八糟地扔了一地。

(4) 在 12 月 1 日,他们发现日本士兵在晏成中学(Yates Academy)(见图 4.20)的会计室,该校属于美国浸礼会(American Baptist Mission)的财产。这些士兵正在试图砸开保险柜。第二天,他们再次来到会计室,发现保险柜已经被砸开。他们还看到日本士兵将从浸礼会住所和学校建筑里抢来的物品往车上装。

图 4.20　苏州晏城中学

(5) 在随后的察看中,美国人发现日本士兵对美国财产的进一步抢劫时有发生。

(6) 在 1938 年 1 月 15 日,一队美国传教士访问了苏州,日本领事馆官员和军官陪同他们走访了浸礼会房产。他们发现除了个别房屋外,所有的房屋都被日本部队占据。[①]

根据国务院的指示,美国驻日本大使格鲁分别于 1938 年 1 月 17 日和 2 月 4 日就日军在华抢掠美国财产提交抗议照会。在 1 月 17 日的照会中,格鲁特地提到在"帕奈"号事件发生后,日本政府曾保证,"已经向陆军、海

① The Consul General at Shanghai(Gauss) to the Secretary of State(Jan. 26, 1938), United States Department of State, *Foreign Relations of the United States Diplomatic Papers, 1938, The Far East*, Vol. 4, Washington: United States Government Print Office, 1955, pp. 249 - 250.

军和外交当局发出严格命令，鉴于目前不幸的事件，要更加注意遵守过去三令五申的防止侵害，或是不当地干涉美国和其他第三国权益的指令”。对于格鲁的这一质问，广田多少有些无奈，格鲁描述了广田的回答：

> 他[广田]不明白日本军人怎么会有这些无纪律的事情发生，因为已经向日本陆、海军发出了最严格的命令，要求避免一切妨碍日美友好关系的事件的发生。他要我[格鲁]讲述事件发生的准确日期。我则使他确信，这些事件都是在日本人做出保证后发生的，并且仍然在继续着。他授权我向你[国务卿]报告，作为对我坚持的回应，他将把我的抗议呈交到“最高当局”。①

在2月4日提交照会时，广田告诉格鲁：“大本营已经向在华所有指挥军官发出了最严格的命令，要求停止一切抢劫、破坏行为，并且也已派遣本间(Honma)少将去南京调查，并保证命令得到遵守。广田说，他很有把握地认为抢掠会立即停止。另外，他也授权我通知你[赫尔]，由于正在进行的调查，日本方面将会对所受的损失和破坏进行全面的赔偿。”②

然而，虽然公开的抢劫有所减少，但日军在这些地区对美国利益的侵害并没有停止。3月10日，美国驻上海总领事高斯收到了位于长江中下游地区的美国传教士致国务卿的请愿书。该请愿书指出，自从日本人占领本地区以来，传教士们被拒绝允许进入教会的房产。在他们被迫离开期间，几乎所有的建筑都遭到了抢劫和损坏，一些被火烧毁。因此，他们向国务卿请求：“(1) 对日本军队持续占领美国财产向日本政府提出正式的抗议；(2) 要求对美国教会的财产提供充分的保护；(3) 敦促日本当局允许传教

① The Ambassador in Japan (Grew) to the Secretary of State (Jan. 17, 1938), United States Department of State, *Papers Relating to the Foreign Relations of the United States. Japan: 1931 - 1941*, Vol. 1, Washington: United States Government Print Office, 1943, p. 567.

② Memorandum by the Ambassador in Japan (Grew), United States Department of State, *Papers Relating to the Foreign relations of the United States, Japan: 1931 - 1941*, Vol. 1, Washington: United States Government Print Office, 1943, p. 577.

士自由出入他们的工作地点,并尽早地能够充分使用教会的财产”①。

请愿书还附有一名单,显示在下列地方的美国教会财产目前被日本军队占领:江苏省的常熟、常州、镇江、六合、南翔、昆山、上海、苏州、松江、扬州、无锡和浙江省的湖州、嘉兴。高斯将该请愿书的摘要于3月12日用电报向国务卿报告。

1938年3月26日,美国驻日本大使馆以备忘录的形式向日本外务省再次提出这一问题,并“在提请外务省注意上述情况时,美国大使馆要求日本政府立即采取行动使日军撤出美国房产,并且指示在华日军当局准许美国房产业主或其代表去占用或视察他们的资产”②。

但是一直到1938年8月25日,这一问题也没有得到完全解决。当天驻上海总领事洛克哈特致国务卿的电报中这样写道:“到目前为止,本总领事馆所做的确保日本部队撤出在苏州的属于美国北长老会差会(American Presbyterian Mission,North)财产的努力没有取得成功。”在电报中,洛克哈特回顾了交涉过程以及日本当局从一开始完全否定日本军队占据美国房产,到后来否定日军破坏美国财产。美国驻上海总领事不得不承认:“在日本军队占据这些建筑九个月后,本总领事仍无法从日本人那里得到任何关于他们将如何打算这些美国房产的声明,也没有得到他们是否会撤离、何时撤离和将这些房产归还其主人的任何保证。”③

① The Consul General at Shanghai(Gauss) to the Secretary of State(Mar. 12, 1938), The Consul General at Shanghai(Gauss) to the Secretary of State(Jan. 26, 1938), United States Department of State, *Foreign Relations of the United States Diplomatic Papers, 1938, The Far East*, Vol. 4, Washington: United States Government Print Office, 1955, p. 290.

② The American Embassy in Japan to the Japanese Ministry for Foreign Affairs(Mar. 26, 1938), United States Department of State, *Papers Relating to the Foreign Relations of the United States, Japan: 1931 - 1941*, Vol. 1, Washington: United States Government Print Office, 1943, p. 588.

③ The Consul General at Shanghai(Lockhart) to the Secretary of State(Aug. 25, 1938), United States Department of State, *Foreign Relations of the United States Diplomatic Papers*, 1938, *The Far East*, Vol. 4, *Washington: United States Government Print Office*, 1955, pp. 452 - 453.

对于日军军队这种明目张胆的侵权行为，美国政府显得有些软弱无力，或者说没有什么有效的制衡措施，处在不利的地位。这一点，约翰逊大使早在1938年2月就看得很清楚。在2月15日给国务卿的电报中，约翰逊概括了日本对美国在华利益实质性的侵害：

> 日本向美国保证它没有破坏美国利益的打算。当美国的财产被损害时，日本迅速赔偿了损失。日本表达了遗憾，并对侮辱和伤害进行道歉。但是随着日本的军事机器残酷无情地向前滚动，并摧毁其前进道路上的一切东西，美国的利益遭到实质的和不利的影响也越来越明显。[我们]目睹了日本接管中国海关，制定新的对日本贸易有利的关税，进口日本货物，如煤油和人造纤维到华北而不支付关税，摧毁在苏州和无锡的美国教会的房产、医院和学校，继续占领上海的美国浸礼会学院，占领北平的清华。我们撤出我们的公民，当他们返回时，他们的生意遭破坏，教会被洗劫，而且无法认定是谁破坏的，因为[他们]没有目睹这一破坏的过程。在许多情况下，日本军队已经完成了对某一地区的占领。敌对行动早已结束，撤退的美国人仍不被允许返回他们岗位，经营他们的生意。我发现很难设想任何可能有助于美国人能够恢复到战前他们生活和工作状况的计划。美国商人不能指望在重建阶段开始后在已经很少的商业机会上与日本人进行竞争，当然，将其生意卖给日本人除外……美国的未来利益，包括经济、商业和文化，全部将会受到各种困难的困扰，以至于其中的许多人将会气馁，并放弃这一领域。①

随着时间的推移，约翰逊大使的这一看法逐步得到验证，并成为美国决策者的共识。到1938年底，以"桐油贷款"为标志，罗斯福政府开始

---

① The Ambassador in China(Johnson) to the Secretary of State(Feb. 15, 1938), United States Department of State, *Foreign Relations of the United States Diplomatic Papers*, 1938, *The Far East*, Vol. 4, *Washington: United States Government Print Office*, pp. 267 - 268.

出现了援华制日的倾向。用美国学者弗雷德里克·亚当斯(Frederick C. Adams)的话说,“面对日本不断的侵略,通过华盛顿进出口银行,美国政府开始承担起援华的责任”,它是“通向珍珠港之路”的第一步。①

2. 芜湖诊所事件　由于“帕奈”号事件发生地靠近芜湖的缘故,以及阿利森在返回南京受阻后首先到达芜湖,并向国务院报告了日本占领芜湖后的情况,加之芜湖有美国医院,日军在芜湖的行为与南京有很多相似之处。因此,日军在芜湖的行为是日军南京暴行的一个重要组成部分。实际上,在东京审判中检方收集的有关日军南京暴行的证据就包括了美国南京大使馆档案中的日军在芜湖的暴行记录。

图 4.21　芜湖总医院

1938 年 7 月下旬,芜湖总医院(见图 4.21)的布朗医生给阿利森去信,讲述了发生在芜湖的诊所事件。该诊所位于一座小教堂内,该教堂与芜湖总医院属于同一教会。该建筑曾被日本陆军的一支部队占用了一段时间,但在 5 月底被正式交还给了教会。现在诊所所在的建筑上插着美国国旗,并贴有日本领事馆的布告,说明它是美国财产,应该受到应有的保护。

---

① Fredercik C. Adams, The Road to Pearl Harbor: A Reexamination of American Far Eastern Policy, July 1937 - December 1938, *The Journal of American History*, Vol. 58, No. 1, Jun., 1971, p. 74.

7月20日，一名日本宪兵就有关该诊所的情况盘问布朗医生，后者回答了所有问题。7月24日，布朗医生被叫到宪兵总部，在那里一位低级军官通知他，该诊所应该停止运行，只有在向日本人提出申请，并得到批准后才能重新运行。布朗医生回答说日本领事知道这个诊所的存在。尽管布朗医生愿意向日本人提供任何其希望得到信息，甚至让这个诊所在日本人那里注册，但是他看不出在注册期间，该诊所的工作应该停止的理由。在进行了讨论后，日本人给了他注册表，他填了该表，并在当天下午将表格交给了日本当局。

在7月25日下午，日本人通知芜湖总医院，要求医院填写另一份申请表。但是这个消息显然来的太迟，医院无法按照要求在下午4时之前完成，因为日本宪兵办公室是在4时关门。

之后，两名日本士兵和一名军官来到诊所，要求芜湖总医院的美国医生摩根(Morgan)去他们的总部讨论这一问题。摩根医生回答说，行政管理问题不是他负责的，他要求士兵找总医院的布朗医生。当时，那名军官命令士兵将摩根医生带到宪兵总部。这两个士兵于是抓住摩根医生，用力扭住他的臂膀，并强迫他与他们一起走。大约在下午4时30分，布朗医生得到这一消息后立即前往诊所，然后前往宪兵总部。在路上他遇到了摩根医生，他已被释放了。随后，他们俩前往日本当局那里，并进行了抗议。

8月2日，布朗医生再次给阿利森写信，说日本方面继续企图让芜湖总医院关闭该诊所，除非得到日本当局的批准。日本领事的代表告诉布朗医生，日本军事当局表示，如果该诊所关闭三天的话，将给该诊所开业许可。这位领事代表告诉布朗医生，由于芜湖位于被占领的区域，没有军方的批准什么事也做不成，并且暗示该诊所可能会被强行关闭。布朗医生告诉阿利森，他打算继续运行这个诊所，除非国务院指示其关闭，他要求得到阿利森的指示。

8月4日，在给国务院的电报中，阿利森认为："我感觉这里涉及的原则是相当重要的，它将影响到美国机构在被占领地区的运行。因此，要求得到指示，明确我是否得到授权通知当地的日本当局，美国政府不能够承认日本当局干预美国公民和机构合法活动的权利，并谦恭地要求[日本有关方面]向芜湖的日本当局发指示，为医院和诊所的工作提供保护。"①

当天，国务卿赫尔即给美国驻上海总领事发电报，表示"国务院批准有关阿利森采取行动的建议，并希望你迅速和有力地将该案件与上海合适的日本当局进行交涉"②。

第二天，国务卿又指示美国驻日本大使格鲁就"这个问题积极地与日本外务省交涉，并要求迅速采取措施阻止芜湖日本军队武断地采取不可原谅的行动，否则将是故意和明显地侵犯美国人的权利，并确保美国教会诊所的成员将不再遭受日本军队的进一步骚扰。"③

根据国务卿的指示，美国驻上海总领事洛克哈特与日本驻上海的外交代表进行了交涉。1938 年 8 月 8 日，日本驻上海总领事日高打电话给洛克哈特，表示已经向芜湖的日本军事当局发出指示，要求其不要干涉该诊所的运行。日高还认为这样的指示将会有效地防止出现进一步的困难，这个"问题已经得到和平的调整"。

8 月 18 日，布朗医生（见图 4.22）乘英国炮舰访问了南京，并告诉美国大使馆官员，日本对诊所的干扰已经停止。但在 8 月 20 日，布朗医生

---

① The Third Secretary of Embassy in China(Allison) to the Secretary of State(Aug. 4, 1938), United States Department of State, *Foreign Relations of the United States Diplomatic Papers*, *1938*, *The Far East*, Vol. 4, Washington: United States Government Print Office, 1955, p. 428.

② The Secretary of State to the Consul General(Lockhart) at Shanghai(Aug. 4, 1938), United States Department of State, *Foreign Relations of the United States Diplomatic Papers*, *1938*, *The Far East*, Vol. 4, Washington: United States Government Print Office, 1955, p. 429.

③ The Secretary of State to the Ambassador(Grew) in Japan(Aug. 5, 1938), United States Department of State, *Foreign Relations of the United States Diplomatic Papers*, *1938*, *The Far East*, Vol. 4, Washington: United States Government Print Office, 1955, p. 431.

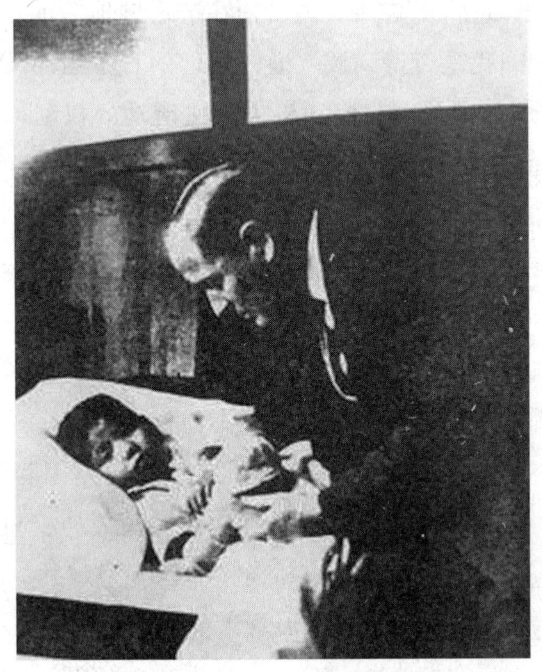

图 4.22 布朗医生察看病人

通过英国炮舰给美国大使馆发来一封电报:"今天下午 4 时,日本军方派来了一位翻译,要求我交出护照,没有说明原因。我要求一封说明原因的信,该翻译回答说不会有这样的信,如果不交出护照的话,明天将采取措施阻止我离开医院。毫无疑问,这是对我拒绝关闭诊所进行报复,还因为 4 月我在没有日方通行证的情况下乘美国军舰'瓦胡'号去上海。之所以没有申领通行证,是因为提出申请后我等了一星期,这时'瓦胡'号突然到达芜湖……请通知国务院和总领事要求向日本军方施加压力使其不要继续做出这种使人恼火的行为和干涉美国人的权利。"①实际

① The Second Secretary of Embassy in China (Smyth) to the Secretary of State (Aug. 21, 1939), United States Department of State, *Foreign Relations of the United States Diplomatic Papers, 1938, The Far East*, Vol. 4, Washington: United States Government Print Office, 1955, pp. 447 - 448.

上，日军芜湖当局之所以报复布朗医生，与他在 1937 年 12 月日军占领芜湖后多次向美国政府报告日军的暴行，包括日本士兵侮辱美国国旗的案例有着很大的关系。

经过南京和上海的美国官员的交涉，芜湖的日本军事当局最终放弃了报复布朗医生的企图。

第五章　原因与影响

第一节　南京暴行的原因

一、美国官员的分析

有关日军南京暴行原因，国内研究已有从军事战略、心理原因、食物储备、历史、军队结构等层面进行了分析研究。[①] 由于本研究的主题所限，这里不就日军暴行的原因做进一步的探讨，而是概述美国外交文件中美国官员是如何分析日军暴行的原因及日本官员在不同场合对此是如何解释的。这不仅为日军南京暴行原因的研究提供了一个新的视角或者是一个有益的补充，而且也表明在当时日军的暴行就被美国和日本

---

① 王卫星：《日军部署及战略意图与南京大屠杀的原因》（《江海学刊》，2007 年第 6 期）、姜良芹：《“速战速决”失败后的疯狂报复——侵华日军南京大屠杀原因新探》（《民国档案》，1999 年第 4 期）、肖守库、耿茹：《析日军南京大屠杀的心理原因》（《河北北方学院学报》，2005 年第 6 期）、王卫星：《南京大屠杀时日军官兵心态探讨》（《民国档案》，1997 年第 4 期）、屈胜飞：《论 1937 年沦陷前南京市粮食储备数量》（《中国社会经济史研究》，2013 年第 4 期）、孙宅巍：《南京大屠杀原因探索》（《东南文化》，1995 年第 3 期）、经盛鸿：《论侵华日军南京大屠杀的历史动因》（《长白学刊》，2006 年第 5 期）、杨夏鸣：《南京暴行：日军行为的背后的制度安排研究》（《江海学刊》，2007 年第 6 期）。

各级官员所知晓。美国官员认为日军南京暴行的原因可以概括为下列几种：

1. “消除西方影响”说　也就是日本军队企图通过在南京，特别是在西方人士建立的“安全区”内为所欲为，向中国人展示西方人士是无法向他们提供保护的，进而增进日本对中国的影响力。

1938年1月11日，在给国务卿赫尔的电报中，美国驻中国大使约翰逊提出了这一观点。在电报中约翰逊认为“整个局势错综复杂”，“东京官方有关日本对中国大陆意图的声明”与“由松井石根所代表的陆军和在上海的年轻军官以及新近被任命为日本内政部长的海军上将末次(Suetsugu)打算在中国追求的目标”并不一致。约翰逊指出：“实际上，日本政策的目的是为消除西方对中国影响及排除西方在中国利益”，“我甚至相信日本士兵在南京的行为——他们对放下武器的中国士兵进行了大规模的处决，这些中国士兵向组建非战斗人员避难的安全区的外国人委员会交出了他们的武器——的部分动机是希望使中国人相信，他们不能有指望白人干预的任何想法。我们似乎正面对一批年轻的日本浪人，他们不能容忍来自东京的控制。他们对他们行动可能对日本与西方大国的关系产生不利影响表示出完全不计后果的鄙视。他们相信全世界对[日本]违反远东相关条约条款和第三国的权利和利益的行为除了进行口头抗议外，没有为其他的行动做好准备。”①这一观点来自约翰逊大使在中国的亲身体验，与其身份和地位有着密切的联系。这与日本激进势力所声称的“大东亚战争”的目的是“解放亚洲”多少有些不谋而合。

实际上，罗斯福在分析日本轰炸“帕奈”号背后的动机时也有类似的分析。美国内政部长在其日记中记录了罗斯福的看法：“首先，对美国傲慢的攻击，如果未受到谴责，将会给中国人留下(日本)有权势和强大的

① The Ambassador in China (Johnson) to the Secretary of State (Jan. 11, 1938), United States Department of State, *Foreign Relations of the United States Diplomatic Papers, 1938, The Far East*, Vol. 3, Washington: United States Government Print Office, 1954, pp. 12 - 13.

印象。其次,日本想让所有的西方大国在长江,实际上,在中国的任何地方感到不自在。最后,日本在考虑用武力将所有西方人赶出中国。"①

2.“奖赏”与“报复”说　即日军在南京的暴行,特别是强奸和抢劫是对占领军的一种奖赏。曾积极支持在汉口成立安全区委员会的美国驻汉口领事贾维斯(R. Y. Jarvis)在日本占领汉口前,分析了日本占领汉口后是否会重复其在占领南京后的行为。他的结论是:“这一答案主要是在于日本人和中国人,但是决定的因素是外国列强的态度,特别是美国的态度。”接着,他间接阐述了日军南京暴行原因:“在南京发生的一切和日本占领的许多其他地方[所发生的事件]是日本人对待被占领城市的通常做法,其使外国人极为震惊的残忍行为不是纪律松弛的结果。抢劫、强奸和屠杀的许可正是对获胜日本军队正常的奖赏,在此次战争中无论如何都是这样,正像过去发生在其他军队身上一样。”他继续写道,“许多观察家认为日本人在汉口的行为不会比他们在南京的所作所为要好,除非一些约束措施能够对日本军队产生制约。并且,中国人抵抗的越顽强,将日本占领汉口时间拖延的越长,当他们[日本人]最终到达汉口时,其行为将会越糟糕”②。显然,贾维斯在暗示报复也是日军南京暴行的原因之一,其背后的逻辑是由于中国军队在上海地区进行了激烈和长时间的抵抗。在日本进攻南京前,中国守军又拒绝按照日本人所要求的那样打开城门投降,所以占领南京后日军的行为是对中国人的报复。

3.“失控”说　日本军队已经不受日本政府的控制。这一看法在美国外交文件中多次被暗示或是提出,如在1月17日给国务卿的电报中,格鲁引用了广田的困惑:“外相说他不明白日本军人怎么会有这些无纪

① 美国内政部长在其日记中记录了罗斯福的分析,参见 Harold L. Ickes, *The Secret Diary of Harold L. Ickes*, New York: Simon and Schuster, Vol. II, 1954, p. 275。

② Memorandum by the Consul at Hankow (Jarvis), on Leave in the United States, United States Department of State, *Foreign Relations of the United States Diplomatic Papers, 1938, The Far East*, Vol. 4, Washington: United States Government Print Office, 1955, pp. 478－479.

律的事情发生，因为已经向日本陆、海军发出了最严格的命令，要求避免一切妨碍日美友好关系的事件的发生。”[1]罗斯福更是明确地提出了这是日军暴行的原因。1938年1月21日，在看过阿利森1月18日编号为27的电报[2]和美国驻日本大使格鲁1月19日编号为39号的电报[3]后，罗斯福于1月21日给国务卿赫尔去信，指示：“我倾向于认为我们可以考虑将它(阿利森电报)或是类似的电报予以公开发表，以便为证明日本政府在制止日本士兵抢劫方面无能为力。以及，证明日本军队要么不愿

① The Ambassador in Japan (Grew) to the Secretary of State, United States Department of State, *Papers Relating to the Foreign Relations of the United States*, *Japan*: *1931-1941*, Vol. 1, Washington: United States Government Print Office, 1943, p. 567.

② 该电报全文：从1月15日中午到今天中午，大使馆接到了15起日本士兵非法进入美国房产的报告，在上述非法进入过程中，除了美国公民及机构的财物被这些闯入的日本士兵抢走外，在那里避难的10位中国女难民被强行抓走。最新的也是最明目张胆的一起发生在今天早上，日军乘两辆卡车闯入属于基督会的一个院落，拿走一架钢琴和其他财物。为了搬走钢琴，他们破坏了该院落的一大段围墙。基督会的一位美国成员说，今天早上他还看见围墙是完好的。在围墙被推倒后，我本人在下午1时45分去察看，我可以确认事件是发生在先前的3小时内，因为今天早上下过雨，而倒下围墙的碎砖头却完全是干的。我再三要求日本大使馆关注这些问题，因为它们仍然每天都在发生，但我不得不得出这样的结论，即日本大使馆在制止此类的抢劫方面无能为力，而日本军队或是不愿意，或是无法向美国的财产提供充分的保护。自1月15日至今，局势没有明显的改善。也正是在那天，根据1月15日下午5时东京发给上海的电报，日本陆军省指示南京的日本军事当局制止士兵非法进入属于美国人的房产。转发汉口大使馆和上海，请上海转发东京。

③ 该电报全文如下：作为供我参考的绝密情报，我的英国同事给了我一段电报的内容，报告日本军队在南京的行为，该电报是1月15日来自驻上海英国大使馆。由于我们还没有来自上海或是其他地方有关这一问题的详细报告，我将发给我的文本转发给你，如下：

“我被秘密地提供了二份独立，完全可信的有关日军犯下的暴行的报告，它们来自在南京的一位美国传教士和在芜湖的一位传教士医生，当日本人进入上述城市时他们仍然在他们的岗位上。报告引述了在日本占领南京的最初几天发生在南京的美国大学建筑内的大约100起得到证实的强奸案例。给我这些报告的基督教总会的博恩顿(Boynton)神父说，在日本军队入城后不久，来到南京的日本大使馆官员因看到难民区内及周边地区公开发生着酗酒、杀戮、强奸和抢劫的放纵行为而感到恐惧。日本军官(对此)完全冷漠的态度很可能是他们故意在这座城市里放纵军队，并以此作为一种惩罚的手段。由于没能对军队指挥官产生任何影响，加上日本军方对通讯的控制，这些使馆官员放弃了向东京发电报的希望，甚至向传教士建议，应该尝试在日本公开这些事实，这样在公共舆论的影响下，日本政府将会被迫控制日本陆军。我被许诺将得到来自苏州和杭州目击者的报告，在那里日本军队的行为同样糟糕，有关他们在上海周围地区的行为的报道，明显证明了其真实性，正在传来。”转发北平再传递给汉口。

意，要么无法向美国财产提供充分的保护奠定基础，有关美国教会和在美国房产内的中国女难民的案例提供了很好的例证。我倾向于认为，现在到了厘清中国总的局势的时候了，这有助于显示日本政府和日本军队的区别。几乎没有美国人能够反对我们保护美国人免遭一支军队的侵扰，而该军队已经不受其国内的文职政府的控制。”①实际上，美国政府文件及官员的日记中也多次提到或是认为，日本政府无法控制日本军队，并认为这是日军暴行的重要原因。

二、日本官员的解释

由于日军在南京的暴行——从轰炸城市、平民，到炸沉“帕奈”号及其他美国船只，再到屠杀平民和俘虏、强奸妇女、抢劫财物、焚烧房屋及侵害美国利益——频频发生，日本官员不断遭到来自美国各级外交官员的抗议和交涉，因而也不得不对日军暴行进行某种解释。这些解释被多次记录、保存在美国外交文件中，梳理、研究日本官员对南京暴行的解释有着独特的意义。实际上，这种解释的本身就说明了日军南京暴行的真实性及普遍性。日本官员对南京暴行的解释可概括为：

1. “放纵军队”说　日军对中国平民和俘虏的暴行是日本军官故意放纵所造成的。正如前文所述，1938 年 1 月 15 日，英国驻上海的大使馆给英国驻日本大使发去一封电报，英国大使又将该电报作为绝密情报提供给了美国驻日本大使格鲁，供其参考。1 月 19 日，格鲁将该情报文本发给了国务卿赫尔，该情报讲述了日军暴行的原因：

> 在日本军队入城后不久，来到南京的日本大使馆官员因看到难民区内及周边地区公开发生着酗酒、杀戮、强奸和抢劫的放纵行为而感

① President Roosevelt to the Secretary of State(Jan. 21, 1938), United States Department of State, *Foreign Relations of the United States Diplomatic Papers*, *1938*, *The Far East*, Vol. 4, Washington: United States Government Print Office, 1955, p. 243.

到恐惧。日本军官[对此]完全冷漠的态度很可能是他们故意在这座城市里放纵军队,并以此作为一种惩罚的手段。①

实际上,日本各级军官对士兵的放纵,甚至直接参与暴行在其他史料中也得到佐证。② 这应该是日军南京暴行的最直接原因。

2. "控制力量不足"说　1938 年 1 月 17 日,格鲁就日军在南京等地的暴行向广田提交了抗议照会。2 月 12 日,广田进行了回复。在照会中,广田称其"仔细阅读了上述照会"并老调重弹地称:"日本政府一直毫不动摇地继续尽可能地尊重美国及第三国在华之权益的政策,日本政府在各个场合多次重申了这一点。鉴于去年 12 月发生的不幸事件['帕奈'号事件],正如阁下已从我去年 12 月 24 日的照会中获悉,日本政府又一次向在华的日本军事当局发布最严格的命令,要求其比以前更密切地关注有关外国人权益问题。"广田也承认:"尽管采取了这些步骤,但日本政府仍十分遗憾地收到阁下的上述照会"。广田称,日本政府立即向当地的日军当局发出全面调查令,经调查"在南京一些案例的发生是因为该城的控制力量不足,这是由于[当局]所派的保护第三国权益以及一般治安任务的部队不足。这一点是由前线军队的频繁调动、换防和肃清城里的残兵败将及中国不法分子的任务造成的,也是难以避免的。"

广田还讲述了日本采取的所谓措施:"日本政府又一次于(1938 年)1 月 15 日及 20 日发出严厉指示,目的是使上述命令得到各有关当局的充分了解和彻底执行。与此同时,有关当局,特别是最高军事指挥官,对此十分关注,一直在尽其所能,以便圆满地解决相关问题。他们要求现地

---

① The Ambassador in Japan (Grew) to the Secretary of State (Jan. 19, 1938), United States Department of State, *Foreign Relations of the United States Diplomatic Papers, 1938, The Far East*, Vol. 3, Washington: United States Government Print Office, 1954, pp. 37 - 38.

② 如日本上海派遣军第 16 师团师团长中岛今朝吾在其 12 月 13 日的日记里写道:"在天文台附近的战斗中,俘获一名敌工兵学校的教官工兵少校,得知他了解地雷埋设的位置。经讯问,该教官称,他并不了解全部地雷的位置,当即被步兵砍死。这些士兵老爷真令人没有办法。"(王卫星编:《南京大屠杀史料集·日军官兵日记》,江苏人民出版社,2005 年,第 278 页。)

当局尽可能迅速地确认与每一事件相关的事实，对当事人根据军法进行适当地处理，并对损害进行赔偿。”①也许，广田所言都是实情，但日本军队并不买账，对于上级命令置若罔闻。在某种程度上，广田的陈述似乎印证了美国政府认为日本政府无法控制其军队的看法。

3. “供应不足”说　1938 年 2 月任南京卫戍区司令的天谷少将，在一次面向南京的外交官员的演讲中，列举了导致日军暴行的客观原因：一是“长时间、艰巨的战斗和未曾预料到的中国人的强烈抵抗”；二是“日本军队迅速地推进引起了食物供给的缺乏，军队的筋疲力尽导致了纪律的缺失，因此造成了抢劫和暴力”。但他补充：“日本军队是世界上纪律最好的，在日俄战争和相对轻微的满洲事件中，没有发生暴行。日本方面现在正在做出努力以恢复纪律。日本军队对中国居民并没有敌意，但是他们对后者中存在狙击手和间谍感到愤怒，这些都是蒋介石向中国民众和中国士兵长期灌输反日思想的结果。”②尽管他也尽其所能为地日军的南京暴行开脱罪责，为日军的行为寻找借口，但他承认了“食物供给的缺乏”和“长时间、艰苦的战斗”导致南京发生了“抢劫和暴力”事件。

在一份照会中，日本外相广田也曾解释为征用粮食导致了日军的抢劫和进入外国的房产：“当时由于供应线被临时切断，于是只好就地获取补给，由于居民的反抗，因此不得不征用”。尽管在进入杭州之前，日本军事当局已向各支部队的指挥官就有关保护第三国之权益发出严格的指示。此外，又在军队进入市区时，派出宪兵在属于第三国公民财产的建筑上贴上通告，以保证其受到保护。但是，“由于征用粮食必须在晚上进行，而且

---

① The Japanese Minister for Foreign Affair(Hirota) to the American Ambassador(Grew) in Japan(Feb. 12, 1938), United States Department of State, *Papers Relating to the Foreign Relations of the United States, Japan: 1931－1941*, Vol. 1, Washington: United States Government Print Office, 1943, pp. 580－581.

② The Third Secretary of Embassy in China(Allision) to the Secretary of State(Feb. 6, 1938), United States Department of State, *Foreign Relations of the United States Diplomatic Papers, 1938, The Far East*, Vol. 3, Washington: United States Government Print Office, 1954, pp. 72－73.

当时战斗又正在进行着，因此他们可能没有认出美国国旗和上述通告。此外，由于第三国公民的财产是与中国人的混杂在一起，又找不到这些房产的主人，因此，执行征用任务的小队可能在识别这些房屋方面了犯了错误。……由于上述情况，如果在杭州有日军错误地进入第三国公民拥有的房产，其目的是征用粮食或搜查中国的残兵败将，这些是为了执行军事任务所采取的措施而引发的事件。"①尽管广田这里是以杭州为例，但这一解释所适用的范围应该具有普遍性。

4. "没有明晰的标志"说　外国房产没有清晰的标志导致日军误入而引发抢劫及其他暴行。广田在 1938 年 2 月 15 日给格鲁的照会中声称："日军自一开始即努力执行严格尊重第三国在华之侨民及其权益的政策"，而 "第三国人民财产偶然受到某种程度的损失，这是因为未能明确第三国房产所在地，而上述房产也没有明晰的标志，或因为该房产被用作军事用途。"他要求外国居民要："(1) 除设立平面标志以便从高空分辨清楚外，还要设置大的垂直警告标识，这样在路上从远处就能看清楚；(2) 有可能时在街道地图上标明上述资产之准确地点，并把这地图连同该房产所制备的警告标识交到就近之皇军当局或最近之日本大使馆或领事馆处；(3) 不准中国军队使用这些警告标识；(4) 不准中国军队驻扎在这些房产的附近，或在这些房产内设立军事机构；(5) 发生损失时立即通知就近的皇军当局或最近之日本大使馆或领事馆"②。

这里广田企图将日军暴行的责任转嫁到外国居民的身上，美国国务院对此无理要求予以断然拒绝。特别值得一提的是，尽管广田等在分析

① The Japanese Minister for Foreign Affair (Hirota) to the American Ambassador (Grew) in Japan (Feb. 12, 1938), United States Department of State, *Papers Relating to the Foreign Relations of the United States, Japan: 1931 – 1941*, Vol. 1, Washington: United States Government Print Office, 1943, p. 581.

② The Japanese Minister for Foreign Affair (Hirota) to the American Ambassador (Grew) in Japan (Feb. 15, 1938), United States Department of State, *Papers Relating to the Foreign Relations of the United States, Japan: 1931 – 1941*, Vol. 1, Washington: United States Government Print Office, 1943, pp. 583 – 584.

日军暴行的原因时总竭力避重就轻，寻找客观因素为日军开脱责任，但这些官员从来都没有直接否认日军暴行存在的事实。

5. "缺乏纪律"说　1938 年 4 月 17 日，《芝加哥每日新闻》(Chicago Daily News)驻华北代表斯蒂尔(A. T. Steele)(见图 5.1)在新京[①]与关东军副总参谋长石原完尔(Kanji Ishihara)少将有一次交谈，谈话涉及南京的话题。斯蒂尔写道："针对日军占领中国首都南京后的抢劫行为的报道发表的评论中，石原将军强调指出，如果这些报告属实，那么松井将军应该对日本军队的行为承担全部责任。他说日本陆军的士气从没有像今天这样低落过。他抨击目前日本军队的缺乏纪律的现象。"[②]由于远离事发现场，石原完尔的评价可能更接近事实。

图 5.1　斯蒂尔在中国采访

① 即长春。

② 在这次谈话的第二天，斯蒂尔去了美国驻哈尔滨领事馆，将谈话内容告诉了领事乔治·梅里尔(George R. Merrell)，后者将谈话内容发给了驻华大使馆约翰逊，后来又发给国务院。参见 The Consul at Harbin(Merrell) to the Ambassador(Johnson) in China(Feb. 16, 1938), United States Department of State, *Foreign Relations of the United States Diplomatic Papers*, *1938*, *The Far East*, Vol. 3, Washington: United States Government Print Office, 1954, p. 94.

第二节　南京暴行的影响

一、罗斯福的回应

正如前文所述，淞沪战事爆发后，从8月15日开始，日军飞机对中国首都南京进行了近四个月的猛烈轰炸。日军飞机对党政机关、军事设施、交通设施、广播电台等重要目标进行持续轰炸，并殃及医院、大学等民用设施及商业区和居民区，造成大批平民的伤亡和财产的损失。

在此期间，日本当局还蛮横地威胁外国人全部撤离南京，并断然拒绝了驻南京的外交使团提出的在南京建立一个免遭轰炸的“安全区”的要求。日军这种公然违反国际法和人道主义原则的行径，引起国际社会的强烈反响和愤慨。9月26日，中国驻国联代表顾维钧在国联公开会议上敦促国际社会谴责日本侵略及违反国际法和相关条约的行径，并要求国联顾问委员会研究相关措施。作为回应，英国副外务大臣罗伯特·克兰伯恩(Robert Cranborne)就日军飞机轰炸中国城市的野蛮行径提出动议，并得到法国外长德尔博斯(Delbos)的附议及瑞典外长桑德勒(Sandler)、苏联外长李维诺夫(Litvinov)的支持。该动议于9月27日在国联顾问委员会通过。接着，国联代表大会于9月28日一致通过决议，谴责日军飞机轰炸中国城市的野蛮行径。

就在国联代表大会通过上述决议的当天，美国国务院发表公告，对国联的这一决议表示支持，并强调指出：“美国政府多次向日本提出，特别是在9月22日的政府照会中指出，在任何居住有大量平民的广大地区进行普遍轰炸都是没有正当理由的，也是与法律和人道主义原则相背离的。”①

---

① Press Release by the Department of State on Sept. 28, 1937, United States Department of State, *Papers Relating to the Foreign Relations of the United States, Japan: 1931 - 1941*, Vol. 1, Washington: United States Government Print Office, 1943, p. 506.

考虑到美国的非国联成员身份，美国政府的这一举动非同寻常。这一举动的背景是美国民意对日军轰炸南京的谴责。美国破译的日本驻美国大使斋藤于9月28日致外务省的电报介绍了美国民众对轰炸的反应：

> 尽管日本声明，最近对南京和广东的轰炸的目标是这些地方的军事设施，但这些轰炸在这里[美国]被认为是直接对准非战斗人员，目的是打击他们的士气，摧毁他们的抵抗精神，因而使得战场变得对我们有利。因此，这些攻击引起了对中国人的巨大怜悯和同情。这里的报纸在直言不讳地攻击他们所称的“日本的野蛮和非人道行为”方面变得几乎完全一致。民意认为（已成为无线广播的主题）要日本反思其野蛮和非人道是无济于事的。唯一有效的方法就是断绝与日本的商业关系，这样对其财政造成致命的打击，而财政是其军事力量的基础。①

此外，支持国联谴责日军暴行的这一举动在很大程度上也反映了罗斯福个人的态度。罗斯福的亲信、副国务卿韦尔斯（Sumner Welles）在其回忆录中透露：尽管罗斯福完全意识到纳粹德国直接或者间接控制欧洲后，在未来对美国所构成的威胁，“但我希望明白无误地表明，1937年，罗斯福对日本威胁的关注要远远地超过前者。正是在那个夏初，他开始跟我谈及建立一个海军屏障[封锁]的可能性，后来称之为‘隔离’”。由于美国国内政治的干扰及日本侵略的不断升级，“直到10月他才直截了当地说出来”。② 韦尔斯这里所指的就是罗斯福总统于1937年10月5日在美国孤立主义的大本营芝加哥发表的“隔离演说”（Quarantine Speech）。

---

① RG 457, Location: 190/37/13/01, Box 286, National Archives at College Park.

② Sumner Wells, *Seven Decisions that Shaped History*, New York: Harper, 1950, p. 8.

图 5.2　罗斯福发表“隔离演说”

罗斯福的演说(见图 5.2)充分体现了其对日本侵略行径的谴责,指向性十分明确。他列举了日本违反国际法的种种行径:“未经宣战、没有警告或任何理由,平民,包括妇女和儿童被从天而降的炸弹无情地杀戮。在和平时代,在没有原因或警告的情况下,船只受到潜艇的攻击而被击沉……①为了贪婪的权势和取得优势地位,无辜的民众和国家正被残忍地宰割。这一做法完全缺乏正义感和人道考虑。”在告诫美国及任何国家都难以独善其身后,罗斯福提出了应对之策:“爱好和平的国家必须做出协调一致的努力,反对这些违反条约和忽视人类天性的行径……不幸的是,世界上无法无天的传染病似乎正在蔓延。当现实的传染病开始流行时,为了保护社区的健康,社区的民众赞成并参与对病人的隔离,以防止疾病的蔓延……无论是否宣战,战争具有传染性,它可以影响远离冲突起源地的国家和人民。我们决心置身于战争之外,然而,我们无法确

① 平民、妇女、儿童被炸身亡指的正是日机对南京的轰炸。而潜艇攻击渔船事件指的是 1937 年 9 月 22 日上午 9 时,一支包括香港渔船在内的中国渔船队,在香港水域遭到一艘浮出水面的日本潜艇的攻击,造成多艘渔船被毁,大量人员伤亡。从罗斯福列举的这两个案例也可看出其演讲的指向性。

保自己不受到战争灾难性的影响,也无法避免卷入战争的危险。”①

美国有学者在评论该演说所针对的对象时指出,“尽管罗斯福在隔离演说中没有提及日本,但毫无疑问,在他头脑中考虑最多的是日本对中国的侵略”②。事实上,罗斯福的“隔离演说”在很大程度上是针对日本发动全面侵华战争,尤其是日机轰炸南京等中国城市时所作的反应。

在孤立主义与绥靖主义盛行的30年代,罗斯福的“隔离演说”无疑是石破天惊的正义之声,并在美国国内及国际上引起了强烈反响。1937年10月9日,美国驻华大使约翰逊(Nelson T Johnson)在致美国国务卿的电报中报告了蒋介石对罗斯福芝加哥演说的评价:“在对国际条约的信心破碎的时刻,美国政府所表达的态度令人鼓舞。我们希望能制定具体措施,阻止一些国家滥用武力,这些国家武装的目的是为了把他们的意志强加到孱弱民族的身上。”③10月11日,中国驻美国大使王正廷致电罗斯福,转发了时任行政院副院长兼财政部长孔祥熙的电报。孔在电报中称:罗斯福的“芝加哥演说将作为最富有勇气和政治家风范的讲话而载入史册。其向世界澄清了日本军事侵略政策所涉及的问题,并触及世界和平与安全问题的核心。”④

---

① Address Delivered by President Roosevelt at Chicago on Oct. 5, United States Department of State, *Papers Relating to the Foreign Relations of the United States, Japan: 1931 -1941*, Vol. 1, Washington: United States Government Print Office, 1943, pp. 380 - 383. 根据Dorothy Borg的研究,赫尔和戴维斯(Norman Davis)为罗斯福的演讲提供了必要的材料,戴维斯寄给罗斯福4份备忘录,其中一份材料是由赫尔和戴维斯共同起草的,另外2份材料是由戴维斯起草的。在演讲中罗斯福增添了“隔离带”及轰炸“杀戮平民,包括妇女、儿童”等内容。参见 Dorothy Borg, Notes on Roosevelt's "Quarantine" Speech, *Political Science Quarterly*, Vol. 72, No. 3, Sep. 1947, pp. 413 - 417.

② Robert A. Divine, *The Illusion of Neutrality*, Chicago: The University of Chicago Press, 1962, p. 213.

③ The Ambassador in China(Johnson) to the Secretary of State(Oct. 9, 1937), United States Department of State, *Foreign Relations of the United States Diplomatic Papers, 1937, The Far East*, Vol. 3, Washington: United States Government Print Office, 1954, p. 594.

④ The Chinese Ambassador(C. T. Wang) to President Roosevelt(Oct. 11, 1937), United States Department of State, *Foreign Relations of the United States Diplomatic Papers, 1937, The Far East*, Vol. 3, Washington: United States Government Print Office, 1954, p. 596.

法国总理卡米耶·肖当(Chautemps)表示,尽管还不清楚罗斯福在演讲中所表达的“爱好和平的国家必须做出协调一致的努力,反对这些违反条约和忽视人类天性的行径”的确切含义,但“这一演说给了他[肖当]个人最大的勇气和希望。”①

苏联报纸也热情赞扬罗斯福总统的芝加哥演说,并指出这是“美国在国际上试图制约日本的前奏”。苏联外交部官员表示,十分欢迎罗斯福总统芝加哥演说和美国国务院的声明,并认为这是美国“从孤立主义到国际合作的转折点”。②

罗斯福芝加哥演说产生的最直接的效果是第二天,即10月6日,国联代表大会通过了两项决议。③ 第一项决议在列举了中日冲突的相关事实后,认为“日本对中国陆、海、空的军事行动与导致冲突的事件是不成比例的”;这样的行动与日本宣称的“促进友好合作”的政策目标不符;“自卫权之说无法使日本的行动正当化”;日本“违反了1922年2月6日《九国公约》和1928年8月27日《巴黎公约》(《非战公约》)的条约义务”。④ 第二项决议认为,由于《九国公约》签字国有“尊重中国独立及领土、行政权的完整”的义务,以及执行有关条款的协商机制,因此,“邀请《九国公约》签字国尽快启动这一协商机制”,并与其他在远东有利益关系的国家一起,“通过

---

① The Charge in France(Wilson) to the Secretary of State(Oct. 7, 1937), United States Department of State, *Foreign Relations of the United States Diplomatic Papers, 1937, General*, Vol. 1, Washington: United States Government Print Office, 1954, p. 135.

② The Ambassador in the Soviet Union(Davies) to the Secretary of State(Oct. 18, 1937), United States Department of State, *Foreign Relations of the United States Diplomatic Papers, 1937, The Far East*, Vol. 4, Washington: United States Government Print Office, 1954, pp. 88,101.

③ 美国驻瑞士公使兼国联顾问委员会观察员哈里森,在10月6日致美国国务卿的电报中说,他“从权威方面得到的消息称,总统的演说影响了多个准备投弃权票的代表团。”参见 United States Department of State, *Foreign Relations of the United States Diplomatic Papers, 1937, The Far East*, Vol. 4, Washington: United States Government Print Office, 1954, p. 61。

④ First Report Adopted by the League of Nations Assembly on Oct. 6 1937, United States Department of State, *Papers Relating to the Foreign Relations of the United States, Japan: 1931 – 1941*, Vol. 1, Washington: United States Government Print Office, 1943, p. 394.

协商,寻求结束这一冲突的方法”。该决议还要求给予“中国以道义上的支持,并推荐国联成员不应采取任何削弱中国抵抗能力的行动,进而加重其在目前冲突中的困难。各国应考虑在多大范围内扩大对中国的援助。”①

10 月 6 日,即国联代表大会通过上述两项决议的当天,美国国务卿赫尔发表声明指出,“考虑到远东局势的发展,美国政府不得不得出这样的结论:日本在中国的行为与指导国际关系的准则相抵触,违反了 1922 年 2 月 6 日《九国公约》规定的有关中国问题所必须遵循的原则和政策,以及 1928 年 8 月 27 日《非战公约》的条款。因此,美国政府的结论在此方面与国联代表大会的结论是一致的”②。

实际上,这也是卢沟桥事件爆发以来美国政府首次公开指责日本违反有关国际条约,并准备在《九国公约》框架内向日本施加道义上的压力,以终止其对中国的侵略。更为重要的是,罗斯福试图利用这一国际平台影响世界公众舆论和“教育美国公众舆论”。罗斯福乐观地认为:“如果所有结束中日之间的冲突、实现和平努力的结果是日本拒绝恢复理性,并坚持要肢解和征服中国,那么,届时世界和美国公众舆论很有可能要求采取某种行动。”③

但是,日本以国联决议谴责日本为侵略者,以及美国国务卿赫尔 10 月 6 日的声明支持国联决议为由,拒绝参加布鲁塞尔会议④。加之赫尔

① Second Report Adopted by the League of Nations Assembly on Oct. 6, 1937, United States Department of State, *Papers Relating to the Foreign Relations of the United States, Japan: 1931 - 1941*, Vol. 1, Washington: United States Government Print Office, 1943, pp. 395 - 396.

② Press Release Issued by the Department of State on Oct. 6, 1937, Ibid, pp. 397.

③ 出席布鲁塞尔会议的美国代表团团长诺曼·戴维斯在动身赴布鲁塞尔前,前往罗斯福的寓所,讨论了相关问题,参见 John McV. Haight Jr., Roosevelt and the Aftermath of the Quarantine Speech, *The Review of Politics*, Vol. 24, No. 2, April, 1962, p. 238.

④ 10 月 27 日,日本外相广田弘毅回复美国驻日本大使格鲁,就邀请日本参加布鲁塞尔会议一事阐述了日本拒绝参加的理由,参见 The Ambassador in Japan(Grew) to the Secretary of State(Oct. 27, 1937), United States Department of State, *Foreign Relations of the United States Diplomatic Papers, 1937, The Far East*, Vol. 4, Washington: United States Government Print Office, 1954, pp. 112 - 113.

拒绝了美国代表戴维斯(Davis)要求在布鲁塞尔会议后期采取“积极政策”的建议①,布鲁塞尔会议在制裁日本问题上最终无果而终。

2. 封锁日本的构想　正如罗斯福在“隔离演说”中所言,“战争具有传染性,它可以影响远离冲突起源地的国家和人民”。布鲁塞尔会议结束后不久,即 1937 年 12 月 12 日,日本海军航空队在长江南京段上游 27 英里处将美国炮艇“帕奈”号及三艘美国商船炸沉或重创。(见图 5.3)而“帕奈”号并非普通的军舰,而是非常时期美国大使馆的临时栖身之处。关于“帕奈”号事件的经过及事件发生后美日交涉的过程详见本书第三章。

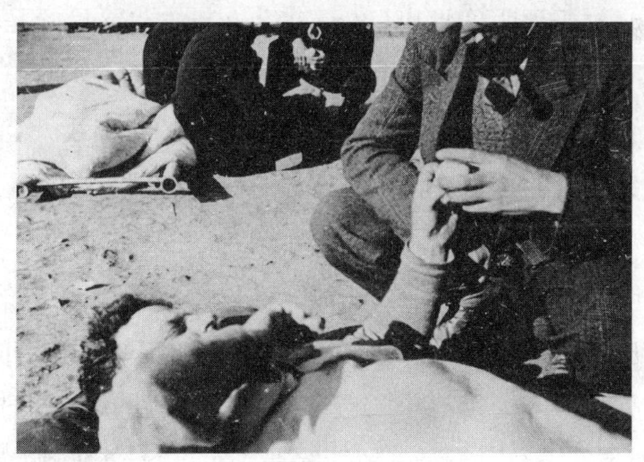

图 5.3　“帕奈”号遇袭后的伤员

“帕奈”号事件发生后,罗斯福表面上接受了国务院的建议,即通过外交途径,在日本道歉、赔偿和保证不再发生类似事件的基础上解决“帕

① 在日本第二次拒绝参加布鲁塞尔会议的邀请后,戴维斯提出应该如何采取具体行动的建议,包括要求国会废除或暂停中立法案;不承认日本在中国的侵略所得;禁止政府或不鼓励个人向日本提供贷款和担保等。参见 The Chairman of the American Delegation(Davis) to the Secretary of State(Nov. 10, 1937), United States Department of State, *Foreign Relations of the United States Diplomatic Papers, 1937, The Far East*, Vol. 4, Washington: United States Government Print Office, 1954, pp. 176 - 177. 英、法、苏虽然都积极表示,如果日本拒绝在布鲁塞尔会议上接受调停,他们均愿意联合对日本实行制裁,但也表示要跟随美国的政策或得到美国政府的某种保证。

奈”号事件。但他并没有局限于在这一层面处理“帕奈”号事件，而是试图利用“帕奈”号事件，促使其“隔离”战略构想的落实。

12月15日，美国副国务卿韦尔斯通知英国驻美国大使林赛(lindsay)，表示罗斯福希望与其秘密会晤，以讨论两国海军的合作事宜。第二天晚上，在白宫举行的一个外交招待会结束后，英国驻美国大使在一间私人会客室与罗斯福总统会晤。12月17日，林赛在致英国外交大臣艾登(Robert Anthony Eden)的电报中报告了此次会晤的详情：罗斯福直接切入主题，提出了建立美英海军对话机制的问题，并且强调这是类似于1915—1917年美英海军建立的那种高度保密、互换情报，且成效显著的机制。罗斯福明确指出，这一对话机制的首要目标是“准备封锁日本”。罗斯福封锁日本的构想为：“从阿留申群岛经夏威夷、中途岛到菲律宾北部，再到香港”，由“美国负责到菲律宾的封锁线，而英国将负责西线”。“封锁的目的是阻止日本获得原材料”，并对日本实施贸易禁运。罗斯福认为“可能需要18个月就会产生效果”。当林赛指出这样的封锁意味着战争时，罗斯福不同意这一看法，并以埃塞俄比亚战争、西班牙内战及日本对中国的侵略为例说明“现在对战争的定义有了新的学说和方法——敌对行动并非等于战争”。换言之，罗斯福的计划是避免与日本发生战争，但不排除敌对行动。罗斯福还表示，对日本实施“封锁的时机必须是日本下一次严重的暴行”①。

12月17日，经罗斯福授意，美国财政部长摩根索(Henry Morgenthau)直接打电话给英国财政大臣西蒙(J. Simon)，告知对方1933年美国通过了一项名为“敌对贸易法”的法案。根据这一法案，美国政府可以对某一特定国家实行“外汇管制”。摩根索在电话中透露，罗斯福“一直在考虑，如果日本不给出满意的答复或者根本不答复的话，[美国政府]将采取这

① Sir R. Lindsay(Washington) to Mr. Eden(Received December[18], 9. 30 a. m.), *Documents on British Foreign Policy 1919 - 1939*, *Vol. 22*: *Far Eastern Affairs*, November 6, 1936 - July 27, 1938, pp. 589 - 592.

一措施”，并希望得到英国的配合。①

12月18日，罗斯福召开内阁会议，与会者就“帕奈”号事件进行了长时间讨论。美国海军部长斯旺森(Claude A. Swanson)代表海军将领要求对日本开战。美国内政部长哈罗德·伊克斯在日记中对此有详细的描述。②

罗斯福则在会议上表示，他想要的结果与斯旺森所希望的一样，但不希望一定要通过战争来实现。③ 根据美国财政部长摩根索日记的记载，罗斯福在会议上表示：“我们希望用这一方法[国会1933年授权总统为避免战争可进行经济制裁和冻结对方在美国的财产]来避免战争。”罗斯福还表示：“如果意大利和日本发明了一种不宣而战的方法，我们为什么不能采用类似的方法?”当美国副总统约翰·加纳(John Nance Garner)指出只有真正的武力才能对日本产生效果时，罗斯福回应说，经济制裁可以产生效果，但“我们不将其称为经济制裁。我们希望发展出一种不会导致战争的方法。我们想与意大利人和日本人一样聪明，我们希望用一种现代的方法来实现”④。罗斯福所指的“现代方法”，显然是包括封锁日本在内的经济制裁。

尽管对日本实行金融制裁的设想由于种种原因未能实施，但美英两国海军合作的会谈则如期举行。1937年12月31日，美国海军作战部战争规划处处长英格索尔(R. E. Ingersoll)上尉抵达伦敦。经过13天的会谈，美英于1938年1月13日签署了名为《对话记录》的备忘录，其内容包

① Note from Sir J. Simon to Mr. Chamberlain, *Documents on British Foreign Policy 1919 - 1939, Series 2 - Vol. 21: Far Eastern Affairs*, Nov. 6, 1936 - July 27, 1938, pp. 595 - 598. 在给英国首相张伯伦的便条中，西蒙认为美国可能采取的措施将是“无效果的经济制裁”。另外，“在没有与日本交战的情况下，意味在英帝国的所有自治领都要进行立法，显然英国也没有相关的法律”。

② 详细内容见本书第66—67页。

③ Harold L. Ickes, *The Secret Diary of Harold L. Ickes*, New York: Simon and Schuster, 1954, Vol. II, pp. 275.

④ John M. Blum, *From the Morgenthau Diaries, Years fo Crisis, 1928 - 1933*, Boston: Houghton Mifflin Co., 1959, p. 489.

括双方直接战略合作、向对方海军开放各自水域、交换海军密码及人员等。有关对日封锁,该备忘录规定:"如果两国政府决定建立远距离封锁线,英国海军将负责从新加坡经荷属东印度群岛,穿越新几内亚和新赫布里底群岛,再到澳大利亚和新西兰东部一线,阻止日本的贸易;美国海军将负责在北美和南美西海岸,包括巴拿马运河和环开普敦一线,阻止日本的贸易。美国海军还将承担加拿大西海岸海上总体防御的责任。"①

虽然与罗斯福的最初设想略有差异,但美英两国海军以备忘录的形式将罗斯福总统对日本海上贸易实施封锁的设想进一步具体化。更为重要的是,此后英国海军相关人员与美国驻英国海军武官在更大范围内进行了情报交流,包括日本海军及日本在太平洋的活动等情报。关于英美海军对话的意义,英国学者普拉特·劳伦斯(Lawrence Pratt)评论指出:"这些持续的情报交换使美国人了解到英国海军的问题和意图。在一定程度上说,这种交流早于丘吉尔被任命为英国海军部长后与罗斯福建立的那种密切联系。"实际上,这种联系"可以追溯到 1937 年 12 月的交流"。虽然当时的情报交流尚未达到后来的程度,但"至少它是一个重要的开端"②。

美日最终走向战争的直接导火索是美国逐步对日本实行石油、废钢铁等物资的禁运及冻结日本在美国的资产。这些措施实际上是罗斯福于 1937 年 10 月 5 日提出,并在"帕奈"号事件后细化的"隔离"战略的继续,或者说是对这一战略的具体落实。而"隔离"战略的产生在很大程度上与日军对中国的侵略及在南京的暴行有着密切关系。

---

① 有关美英海军商谈的过程及协定文本,参见 Lawrence Pratt, The Anglo-American Naval Conversations on the Far East of January 1938, *International Affairs*(*Royal Institute of International Affairs 1944 -*), Vol. 47, No. 4, Oct., 1971, pp. 760 - 763.

② Lawrence Pratt, The Anglo-American Naval Conversations on the Far East of January 1938, *International Affairs*(*Royal Institute of International Affairs 1944 -*), Vol. 47, No. 4, Oct., 1971, p. 759.

3. 公布暴行与扣押财产的指示　由于“帕奈”号事件在相当长一段时间内成为当时美国外交工作的重心，加之 1937 年 12 月 9 日美国驻华大使馆二等秘书艾奇逊等撤离南京，大使馆暂时关闭，美国政府不再有了解南京真实情况的官方渠道。因此，12 月 13 日日军占领南京后的屠杀、强奸、抢劫和纵火等一系列暴行，在美国官方文件中也没有得到及时的反映。但随着美国驻华大使馆三等秘书阿利森于 1938 年 1 月 6 日返回南京，特别是在排除日军南京当局的阻挠，于 1 月 18 日在美国大使馆设置了无线电台后，有关南京形势的报告，才通过外交电报和邮路陆续送达美国国务院。①

1938 年 1 月 18 日，阿利森向国务院报告称：“从 1 月 15 日中午到今天中午[1 月 18 日]，大使馆接到了 15 起日本士兵非法进入美国房产的报告。在上述非法闯入的过程中，除了美国公民及机构的财物被日本士兵抢走外，在那里避难的 10 位中国女难民也被强行抓走。”阿利森还强调了侵入美国房产抢劫具有明火执仗的性质和组织化的特点。18 日早上，“日军乘两辆卡车闯入隶属于基督会的一个院落，搬走一架钢琴和其他财物。为此，他们毁坏了该院落的一大段围墙”②。

第二天，即 1 月 19 日，美国驻日本大使格鲁致电国务卿赫尔，将英国驻日本大使提供的秘密情报转报国务院，其内容如下：

> 在日本军队入城后不久，来到南京的日本大使馆官员因看到难民区内及周边地区公开发生着酗酒、杀戮、强奸和抢劫的放纵行为而感到恐惧。日本军官[对此]完全冷漠的态度很可能是他们故意在这座城市里放纵军队，并以此作为一种惩罚的手段。由于没能对

① 重要事件，特别是涉及美国在南京权益的事件，主要以外交电报的方式报告美国国务院。而附有附件的长篇报告，如埃斯皮起草的《南京现状》《美国在南京财产和利益状况》等，则通过外交邮路寄往美国国务院。

② The Third Secretary of Embassy in China(Allison) to the Secretary of State(Jan. 18, 1938), *Papers Relating to the Foreign Relations of the United States, Japan: 1931 -1941*, Vol. 1, Washington: United States Government Print Office, 1943, pp. 567 - 568.

军队指挥官产生任何影响，加上日本军方对通讯的控制，这些使馆官员放弃了向东京发电报的希望，甚至向传教士建议，应该尝试在日本公开这些事实。这样在公共舆论的影响下，日本政府将会被迫控制日本陆军。①

上述两份电报引起了罗斯福的高度关注。1 月 21 日，罗斯福致信国务卿赫尔，要求其阅读随信所附的这两份报告②，并指出："我倾向于认为，我们可以考虑将这份电报或是类似的电报公布，以便证明日本政府在制止日本士兵抢劫方面的无能为力，以及日本军队要么不愿意，要么无法对美国财产提供充分的保护。有关在[南京]美国教会和美国房产内中国女难民[被强行抓走]的案例提供了很好的例证……几乎没有美国人能够反对我们保护美国人免遭一支已经不受其国内行政当局控制的军队的侵扰。"③根据上述电报，罗斯福得出了日本政府失去了对其军队的控制的判断，而应对措施是考虑将报告日军暴行的电报公布于众，目的是影响民意以便民众能够理解和支持政府的外交行动。

在此期间，罗斯福还收到更多有关日军在南京暴行的报告。时任美国内政部长的哈罗德·伊基斯在 1938 年 1 月 23 日的日记中写道："总统不断收到日本人在中国暴行的报告。他说这些暴行在细节方面是如此恐怖，以至于他无法在内阁会议上朗读。他的意思当然是因为帕金斯(Perkins)小姐在场。然而，总统还是透露了日本士兵经常闯入美国教会或商用建筑，并掳掠中国妇女的情况。显然，日本士兵甚至是军官在肆无忌惮地强

① The Ambassador in Japan (Grew) to the Secretary of State (Jan. 19, 1938), United States Department of State, *Foreign Relations of the United States Diplomatic Papers, 1938, The Far East*, Vol. 3, Washington: United States Government Print Office, 1954, pp. 37 - 38.

② 尽管这两份电报的收报者为国务卿赫尔，但显然罗斯福先于赫尔阅读了电报。罗斯福在格鲁电报原件上的重要部分作了标记，并要求赫尔参阅，这充分表明罗斯福高度关注日军在南京暴行的消息。

③ President Roosevelt to the Secretary of State, United States Department of State, *Foreign Relations of the United States Diplomatic Papers, 1938, The Far East*, Vol. 4, Washington: United States Government Print Office, 1955, p. 243.

奸中国妇女。”作为应对措施，“总统告诉赫尔，希望他设计某种方法将这一消息透露给美国媒体，为了未来的利益，以便美国民众可能了解到有关中国真实的背景情况”①。“为了未来的利益”，让美国民众更多地了解日军在南京的暴行，这其中的含义意味深长。除了影响民意的考虑外，显然罗斯福在日本侵华问题上有比人们一般所认为的更为长远的考虑和打算。

几天后，即 1938 年 1 月 26 日，美国驻上海总领事高斯致电国务院。电报摘要记述了 11 月 21 日至 12 月 21 日，一位前往苏州的美国传教士所报告的有关日军在苏州抢劫、焚烧美国财产的情况。高斯在电报中还转述了在杭州的美国传教士所报告的类似情况。②

该电报进一步证实了罗斯福认为日本当局已经失去了对军队控制的判断。两天后，罗斯福再次致信赫尔，并指出：“类似有关抢劫美国人在中国财产的电报，使得赔偿问题已到了非做出决定不可的地步”，因为“这些抢劫绝大多数都不能称之为武装冲突的必然结果。这些建筑没有被通常的交火、轰炸摧毁。我提到的这些建筑或财产也不是军事行动中不可避免被殃及的房屋，如进攻或是防御而遭到摧毁或损坏”。罗斯福显然对日军的野蛮行径失去了耐心，他提醒赫尔：“有一个事实是，日本人在美国有大量财产，我们也有《外国财产托管人法案》(Alien Property Custodian Act)这样一个非常好的依据。我们可以将这些财产暂交第三者保管，直到日本人赔偿为止。我已经说得足够多了！”③

对于罗斯福考虑扣押日本在美国财产的指示，国务院的法律顾问和远

① Harold L. Ickes, *The Secret Diary of Harold L. Ickes*, New York: Simon and Schuster, 1954, Vol. II, p. 302.

② The Consul General at Shanghai(Gauss) to the Secretary of State, United States Department of State, *Foreign Relations of the United States Diplomatic Papers, 1938, The Far East*, Vol. 4, Washington: United States Government Print Office, 1955, p. 249.

③ President Roosevelt to the Secretary of State, United States Department of State, *Foreign Relations of the United States Diplomatic Papers, 1938, The Far East*, Vol. 4, Washington: United States Government Print Office, 1955, p. 250. 美国国务卿在原件上批示，要求法律顾问哈克・沃斯(Hack Worth)与远东事务局讨论这一问题并行动。

东局的官员进行了研究。赫尔于1938年2月3日致信罗斯福，一方面汇报了国务院在要求日本赔偿方面所做的工作，另一方面告知罗斯福日本在美国的确有大量的财产以及美国也有在一定条件下扣押类似资产的先例。赫尔还告诉罗斯福《与敌国贸易法案》中确有“外国财产托管”的条款，但是“如你所知，该条款只适用于该法案定义为‘敌人’的财产。只有美国也是交战国的情况下，该条款才真正是一可以援引的先例”。[①] 虽然在法律层面上美国还无法像罗斯福所期望的那样扣押日本在美国的资产，但在罗斯福的潜意识中扣押日本在美国的财产已经成为应对日军暴行的一个选项。

对于罗斯福指示将日军在南京的暴行透露给媒体的指示，由于史料所限，在国务院如何落实方面没有直接的答案，但从赫尔1938年2月3日[②]给美国驻日本大使格鲁的电报中还是可以看出一些端倪。赫尔在电报中介绍了美国媒体关于日军在南京暴行的报道：1月25日的《纽约时报》刊登了日军在南京持续的残暴行为的报道，并将其称为是“难以形容的”[③]。1月26日的《纽约时报》报道称，“现在胜利占领南京的士兵正在通过抢劫和蹂躏南京无助的中国人而享受着军事胜利的成果。这样，日本正将‘秩序’带到中国”[④]。《费城调查者》(Philadelphia Inquirer)报道称，“尽管可能有理由指控在南京的不法行为是桀骜不驯的军队所为，但事实是日本侵略中国的整个计划就是煽动士兵从事残忍行为”。《巴尔的摩太阳报》报道称，日本士兵的行为“令人震惊”，但“日本已深陷困境”，(显然)“战争还没有结束”。赫尔在致格鲁的电报中还介绍了美国

---

① The Secretary of State to President Roosevelt(Feb. 3, 1938), United States Department of State, *Foreign Relations of the United States Diplomatic Papers, 1938, The Far East*, Vol. 4, Washington: United States Government Print Office, 1955, p. 257.

② 也就是给罗斯福写信，汇报有关扣留日本在美国资产可行性的当天。

③ 罗斯福的指示是在1月23日，两天后《纽约时报》刊登了相关报道，至少在时间上存在着明显的关联性。另外，《纽约时报》在1937年12月、1938年1月数次报道过日军南京暴行。赫尔在电报中只是介绍了1月25日及之后的报道，显然，这也不会是纯属巧合。

④ 这里《纽约时报》显然是在讽刺日本所谓的秩序就是前面提到的暴行。

多家报刊社论的观点，“在题为《欺骗的外交》《毫无意义的表白》《来自日本的公正话语》《门户开放，但如何开?》的社论中，他们对日本议会最近表示将尊重外国权益的声明持怀疑态度”。另外，“有相当多的社论表达了希望剥夺日本的物资和资源，进而削弱日本侵略能力的意愿。1月28日，华盛顿的妇女购物者联盟举行了一场‘无丝绸生活’的时装展示会，以戏剧性的方式鼓励[美国]个人抵制日本的丝绸”①。

尽管这些报道远没有达到全面逆转美国孤立主义倾向的目的，但从长远看，这些报道对改变美国民意还是起到了积极作用的。根据盖洛普的调查，在1937年9月的调查样本中，54%的被调查者认为美国军队应该从中国撤离，而不是留下来保护美国公民。1938年1月，有70%的被调查者认为应该警告美国公民撤离中国，海军也应从中国撤离。到1939年7月，被调查者中有82%的人支持拒绝向日本出售更多的战争物资。另外，各个时期的民意调查显示，美国民众对中国的同情度稳步上升。到1940年2月，在盖洛普的调查样本中，只有2%的被调查者表示希望日本赢得这场战争，而77%的被调查者支持中国，21%的被调查者表示犹豫不决。②

4. 制约罗斯福构想落实的因素　尽管罗斯福对日军南京暴行作出了积极反应，但在落实到具体行动上时却显得十分谨慎和举棋不定。日军对中国的侵略特别是对南京的轰炸促使罗斯福发表了“隔离演说”，该演说极大地鼓舞了国际社会制止日本侵略的信心，之后召开的布鲁塞尔会议正是这种信心的具体体现。会议期间，英、法、苏等国多次表示，如果日本拒绝参加会议并拒绝改变其侵略政策，他们愿意对日本实行制裁并向中国提供军援。条件是如果日本采取报复措施，美国等公约签字国承诺采取集体军事行动保护其在远东的利益。但美国政府最终没有接

---

① The Secretary of State to the Ambassador (Grew) in Japan (Feb. 3, 1938), United States Department of State, *Foreign Relations of the United States Diplomatic Papers*, *1938*, *The Far East*, Vol. 3, Washington: United States Government Print Office, 1954, pp. 65 - 66.

② John W. Masland, American Attitudes toward Japan, *Annals of the American Academy of Political and Social Science*, Vol. 215, American and Japan(May 1941), p. 160,162.

受英、法、苏等国的建议及美国代表戴维斯所提议的措施①,而是指示戴维斯尽可能长地拖延会期,并在会上强调国际关系的道德原则及《九国公约》的原则。很明显,罗斯福或者说美国政府从原先立场退让了。

"帕奈"号事件是日本对美国人生命财产的直接侵害。尽管美国政府内有人主张对日本开战,罗斯福也计划与英国合作对日本实行海上封锁,但罗斯福明确表示这一计划应在日本"下一次严重暴行"时实施。

日军占领南京后的暴行,特别是在美国房产内对南京平民的暴行及抢劫、破坏美国财产的消息传到华盛顿后,罗斯福指示国务卿将这些暴行透露给媒体及考虑扣押日本在美国资产。毋庸置疑,美国报纸对日军在南京暴行的报道,对美国民意产生了相当大的影响,特别是在对日本的负面评价方面更是如此②,但这尚不足以扭转美国的孤立主义倾向。

有鉴于此,美国有学者认为罗斯福是"绥靖主义者",其采取的行动,尤其是在"帕奈"号被炸沉后的措施"更多的是空谈而非行动"。③ 还有学者认为,"发生在慕尼黑的绥靖行为实际上是布鲁塞尔绥靖政策的延

① 戴维斯在1937年11月10日的电报中向罗斯福和赫尔提出采取不承认日本在中国的所得、拒绝向日本提供贷款、终止中立法、要求国会拨款建造更多军舰等建议。

② 1939年,美国著名的战争研究和国际法专家昆西·赖特(Quincy Wright)和卡尔·纳尔逊(Carl J. Nelson)在美国《民意季刊》(*The Public Quarterly*)发表了题为《美国对日本和中国的态度1937—1938》的文章。其研究结论为:一是在本研究的时间段内美国民意从未出现过支持日本的情况;二是卢沟桥事件爆发后,美国民意对日本所持的反对态度持续加强。9月,随着日机对南京等中国城市的大规模轰炸造成大量平民伤亡的报道,美国民意对日本所持的反对态度达到顶点。10月5日,罗斯福发表了"隔离"演说,第二天,国联和美国国务院宣布日本为侵略者后,美国民意由于担心美国卷入战争,因而反对日本的态度有所缓解。但在11月日军占领上海后,美国民意对日本的反对态度有所增强。12月,由于"帕奈"号事件,特别是日军攻占南京后的暴行被报纸广泛报道,美国民意对日本的反对态度达到一个新的高度。昆西·赖特和卡尔·纳尔逊认为:"12月(民意)对日本的极端敌意,毫无疑问其部分原因是'帕奈'号事件造成的,这一事件直接涉及美国的利益,不过对日军在南京暴行的震惊似乎是更加重要的原因。"参见 Quieny Wright and Carl J. Nelson, Attitudes Toward Japan and China, 1937-1938, *The Public Opinion Quarterly*, Vol. 3, No. 1(Jan., 1939), p. 52.

③ Donald Watt, Roosevelt and Neville Chamberlain: Two Appeases, *International Journal*, Vol. 28, No. 2(Spring 1973), p. 195.

续"[①]。尽管这些观点具有一定的片面性,但也在一定程度上揭示了罗斯福在落实其封锁日本等构想方面表现出的退让、拖延和克制的特征。其原因主要有以下四个方面。

第一,受到美国孤立主义思潮的制约。20 世纪 30 年代,孤立主义和绥靖思潮在美国盛行,罗斯福一方面希望通过"教育美国舆论"来扭转这一趋势,但另一方面也不可避免地受到孤立主义思潮的制约。

在 1937 年 10 月 19 日致好友爱德华·豪斯(Edward M. House)上校的信中,罗斯福表达了自己的真实想法:"坦率地说,我认为会有更多的批评,但我相信随着时间的推移,我们能缓慢但确信无疑地使民众认识到,如果我们关上门窗,战争对我们的危险要比我们走上街头并用我的影响力来阻止侵略要大得多。"[②]罗斯福曾向戴维斯明确表示:"民主国家在失去任何成功的机会之前,必须采取某种措施来阻止专制国家[日本]越来越危险的挑战。"[③]但是,当时美国民意并没有向罗斯福所期望的方向转变。

1937 年 11 月 7 日,英国驻美国大使林赛致电英国外交大臣艾登,专门就美国民意作出了自己的评估:"我同意戴维斯的看法,即这里[美国]的民意将会发展转变,但问题是转变的速度。总统[罗斯福]如此认真地希望教育民意的想法,其必要性在这里似乎得不到承认,而且承认其必要性只是第一步,实际的教育几乎还没有开始……现在布鲁塞尔会议在这里不再引起广泛的关注,日本的顽固态度[拒绝参加布鲁塞尔会议]已经被提前消化了。在这方面[教育民意]取得明显的进展需要的不仅仅是日本过去的态度。我认为只是因为布鲁塞尔会议的失败,民意将不会

---

① Leon E. Boothe, The Brussels Conference and Conflict with Japan, *World Affairs*, Vol. 135, No. 3(Winter 1972) p. 257.

② Elliott Roosevelt, eds., *F. D. R.: His Personal Letters, 1928 - 1945*, New York: Dull, Sloan and Pearce, 1950, Vol. III, p. 719. 转引自 Robert A. Divine, *The Illusion of Neutrality*, Chicago: The University of Chicago Press, 1962, p. 213.

③ Sir R. Clive(Brussels) to Mr. Eden(Received Nov. 11), *Documents on British Foreign Policy 1919 - 1939, Vol. 21: Far Eastern Affairs*, November 6, 1936 - July 27, 1938, p. 460. Clive 在电报中报告了其与戴维斯私下谈话的内容,其中包括罗斯福的这一看法。

支持美国政府采取任何积极的行动。"①

同一天,法国驻美国临时代办亨利(Jules Henry)也致电法国外长表示,罗斯福总统仍然相信他能够引导美国民众对不计代价的中立政策能够带来安全这一观点产生质疑。但亨利估计,大多数美国人还没有接受干预政策。②

11月22日,即布鲁塞尔会议后期,在给艾登的电报中,英国出席布鲁塞尔会议的代表克莱夫(R. Clive)爵士证实了林赛的"民意将不会支持美国政府采取任何积极的行动"的判断:"他(戴维斯)对美国民意没能对日本的不妥协态度作出反应感到十分失望,但他仍然认为最终美国政府将会采取诸如发表不承认任何改变中国现状的声明;禁止向日本在中国的开发计划提供任何金融支持等措施。他认为美国民意可能会在一个月后向这一方向发展。"③但实际情况是,美国民意直到日本袭击珍珠港后才发生根本性的转变。

第二,来自国会的反对意见。当时美国国会内部不仅右翼,甚至左翼也强烈反对美国对远东事务的任何干预。④ 正如韦尔斯在其回忆录中所描述的那样:"从纯粹政治角度看,罗斯福总统任何使得美国外交政策具有国际视野的行动,即便是一个暗示,也将是政治上的自杀。这不仅会受到其党派对手[共和党]的恶意攻击,而且民主党领导人同样也会对

---

① Sir R. Lindsay(Washington) to Mr. Eden(Received Nov. 7, 10 am), *Documents on British Foreign Policy 1919 - 1939, Vol. 21: Far Eastern Affairs*, November 6, 1936 - July 27 1938, pp. 449 - 450.

② Johnb McV. Haight Jr., Roosevelt and the Aftermath of the Quarantine Speech, *The Review of Politics*, Vol. 24, No. 2(Apr., 1962), pp. 235 - 236.

③ Sir R. Clive(Brussels) to Mr. Eden(Received Nov. 23), *Documents on British Foreign Policy 1919 - 1939, Vol. 21: Far Eastern Affairs*, November 6, 1936 - July 27 1938, pp. 522 - 523.

④ 参见 Justus D, Doenecke, Non-interventionism of the Left: The Keep America Out of the War Congress, 1938 - 1941, *Journal of Contemporary History*, Vol. 12, No. 2(Apr., 1977), p. 221.

此厌恶，而罗斯福不得不依赖后者制定其立法计划。”①

作为威尔逊主义的继承者，罗斯福曾告诫美国劳工部长帕金斯(Francis Perkins)要汲取威尔逊总统的教训：“在没有得到负责外交政策的国会成员完全同意和理解的情况下，不要尝试这样做[美国加入国际劳工组织]。记住威尔逊是如何失去国联的，对美国来说，[拒绝加入国联]失去了参与这一有史以来最重要的国际机构和行动的机会。由于没有让国会参与，他[威尔逊]失去了国联。”罗斯福进一步指出：“这是一个有关耐心的教训，你必须给人们机会以自己的方式实现自我理解。你不能催促他们，在民主体制下，尤其不行。”②显然，在经济再次衰退和国内政治议题发生激烈冲突的背景下，罗斯福更愿意等待国会中反对者的自我转变，而不是在外交政策上再与国会发生直接冲突。

第三，受到罗斯福在“教育美国民意”上以退为进策略的制约。罗斯福显然意识到，“教育美国民意”是一个全方位和长时期的过程。无论是指示将日军在南京的暴行公布于众，还是要求美国代表戴维斯在布鲁塞尔会议上从原先的立场上退让，罗斯福一个重要的目的是为了“教育美国民意”。以布鲁塞尔会议为例，由于众多西方记者报道布鲁塞尔会议，因此媒体报道和报刊社论详细勾勒出布鲁塞尔会议的背景、进程及其失败的原因。在会议召开前后，欧洲民众充满了对美国领导反法西斯阵线的期待，西方媒体几乎一致认为布鲁塞尔会议的成败取决于华盛顿的态度。西方报纸还报道了会议期间英、法、苏等国代表团提出的如果日本拒绝调停的话，要对日本采取某种强制措施，条件是美国政府愿意合作。但美国政府除了重申道德原则外，拒绝考虑对日本采取任何强制措施。

---

① Sumner Welles, *Seven Decisions that Shaped History*, New York: Harper, 1950, pp. 6 - 7.

② Francis Perkins, *The Roosevelt I Knew*, New York: Viking Press, 1946, pp. 340, 343. 转引自 Neil S. Carns, *A Far Eastern Munich: Appeasement by Omission*, *Submitted for a Master of Public Administration degree-Navy Postgraduate Curriculum*, Number 680, University of Washington, 1970, p. 5.

在布鲁塞尔会议后期，美国报纸几乎一致指出，美国令欧洲民主国家失望，此前美国政府的表态仅仅是华丽的辞藻。英国《泰晤士报》11月21日刊登了埃德温·詹姆斯(Edwin L. James)的文章，称布鲁塞尔会议是一个"可耻的失败"，对此，"美国自然应承担最大的责任"。当天，《纽约先驱论坛报》刊载了埃利奥特(Elliot)发自布鲁塞尔的报道："在比利时外交部长的帮助下，美国和英国代表团今天忙于为九国公约会议准备一流的'葬礼'"，"美国人认为，在目前环境下，最佳的选择是将会议的完全失败从人们的心目中勾销"。[①] 在很大程度上，这些文章与其说是对美国政府的批评，不如说是对美国孤立主义的鞭挞。媒体的报道向美国民众展示出这样一个事实：对于法西斯主义而言，无论是欧洲的还是亚洲的，没有强有力的政策支持的纯道德感化无异于与虎谋皮。

实际上，11月30日，《纽约时报》即发表社论，将布鲁塞尔会议上美国没能发挥领导作用阻止日本侵略的责任归咎于国会和整个国家的孤立主义思潮。[②] 媒体报道还向世人展现了日本违反条约义务、拒不参加布鲁塞尔会议的丑恶行径。《华盛顿邮报》在11月21日的社论中评论说："如果布鲁塞尔会议结束时宣布其完全没有能力调解中日之间的冲突，这并不令人感到吃惊，与会者更没有理由相互指责"；"参加布鲁塞尔会议是《九国公约》所有签字国的义务"，日本拒绝出席会议，"在一定意义上注定了布鲁塞尔会议的失败，但在更深层次的意义上，这使得会议取得完全的成功"，因为这"[日本拒绝出席]使得问题一目了然，布鲁塞尔会议是有用的。"[③]

---

①③ The Secretary of State to the Chairman (Davis) of the American Delegation (Nov. 21, 1937), United States Department of State, *Foreign Relations of the United States Diplomatic Papers, 1937, Vol. 4, The Far East*, Washington: United States Government Print Office, 1954, p. 225.

② *New York Time*, Nov. 30, 1937.

出席布鲁塞尔会议的英国代表克莱夫总结了罗斯福政府的用意："他们更希望使用所有可能的妥协方法来使会议尽可能长时间地继续其媾和的努力。如果会议最终失败，那么必须向世界清楚地表明会议失败的原因。在我们看来，毫无疑问，这样考虑的主要目的是，如果会议失败，确保世界舆论特别是美国民意在此过程中受到教育。"①

第四，受到罗斯福的个人"渐进主义"风格的制约。美国学者理查德·哈里森(Richard A. Harrison)对此曾有精辟的概括："罗斯福的个人外交很少是简单和直截了当的。正如国内事务一样，在外交事务中，他是一位伟大的实验者——检验想法、实践观念、期望结果。这样的外交很少留下固定模式，很容易被当作不确定、不一致、肤浅甚至是危险的。如同当时的英国政治家，后来的历史学家们注意到罗斯福的方案中缺少承诺和不能'坚持到底'，但是这些批评忽视了罗斯福在外交实践中始终坚持的渐进主义和交换的策略。"②

如前所述，从表面上看，在罗斯福发表了对日本实行"隔离"的演说后，由于美国国内出现了强烈的反对声音，罗斯福随即退让，似乎放弃了对日本实行封锁和经济制裁的主张。但实际情况是，罗斯福并没有放弃这一战略构想。在日军击沉"帕奈"号后，罗斯福提出了与英国一起对日本实行海上封锁的计划。两国海军的战争规划部门负责人还专门在伦敦进行了会晤，具体落实了该计划及其他实质性的合作。美日最终走向战争，在很大程度上也是逐步落实这一战略的结果。

但由于孤立主义盛行，不惜任何代价避免战争的思潮严重制约了罗斯福政府的政策选择和行动。"教育美国民意"在罗斯福看来是一项头等重要的任务，并持之以恒地加以实施。实际上，罗斯福在"教育美国民

---

① Sir R. Clive(Brussels) to Mr. Eden(Received Nov. 3, 9 pm), *Documents on British Foreign Policy, 1919-1939, Vol. 21: Far Eastern Affairs*, November 6, 1936-July 27 1938, pp. 419-420.

② Richard A. Harrison, A Neutralization Plan for the Pacific: Roosevelt and Anglo-American Cooperation, 1934-1937, *Pacific Historical Review*, Vol. 57, No. 1(Feb. 1988), p. 70.

意”和扭转美国孤立主义倾向方面是如此努力和坚持不懈，以至于“修正主义”历史学家对彻底扭转美国孤立主义倾向的珍珠港事件疑窦丛生，并著书立说，提出了诸多指责：一是罗斯福对日本的经济制裁导致了日本要么战斗，要么成为四流国家；二是在珍珠港事件之前罗斯福和赫尔拒绝与日本达成任何妥协是不合理的；三是尽管事先有大量的情报，华盛顿没有警告珍珠港的将领们即将到来的攻击。[①] 换言之，是罗斯福引发了日本对珍珠港的攻击。虽然这些指责是否属实并不是本书讨论的范畴，但也从一个侧面反映出罗斯福的渐进主义风格和坚定的原则性。

由于上述原因，罗斯福对南京暴行的回应显得具有一定的局限性，但从长远看罗斯福试图“教育美国民意”和扭转美国孤立主义倾向的努力以及逐步落实对日本实施经济“隔离”的战略最终也有了结果。1941 年 12 月珍珠港事件后，美国民意发生了根本性转变，孤立主义也在美国失去了市场，日本军国主义分子在 1931 年开启的侵略、扩张道路也即将走到尽头。

二、美国民意的变化

1. 民意研究及结果　日军的暴行对美国民众也产生了显著的影响。从 1939 年到 1942 年，美国学术期刊刊载了数篇有关美国民意研究的文章，对美国民意对日本、中国的态度及美国中立政策进行了调查和研究，这些研究成果大致反映了当时美国民意及其变化趋势，对我们了解当时的美国民意大有裨益。

1939 年，美国著名的战争研究和国际法专家昆西·莱特(Quincy Wright)和卡尔·纳尔逊(Carl J. Nelson)在美国《民意季刊》(*The Public Quarterly*)发表了题为《美国对日本和中国态度：1937—1938》的文章。与常见的民意调查不同，他们的方法是通过对《纽约时报》《芝加哥每日

---

① John McKechney, The Pearl Harbor Controversy: A Debate Among Historians, *Monumenta Nipponica*, Vol. 18, No. 1/4, 1963, p. 47.

新闻》和《芝加哥论坛》三家报刊的文本分析，导出民意的倾向和变化。这一研究基于这样的假设，即报刊表达的观点在一程度上反映了报刊读者的态度。部分原因是报纸编辑总是向读者提供其希望阅读的内容，另一个原因是报刊的观点影响公众的态度。

该研究的具体方法是将报纸的社论、新闻报道、深度报道、专栏等内容中的带有倾向性的陈述分类分为敌意的、中立的和支持的三大类型，每一类型又分为五个等级，然后将其编成态度指数制成图表。下图为《纽约时报》《芝加哥每日新闻》和《芝加哥论坛》三份报纸从 1937 年 1 月至 1938 年 3 月对日本态度的综合指数曲线。

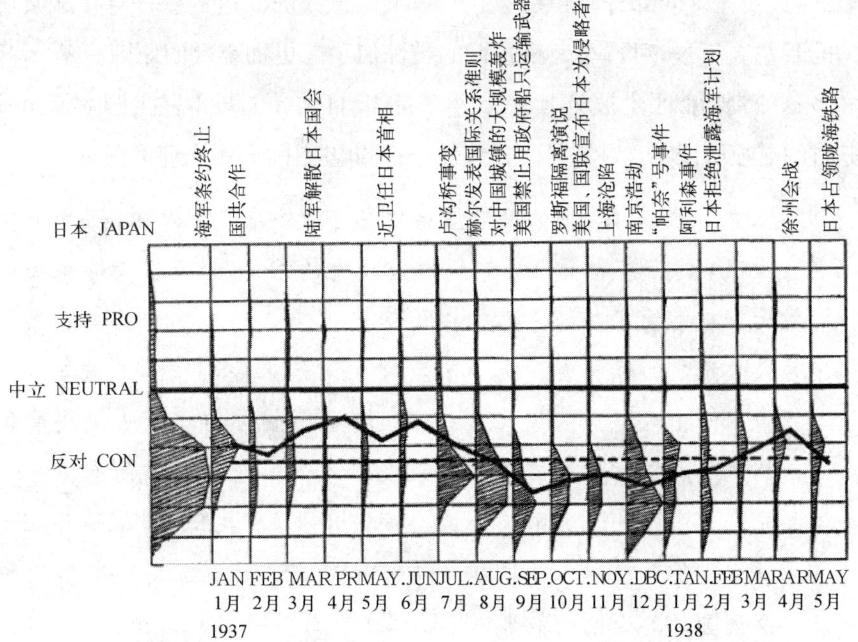

资料来源：Quieny Wright and Carl J. Nelson, Attitudes Toward Japan and China, 1937 - 1938, *The Public Opinion Quarterly*, Vol. 3, No. 1(Jan., 1939), p. 48.

从这一图表我们可以看出：一是从 1937 年 1 月开始，即卢沟桥事变发生之前，美国民意对日本就持有负面的看法。在作者研究的这一时间段内，美国民意从未出现过支持日本的趋势。二是卢沟桥事件爆发后，美国民意对日本的负面评价持续加强。9月份随着日本对南京的大规模轰炸及对其他中国城市的轰炸造成大量平民伤亡的报道,美国民意对日本所持的负面评价达到顶点。10月5日,罗斯福发表了“隔离”演讲。第二天,国联和美国国务院宣布日本为侵略方后,美国民意由于担心美国卷入战争,因而对日本的敌视态度有所缓解。但在11月日本占领上海后,民意对日本的负面评价有所增强。12月由于“帕奈”号事件,特别是日本占领南京后的暴行被报纸广泛地报道,美国民意对日本的负面评价达到一个新的程度。至于“帕奈”号事件和南京暴行哪一个对美国民意影响更大,昆西·莱特(Quincy Wright)和卡尔·纳尔逊认为:“12月(民意)对日本的极端敌意,毫无疑问部分原因是‘帕奈’号事件造成的。这一事件直接触及美国的利益。不过,对日军南京暴行的震惊似乎是更加重要的原因。”①

这一判断似乎也被美国1938年3月15日破译的日本驻美国大使至外务省的电报所证实。在3月4日致外务省的电报中,日本大使斋藤写道:

> 这个国家(美国)的反日情绪的原因总的来说可以在下面找到:
>
> (1) 对南京和上海轰炸规模被夸大的报告,对无数无辜平民造成大灾难触动了美国人情感中的敏感点。美国人把他们自己当作是人类正义的保护者。接下来是“帕奈”号事件,同时,日本军队占领南京时出现混乱的夸大报告。所有这一切使得美国人觉得美国人的声望和美国的权威被削弱以及日本人的意图是将所有的外国当局赶出中国……美国公众的态度过去是,现在仍是,美国必须不惜一切代价避免卷入外国战争中。随着德国加强了对东欧的政策以及英国外务大臣的辞职,欧洲的政治局势变得更加危险,这进一步加强并固化了美国的反战情绪。由于面对这样的公众情绪,美国政府似乎真诚地遵循防止其被拖入战争的行动方针。然而,目前有

① Quieny Wright and Carl J. Nelson, Attitudes Toward Japan and China, 1937 - 1938, *The Public Opinion Quarterly*, Vol. 3, No. 1(Jan., 1939), p. 52.

大批的"人民使者"从日本来到这个国家。根据不完整和……①的观察,这些人得出的结论是反日情绪正在变得严重。他们所有的人都将这一报告寄回家。

(2) 在许多可能加剧反日情绪的原因中一些更重要的原因是:

a. 尽管并非完全对"一无所有"国家缺乏同情,而日本就是"一无所有"国家之一,但是存在这样的看法,即日本向中国派遣了大批军队,这些军队在造成大破坏,并对许多违反正义和人道的行为负有责任。

b. 这个国家(美国)对中国所具有的传统的同情——来自在中国的美国传教士对公众思想所施加的影响。

c. 担心与法西斯意大利和纳粹德国结盟的日本甚至可能有入侵美国本土的计划。

d. 天真地认为由陆军控制的日本不能被依靠。作为最终目标,日本将驱逐白人在亚洲影响的所有痕迹。

(3) 为了消除反日情绪的积累,我们必须驱散上述错误看法的迷雾。正如欧文·扬(Owen Young)告诉霍见(Tsurumi)②(现代美国作家和记者)的那样,在占领地区建立法律和秩序,并避免任何激起美国公众舆论的行动。③

虽然斋藤在遣词造句中应用了"夸大报告"等词汇,但就日军在南京的暴行影响美国民意的基本事实而言,斋藤并没有加以否认或是在电报中只字不提。

尽管《纽约时报》《芝加哥每日新闻》和《芝加哥论坛》的根本态度是支持中国反对日本,但这三家报纸在一些方面还是存在很大的差别的。《芝加哥论坛》是孤立主义的支持者,反对采取集体行动以"隔离"国际违法者,在这一时间段里,该报 121 次表达了这一观点,并提倡从动荡地区

① 由于某种原因,这里的一段文字未能破译。

② Tsurumi 有多种中文翻译。

③ RG 457, Location: 190/37/13/01, Box 286, National Archives at College Park.

撤离外交官、部队及平民;《纽约时报》实际上没有呼吁过要对日本采取行动,但常常将日本描述为一个侵略成性的国家,而中国这片土地上的人民勇敢、不屈不挠地面对着可怕的不利条件,保卫着国家;《芝加哥每日新闻》则呼吁美国采取坚定立场,因为美国已经卷入了这一冲突,迟早不得不阻止日本的侵略,软弱的政策只会纵容进一步的侵略,类似的观点在这一时间段共出现 21 次。

具有孤立主义倾向的《芝加哥论坛》有关中日冲突的报道远远少于《纽约时报》和《芝加哥每日新闻》。如《芝加哥论坛》没有突出报道日本对南京及其他中国城市的轰炸、日本士兵的抢劫,特别是几乎没有报道日本占领南京后长达两个多月的恐怖行为,而在此期间,《纽约时报》却有着大量描述发生在南京的日军暴行的报道。尽管《芝加哥每日新闻》有关日军南京暴行的报道没有《纽约时报》那样突出和持之以恒,但《芝加哥每日新闻》刊载了有关日本和中国现状的系列文章,这些报道非常有效地表达了其态度。下面是这三家报纸各自对日本态度指数曲线。从中可以看出,《纽约时报》和《芝加哥每日新闻》反映的民意高度一致。日本对南京及其他城市的轰炸和南京暴行都使得民意对日本的负面评价达到新的程度。虽然《芝加哥论坛》在 6 月份对日本态度出现了正面的评价,但总体上看其对日本的态度仍然是负面居多。

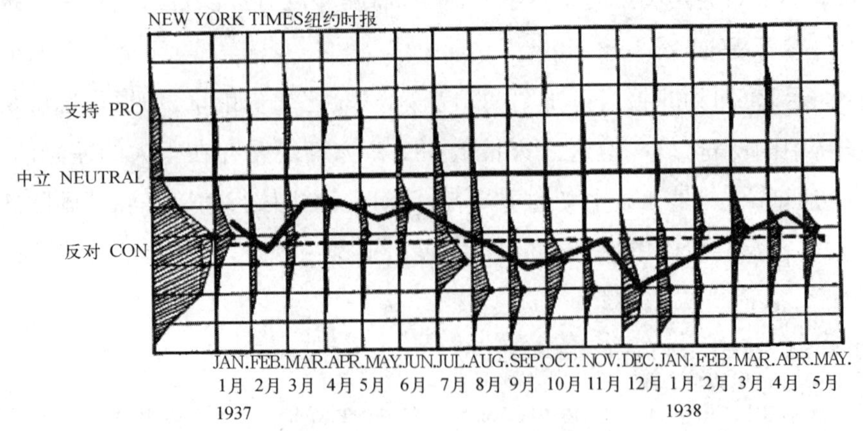

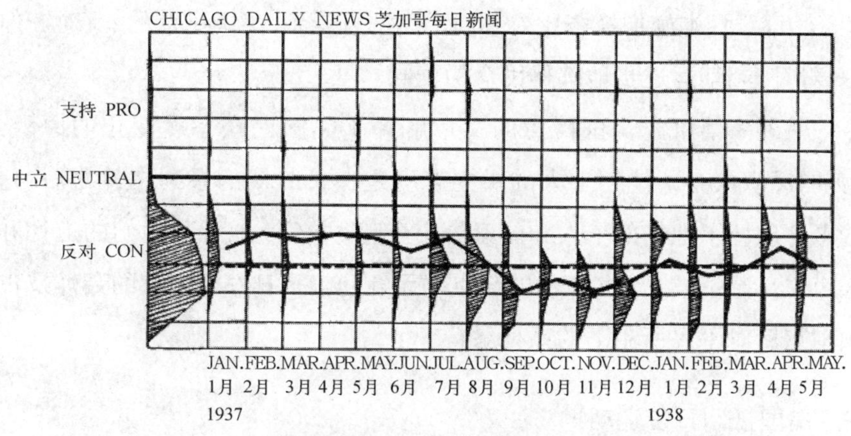

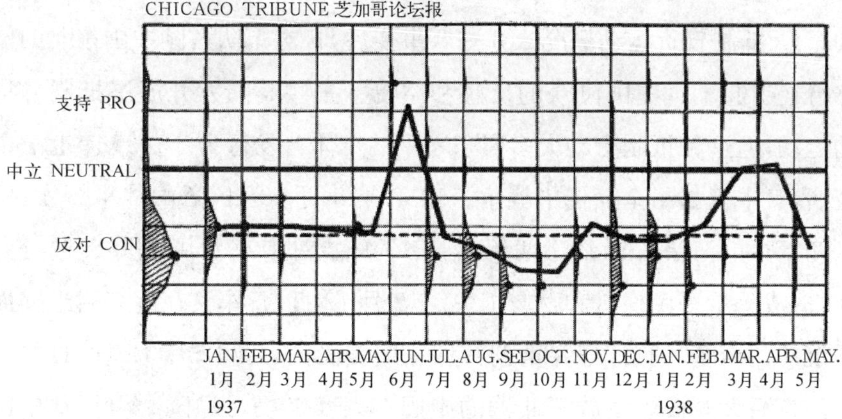

资料来源：Quieny Wright and Carl J. Nelson，Attitudes Toward Japan and China，1937－1938，*The Public Opinion Quarterly*，Vol. 3，No. 1(Jan.，1939)，p. 51.

同时期及之后的其他的相关研究没有将日军对南京的轰炸和在南京对平民的暴行作为独立的变量进行考察。另外，这些研究的重点是关注孤立主义对美国对外政策的影响。研究方法多为运用盖洛普等民意调查的结果，但以此种方式所得出的美国民意对日本的态度的结论与昆西·莱特和卡尔·纳尔逊的研究结论基本相同。如约翰·马斯兰德(John W. Masland)在其文章中指出："美国公众从来没有喜欢过日本一直以来[在中国的]所作所为。但是孤立主义是一关键的因素。直到

1938年,对日本施加经济压力[的政策]一直受到[美国民众的]反对。但是[对日本]禁运逐步地都得民众的赞同。"①

另外一篇研究美国民意的文章解释了美国民众态度变化的原因:"美国民众放弃了他们个人的中立态度是在长时期的系列事件之后,这些事件破坏了他们的个人和国家的安全感,并不断地触犯他们的道德和人道主义感情。"②这些事件的起点毫无疑问就是日军对南京的轰炸及占领南京后对平民所犯下的系列暴行。

三、美国抵制日货运动

1. 抵制日货运动概况　九一八事变后,日本军队占领中国东北的侵略行径引起不少美国民众的反感和谴责。一些美国人开展了抵制日货的运动,但这种抵制行动大多属于零星的个体自发行为。1937年七七事变后,日本开始了全面侵华战争。1937年8月13日,淞沪战事爆发,中日两军在上海展开激战。两天后,日军开始对南京及周边城市进行轰炸,造成大量平民伤亡和财产损失。12月12日,日军又在南京附近江面炸沉美国炮艇"帕奈"号并重创其他三艘美国商船。12月13日,日军占领南京后大规模屠杀放下武器的中国军人及平民,强奸妇女,抢劫中国及外国公民和机构的财产,大规模纵火。上述暴行还通过各种渠道在美国得以广泛传播。

一般认为,1937年8月28日,美国《民族》(Nation)周刊发表题为"抵制日本货物"的社论为美国抵制日货运动的开端。③ 劳伦斯·格利克

① John W. Masland, American Attitudes toward Japan, *Annals of the American Academy of Political and Social Science*, Vol. 215, America and Japan(May, 1941), p. 163.

② Philip E. Jacob, Influences of World Events on U. S. "Neutrality" *Opinion*, *The Public Opinion Quarterly*, Vol. 4, No. 1(Mar., 1940), p. 51.

③ 也有学者认为美国的抵制日货运动是在七七事变爆发后立刻开始的。参见 Nathan M. Becker, The Anti-Japanese Boycott in the United States, *Far Eastern Survey*, Vol. 8, No. 5 (Mar. 1, 1939), p. 49.

曼(Lawrence B. Glickman)概述了这场运动发展和扩大的过程:“1937年10月,美国劳工联盟(American Federation of Labor)和工业组织大会(The Congress of Industry Organization)认可对日本的产品进行抵制。罗斯福总统似乎也同意这样的行动,他要求对侵略国家,包括日本进行‘隔离’。在1937年12月(日军)炸沉长江上的美国炮艇‘帕奈’号和越来越多有关日军在中国的暴行被报道后,抵制日本丝绸运动成为美国历史上最流行的消费者运动之一。《财富》杂志1938年2月进行的民意调查发现这个国家有一半以上的人支持这一抵制,这一运动的支持者将其称为‘人民的抵制’。”[①]佐证《财富》杂志这一调查结果的证据之一是1938年初,美国最大的六家连锁店——伍尔沃斯(F. W. Woolworth)、克雷斯基(S. S. Kresge)、麦克罗里(McCrory)、克雷斯(S. H. Kress),F&W大商店(The F. and W. Grand Stores)和美元店(The National Dollar Stores)——宣布他们将不再向日本订购日本生产的货物。正如伍尔沃斯公司一位高级职员声称的那样,如果消费者的抵制行动继续下去的话,他们将不会向日货发出订单。[②]

根据美国报纸报道和其他相关研究,抵制日货运动参与者阶层广泛,包括美国中产阶级、美籍华人、社会名流、劳工和专业团体等。此外,还有众多的社会组织也加入到抵制日货的运动中。这些形式多样的组织包括了制造商协会、劳工工会、退伍军人协会、教会、传教士协会、消费者组织、社会服务协会、基督教女青年会、基督教男青年会、青年组织、大学生群体、共济会、和平协会、进步组织、共产党以及为推动抵制运动而成立的专门组织,如抵制日本侵略委员会、美国和平民主联盟中国援助委员会和“中国人民美国之友”等。它们大都属于自由派和

① Lawrence B. Glickman, “Make Lisle the Style”: The Politics of Fashion in the Japanese Silk Boycott, 1937－1940, *Journal of Social History*, Vol. 38, No. 3(Spring, 2005), p. 579.

② Why and How to Boycott Goods “Made In Japan”, Published by American League For Peace and Democracy, 268 Fourth Avenue, New York, N. Y., February, 1938, p. 6.

左翼。

就分布而言，抵制日货运动在全美的发展是不平衡的。包括波士顿、纽约和费城在内的美国东北部地区的抵制日货运动的规模和程度最为宏大和激烈。中西部及部分东海岸城市为中上水平。往美国南部和西部，抵制日货运动的规模和程度递减。但在西海岸，除洛杉矶外，其他城市和地区的抵制日货运动又重新变得非常强烈。城市比乡村要积极和强烈的多。根据南森·贝克尔(Nathan M. Becker)的研究，“很明显，支持抵制日货的情感比行动本身要强烈的多。在好几个地区，觉得应该抵制日货的人中只有一半或者是三分之一实际上真正这样做了。美国有不少的行业几乎没有出现抵制运动。另外，小集镇、农村人口所受到的抵制日货的影响比生活在大城市的居民要小得多”①。

由于非政府主导，抵制日货的方法可谓五花八门，各显神通。在一些城市，抵制日货运动不仅得到消费者支持，而且得到零售商的支持，抵制运动的效果非常明显。出售日货的商店被要求不再向日本订货，并争取销售其他替代产品。这一方法将抵制日货运动的范围扩大至许多本来不会参与的人群，但这一方法的使用并非普遍。在另一些地方，“抵制日货委员会常常与当地的零售商达成不销售日货协议，但由于消费者[对零售商]压力的放松，零售商觉得这样的运动是临时的，[于是]逐步地让日货重新回到商店”②。

各地区抵制日货普遍采用的方法是在商店橱窗上张贴有关抵制日货的海报；在汽车上张贴写有相关内容的贴纸；在俱乐部、教会、劳工组织进行抵制日货必要性的演讲；在广播电台进行相关访谈；在杂志上做广告；散发小册子、传单；举行群众集会，用日货作营火燃料；宣传女大学生脱去丝袜的行动等，不一而足。在一些城市的商业区，

①② Nathan M. Becker, The Anti-Japanese Boycott in the United States, *Far Eastern Survey*, Vol. 8, No. 5(Mar. 1, 1939), p. 51.

抵制日货的积极分子还设置纠察线，呼吁购物者加入抵制日货的行列。

在这方面，华盛顿共同体联盟（Washington Commonwealth Federation）所开展的相关工作具有一定的代表性。华盛顿共同体联盟成立于 1935 年，是华盛顿州民主党内的一个由工团主义者、新政改革派、自由主义者和共产党人组成的左派联盟，目标是推动新政改革，促进社会进步。其出版物《星期日新闻》周报在西雅图的劳动人民中影响很大。1937 年 7 月 24 日，《星期日新闻》首次提到了抵制日货。8 月 8 日，该周报登文章敦促抵制日本制造的货物，并指出日本必须遵守《九国公约》。① 随后，《星期日新闻》开始用“Boycott Japanese Goods”（抵制日货）作为分栏符，并多次刊登了带有倾向性的有关中日战争的新闻以及美国一直在向日本提供军事物资的新闻。②

1937 年的圣诞销售季节，《星期日新闻》刊文敦促本地消费者抵制购买当地的日本货物。如 10 月 30 日的一篇采访报道，九位不同性别和身份的人接受了采访，绝大多数受访者认为抵制日货有助于削弱日本经济，这样能够尽快地结束战争。③ 从 11 月开始，《星期日新闻》报道了西雅图地区销售日本货物商店的名单。报纸还告知读者日本制造的商品种类，如仿皮革制品、刷子、梳子、珍珠、新式镜子、碎呢地毯、竹子制品和扫帚等，并鼓励消费者在购物时询问那些没有标签的货物的产地。④《星期日新闻》还刊文，称隶属于华盛顿共同体联盟的青年组织打算“每个星期六将在销售日本货物的商店执行纠察任务，直到这些商店不再销售日

① WCF Asks Boycott of Japan Goods, Schwelenbabach Urged For Court Post, *The Sunday News*(*Seattle*, *WA*), August 7, 1937, p. 1.

② Japan Aided In Invasion by US Military Cargo, *The Sunday News*(*Seattle*, *WA*), August 15, 1937, p. 1.

③ Mr. & Mrs. Seattle Favor Boycott of Japanese Products to End War, *The Sunday News* (*Seattle*, *WA*), Oct. 30, 1937, pp. 1,4.

④ Kress, Rhodes, Woolworth 5 - and - 10 Stores Carry Big Japanese Stocks, *The Sunday News*(*Seattle*, *WA*), Nov. 6, 1937, p. 1.

本商品”。[①]

1937年12月，随着日军炸沉“帕奈”号和占领南京后的暴行被广泛地报道，《星期日新闻》呼吁劳工组织建立他们自己的抵制日货委员会以便继续这一抵制运动，目的是打击为战争提供物质支撑的日本经济体系。[②] 除了利用报纸开展抵制日货运动外，华盛顿共同体联盟，特别是其下属的青年组织还采取了其他更广泛和更加深入地抵制日货的行动。这些行动包括设置纠察线、散发传单、向工会和工人联盟演讲、举行群众集会、在日本领事馆前示威、提出流行口号以及游行等。目标是敦促美国消费者采取行动使日本战争经费枯竭。另外，华盛顿共同体联盟还写信给其他工会、教会、工商企业，敦促他们建立抵制日货委员会，并为抵制日货运动作出自己的贡献。

由于丝绸是日本对美国出口的主要产品，且没有可替代的其他丝绸来源地，因此除了前面提到的大学生脱去丝袜的行动外，抵制日货的组织者通过报纸、宣传册等将穿戴丝绸与支持日本军国主义画等号，有的甚至将穿丝袜与屠杀婴儿相提并论[③]。通过这种通俗易懂的联系，抵制日本丝绸的组织者试图提高民众抵制日货的自觉意识。

美国首都华盛顿的女性购物者联盟(League of Women Shoppers)以寓教于乐的方式开展抵制日本丝绸的活动。(见图5.4)1938年1月28日，该组织在美国首都华盛顿的沃德曼公园剧院(The Wardman Park Theater)举行了一次别开生面的时装秀，有600多人参加，其中包括许多上流社会的著名人士。这一盛大活动的主题是“没有丝绸的生活：从早晨到午夜穿着棉织品和人造丝织品”。这一活动持续了一个多小时，著

① Youth to Picket Stores Selling Japanese Goods, *The Sunday News*(*Seattle*, *WA*), Nov. 20, 1937, p. 1.

② Bombing of Panay Spurs Boycott Drive, *The Sunday News*(*Seattle*, *WA*), Dec. 18, 1937, p. 1.

③ 如 The Boycott Japanese Goods Committee of Greater Boston 发行的宣传小册中提出了“Did Your Stockings Kill Babies”的问题。

WOMEN TO BOYCOTT

Off With Silk:

DORI

H.O.I

Home Owners
Get More Tim
Pay Up On L

WCF WomenSwitch to
otton Stockings; CIO,
FL Support Boycott

Powers Will Plan
Action On China
War This Month

图 5.4　美国妇女抵制使用日本丝绸运动

名的设计师李·西蒙森(Lee Simonson)导演了这一时装秀,他本人也带着一条毛织领带。女性购物者联盟组织这一时装秀的目的是为了推广和普及抵制日本丝绸的运动。用她们自己的话说:“揭示一位妇女在没有日本丝绸的情况下照样可以时髦”①。组织者还认为推广抵制日本丝绸运动还可以提高社会责任意识和非丝绸的时尚风气。时装模特穿着由棉、人造丝、羊毛制作的适合在不同场合穿戴的时装闪亮登场。本次活动的高潮是被《华盛顿邮报》称之为拥有好莱坞最美腿形的电影明星埃莉诺·鲍威尔(Eleanor Powell)穿着棉质丝袜与其他模特儿一道登场。由于《华盛顿邮报》等美国主流报纸报道了这一活动,此次活动影响非常宽泛。美国国务卿赫尔在 1938 年 2 月 3 日给美国驻日本大使格鲁的电报中也介绍了此次活动:“1 月 28 日,华盛顿的女性购物者联盟举行

① Shoppers Plan Fashion Show: “Life Without Silk” Theme of Women’s League Planned Exhibit, *Washington Post*, Jan. 19, 1938, p. 13.

了一场‘无丝绸生活’的时装展示会，以戏剧性的方式鼓励（美国）个人抵制日本的丝绸。”①

1938年1月，美国的《华人文摘》（The Chinese Digest）也刊登了数张美国华人妇女穿着棉质长袜的照片，图片说明为“追赶时髦，穿人造丝织品”。根据斯科特·王（K. Scott Wong）的研究，“美籍华人团体全心全意地加入了这一抵制运动。实际上，这一抵制运动的效果非常显著。从1936年到1938年间，日本的丝绸出口减少了五分之三”②。

1938年后，越来越多的组织开始将其工作重心转移到阻止美国向日本出口潜在的战争物资方面。如1938年底和1939年初，美籍华人团体与其他美国人一起，在旧金山、长滩、波特兰和西雅图的码头示威和设置纠察线。他们抗议和宣传这样一个事实，即日本许多战争物资都是来自美国。又如1938年夏成立了“不参与日本侵略美国委员会”（American Committee for Non-Participation in Japanese Aggression）。该委员会的目的是“探讨阻止向日本出口战争物质及贷款的有效方式方法”。

2. 抵制日货运动的成因　始于1937年8月的抵制日货运动是美国民间对日军侵华暴行的回应，其具体成因主要有以下四个方面。

首先，日军对中国的侵略和在南京等地犯下了各种暴行。8月15日上午9时（东京时间），日本海军航空队20架飞机首次对南京大校场机场、明故宫机场等目标实施了“越洋轰炸”。③ 此后，日机对南京的党政机关、军事设施、交通设施、广播电台等目标持续进行轰炸，并殃及医院、大学等民用设施及商业区和居民区，造成大量平民的伤亡。南京市长马超

① The Secretary of State to the Ambassador (Grew) in Japan (Feb. 3, 1938), United States Department of State, *Foreign Relations of the United States Diplomatic Papers, 1938, The Far East*, Vol. 3, Washington: United States Government Printing Office, 1954, pp. 65 - 66.

② K. Scott Wong, Parades, Pickets, and Protests: Chinese Americans on the Home Front, *HUMANITIES*, Vol. 28, No. 4 (Jul. /Aug. 2007), p. 38.

③《木更津海军航空队昭和12年8月15日南京攻撃戦鬥詳报》，日本防衛省防衛研究所図書館藏，(2)支那事變50。

俊在致行政院的呈文中称："计自八月十五日起至十月十五日止两个月中，共遭空袭六十五次，骚扰破坏无时或已，我无辜民众惨死敌弹之下者，先后达三百余人，其他如文化组织、慈善团体以及医药机关等，亦莫不遭其摧毁。"据该呈文所附《南京市城乡各区敌机空袭损伤统计表》记载，从 8 月 15 日至 10 月 15 日的两个月中，南京市民因日机空袭死亡 392 人，伤 438 人。①

对西方人而言，与造成平民伤亡同样恶劣的是日军对西方国家的傲慢态度，在以下两方面表现得尤为突出。

一是拒绝西方驻南京外交官在南京建立一个免遭轰炸的"安全区"的要求。8 月 20 日，驻南京的德国、英国、法国、意大利和美国大使协商后，决定由美国大使约翰逊出面，通过美国国务院和美国驻日本大使格鲁，并联合各国驻日本大使向日本外务省表达他们希望在南京建立一个可以免遭日本飞机轰炸的安全区的愿望。8 月 23 日，格鲁向日本副外相提出了在南京的特定区域内禁止日本轰炸的要求。当晚日本政府进行了回复，并以在该区域内有中国军事设施为由拒绝了西方大使的这一要求。同时，他们还威胁道："日本政府希望预先警告各国，如果中国人利用这些建筑进行任何敌对或挑衅行为，则日本将被迫采取相应的对付措施。"②

二是威胁要对南京进行大规模的轰炸，企图胁迫外国人撤离南京。9 月 19 日，日本海军第三舰队司令官长谷川清中将在向美国驻上海领事馆递交的一份声明中称，日本海军航空队将于 1937 年 9 月 21 日午后对南京及其周边地区实施大规模空袭，并要求外国公民撤离空袭地区。但

① 《南京市长马超俊就本市被日机空袭损伤情况致行政院呈文》(1937 年 11 月 4 日)，中国第二历史档案馆、南京市档案馆编：《侵华日军南京大屠杀档案》，江苏古籍出版社，1997 年版，第 4—6 页。

② The Ambassador in Japan(Grew) to Secretary of State, United States Department of State, *Papers Relating to the Foreign Relations of the United States, Japan: 1931 -1941*, Vol. 1, Washington: United States Government Printing Office, 1943, p. 490.

日军并没有明确哪里是安全的，而且于9月20日就提前对南京进行了猛烈空袭。美国海军扬子江巡逻舰队司令官在致美国海军作战部长李海(William D. Leahy)的电报中报告：9月20日，“从上午9时30分到下午1时，大约30架日本轰炸机空袭了南京，在城内多处投掷了许多炸弹，有一枚炸弹落入长江，恰好就在外国军舰锚地前爆炸”①。轰炸还造成50名中国平民死亡。

9月22日和9月25日，日军分别对南京实施了大规模轰炸，近百架日机分别对首都电厂、南京市政府、国民党南京市党部、中央广播电台、财政部、卫生署、中央医院、南京兵工厂、南京防空指挥部、军政部、浦口火车站和商业街区进行了轰炸。南京的电力供应也因轰炸而大部中断。日机的轰炸还导致外国驻南京大使馆险象环生。9月25日日机轰炸南京时，“数枚500磅的炸弹落在法国大使馆四周不到100码的地方”②。美国国务卿赫尔将这一险象用电报告知美国驻日本大使格鲁。

日机空袭造成大量中国平民伤亡并危及西方人的事件不仅发生在南京，还发生在广州、汉口、南昌、上海、杭州、南通、无锡等多座城市。如11月12日，日机轰炸了位于无锡的美国医院。此外，8月26日下午，英国驻华大使许阁森在前往上海的途中遭到日机袭击，许阁森因此负伤。之前，意大利使馆汽车也遭到日机的攻击。③

---

① The Commander of the United States Yangtze Patrol (Marguart) to the Chief of Naval Operations(Leahy), United States Department of State, *Foreign Relations of the United States Diplomatic papers, 1937, The Far East*, Vol. 4, Washington: United States Government Printing Office, 1954, p. 345.

② 美国国务卿赫尔将这一险象专电通告了美国驻日本大使格鲁。参见 The Secretary of States to the Ambassador in Japan(Grew), United States Department of State, *Foreign Relations of the United States Diplomatic Papers, 1937, The Far East*, Vol. 3, Washington: United States Government Printing Office, 1954, p. 555.

③ 美国破译的9月3日日本外务省致日本驻美国大使馆电报写道：“两辆意大利使馆的汽车在例行的从南京前往上海的路上遭到日本飞机的射击，但未造成损害。然而，这一事件在日本和意大利被绝对保密。”参见 Diplomatic Message Translation, RG 457, Location: 190/37/13/01, Box 286, National Archives II at College Park.

日本的上述野蛮行径引起了国际社会的强烈反应。国联代表大会于9月28日一致通过决议，谴责日机轰炸中国城市的野蛮行径："顾问委员会紧急讨论了日军飞机轰炸中国不设防城市问题，并对无辜平民，包括大量妇女、儿童的生命因轰炸遭受涂炭而深感悲痛。委员会宣布，这种引起全世界惊恐和愤怒的行径是没有任何辩解理由的。对此，我们予以严正谴责。"①

12月12日，日军又将停泊在南京长江上游的美国军舰"帕奈"号炸沉，并重创三艘美国商船。"帕奈"号并非普通的军舰，而是非常时期美国大使馆的临时栖身场所。留守大使馆的负责人，二等秘书艾奇逊在此之前曾数次将"帕奈"号的位置通过日本驻上海总领馆及时通报给了日本军事当局，且就在"帕奈"号遇袭的3个半小时前，一艘日本陆军的巡逻艇还登上"帕奈"号进行过核查。空袭时天空晴朗，能见度极高，日本飞行员在对"帕奈"号进行第二波低空轰炸和扫射的过程中也不可能辨别不出"帕奈"号的国籍，但"帕奈"号仍被炸沉。

其次，西方新闻记者对日军在华暴行的及时报道。淞沪战事爆发后，中国军队的英勇抵抗吸引了大批西方战地记者前往报道。不仅大量关于战事进展的报道出现在美国等西方报纸的头版，而且日本对南京及其他中国城市轰炸所造成的伤亡与恐惧也被广泛报道。美联社、路透社、合众社、《纽约时报》、《时代周刊》等西方主流媒体广泛报道日军的南京暴行。如8月28日《纽约时报》以《大使们谴责轰炸南京：外交官请求东京当局停止空袭远离军事区域的平民区》为题，报道了轰炸对平民造成伤害："在迄今为止南京遭受的最具破坏性的一次空袭中，日军轰炸机

---

① Resolution Adopted by the League of Nations Advisory Committee on Sept. 27, 1937, United States Department of State, *Papers Relating to the Foreign Relations of the United States, Japan: 1931 -1941*, Vol. 1, Washington: United States Government Printing Office, 1943, p. 506.

今天对首都最贫困地区的轰炸造成150人死亡、数十人受伤。”①与日军轰炸南京一样，日军占领南京后的暴行也迅速在国外传播。正如前文所述，日本占领南京的当天，《纽约时报》的德丁（见图5.5）、《芝加哥每日新闻》的斯蒂尔、路透社的史密斯、美联社的麦克丹尼尔和美国派拉蒙电影新闻的门肯等记者仍然留守在南京。

图5.5　重庆的外国记者，中间为《纽约时报》的德丁

1937年12月15日和16日，五名西方记者先后离开南京前往上海。在美国炮艇“瓦胡”号上，《芝加哥每日新闻》记者斯蒂尔设法让发报员将其写的有关南京沦陷后日军行为的报道发送出去。1937年12月15日（美国时间），《芝加哥每日新闻》刊登了斯蒂尔的报道。该报道最后写道：“当我们离开这座城市时所看见的最后一幕是一队300多名中国人正在江边附近的墙前被有条不紊地处决，那里尸体堆足以没膝（见图

① Envoys Condemn Nanking Bombings: Diplomats Ask Tokyo to End Raids on Civilian Districts Far From Armed Areas, *New York Times*, Aug. 28, 1937, p. 4. 除此之外，该报9月3日报道了南京由于日军的轰炸遭到局部破坏；9月20日、9月21日报道了南京发生空战新闻；9月22日报道了有关英美抗议，敦促日本不要对南京进行大规模轰炸的消息；9月23日报道了广田回应英美抗议的新闻；9月27日刊登了日本大规模轰炸南京后，南京现状的报道；10月7日报道了12小时内南京遭到3次空袭；10月12日报道了轰炸导致中央医院关闭等。

5.6)，这一场景是过去两周南京最典型的画面。"12 月 16 日，《纽约时报》也刊登了美联社有关该报道的新闻稿。[1]

图 5.6　下关江边的尸体

12 月 17 日，斯蒂尔在《芝加哥每日新闻》发表了另一篇有关日本士兵在南京大街小巷搜捕和屠杀被怀疑是中国士兵的报道。[2] 派拉蒙电影新闻的门肯也将其在南京的经历通过"瓦胡"号上的无线电发给了美联社。12 月 16 日，《西雅图每日时报》刊登了美联社的这一新闻稿。同日，《西雅图每日时报》以《记者的日记描述了南京的战争恐怖》为题，刊登了美联社的麦克丹尼尔的日记。其 12 月 16 日的日记是这样结尾的："我对南京的最后记忆是：死去的中国人、死去的中国人、死去的中国人。"[3]12 月 18

① Archibald T. Steele, Nanking "Four Days in Hell", *New York Times*, Dec. 16, 1937, p. 15.

② 1938 年 2 月，斯蒂尔在《芝加哥每日新闻》发表了另外两篇有关日军暴行的报道。

③ C. Yates McDaniel, Newsman's Diary Describes Horror of War in Nanking, The *Seattle Daily Times*, Dec. 17, 1937, p. 6.

日,麦克丹尼尔的另一篇发自上海的有关南京的新闻稿在《斯普林菲尔德共和党报》上发表。路透社的史密斯也在到达上海后向伦敦总部发送了有关日军占领南京后各种暴行的新闻稿。

《纽约时报》(见图5.7)更是高密度地报道了与南京有关的新闻。除了前文提到的报道外,12月18日,《纽约时报》在第一版刊登了德丁的题为《所有俘虏都惨遭屠杀》的报道。德丁写道:"屠杀平民的暴行广泛存在。周三,走遍全城的外国人发现每一条大街上都有死难的平民。他们中间有老年人、妇女和儿童。警察和消防队员成了日军专门袭击的目标……外国人目睹了多起这样的杀戮。日军的抢夺几乎将整个南京城洗劫一空。日军几乎侵入每栋房屋,经常是在自己长官的眼皮底下抢走一切想要的东西。"①

图5.7 《纽约时报》总部

12月24日,该报刊登了记者哈立德·阿本德(Hallett Abend)的题为《恐怖笼罩下的南京被详细披露》的报道,内容为其根据南京的外国人

① Tillman Durdin, All Captives Slain, Civilians Also Killed as Japanese Spread terror in Nanking, *New York Times*, Dec. 18, 1937, p. 1.

的描述所写。① 1938 年 1 月 9 日，该报第一版刊登了德丁的长篇报道——《中国指挥官逃走：日军暴行标志着南京的陷落，侵略者处死 20000 人，日军对被包围的平民实施集体屠杀——中国人死亡总数达 33000 人》。同日，该报还刊登了另一篇报道——《日军占领南京以来美国财产遭抢夺，美国大使馆官员调查并报告众多房屋遭洗劫，报告寄给了约翰逊》。1938 年 1 月 15 日，该报刊登了《美国领事指控南京发生更多的抢劫》。1 月 23 日刊登了《日军继续在南京抢劫，美国领事提出正式抗议》。1 月 25 日又刊登了《混乱在南京持续：暗示哗变，日本军官未能制止抢劫和其他丑行，外国人被禁止入城》。1 月 26 日刊登了《日军在南京无法无天》的社论。两天后，即 1 月 28 日，以《外交官被日军士兵扇耳光：美国驻南京代办约翰·阿利森被打——美国向日本提出抗议，军方支持士兵的行为》为题，报道了美国大使馆负责人三等秘书阿利森在南京被日本军官殴打的经过。到了 5 月 17 日，该报又刊登报道《美国就南京提出抗议：格鲁要求东京方面重新向美国公民开放南京》。在 1938 年 12 月 30 日，该报以《历史学家报告南京的混乱：贝茨告诉救济委员会日军占领后南京遭抢劫》作为当年有关日军南京暴行的收官之作。（见图 5.8）

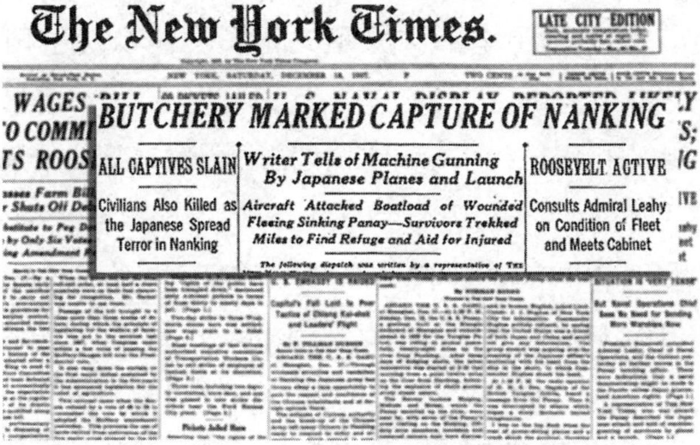
The New York Times.

LATE CITY EDITION

BUTCHERY MARKED CAPTURE OF NANKING

ALL CAPTIVES SLAIN

Civilians Also Killed as the Japanese Spread Terror in Nanking

Writer Tells of Machine Gunning By Japanese Planes and Launch

Aircraft Attacked Boatload of Wounded Fleeing Sinking Panay—Survivors Trekked Miles to Find Refuge and Aid for Injured

ROOSEVELT ACTIVE

Consults Admiral Leahy on Condition of Fleet and Meets Cabinet

图 5.8　《纽约时报》有关南京暴行的报道

① Hallett Abend, Foreigners in 2 Cities Warn to Get Out—Terror Reign in Nanking Detailed, *New York Times*, Dec. 24, 1937, p. 7.

1939年,美国著名的战争研究和国际法专家昆西・赖特和卡尔・纳尔逊在美国《民意季刊》发表了题为《美国对日本和中国的态度 1937—1938》的文章。其研究认为美国民意对日军暴行的反感和厌恶是抵制日货运动产生的重要思想基础。关于媒体报道与抵制日货运动之间的联系,日本驻美国大使斋藤进行了最好的诠释。美国破译了他在9月28日致外务省的电报,电报中这样写道:

> 尽管日本声明,最近对南京和广州轰炸的目标是这些地方的军事设施,但这些轰炸在这里(美国)被认为是直接对准非战斗人员。目的是打击他们的士气,摧毁他们的抵抗精神,因而使得战场变得对我们有利。因此,这些攻击引起了对中国人的巨大怜悯和同情。这里的报纸在直言不讳地攻击他们所称的"日本的野蛮和非人道行为"方面变得几乎完全一致。民意认为(已成为无线广播的主题)要日本反思其野蛮和非人道是无济于事的。唯一有效的方法就是断绝与日本的商业关系,这样对其财政造成致命的打击,而财政是其军事力量的基础。①

再者,传教士所做的大量工作。传教士的工作又可分为两个方面:一是对日军南京暴行的揭露;二是增进了美国民众对中国的了解和同情。

一方面,曾在中国居住三年,时为美国司法部官员的威廉・多尔蒂(William E. Daugherty)在1942年撰文,分析了日军暴行得以在美国传播的原因:"无需[中国]宣传部向外部世界讲述有关南京暴行的情况,实际上,当时位于汉口的官方国际宣传处(Chinese Board of Information)自身也是从上海的外国消息来源了解到这一可怕的噩梦的。正是外国人——美国人、英国人、德国人——向外部世界讲述了他们被迫目睹的

① Diplomatic Message Translation, RG 457, Location: 190/37/13/01, Box 286, National Archives II at College Park.

令人震惊的惨剧。当这些男女出(回)国时,他们讲述了亲身所见。这些描述在美国得以广泛地传播。"[①]威廉·多尔蒂提到的美国人就是在日军占领南京后仍然留在南京的 14 名美国人。他们绝大部分都是传教士,同时也是大学教授、医生和管理人员,即便是专职牧师也都接受过良好的教育。几乎所有人都以文字的形式记录了日军暴行,既有共同的见证,又有各自遭遇和感受,并通过不同的路径传递到其在美国既有的社交圈,有些外溢到整个社会。

如 1938 年 1 月 10 日,贝茨(Miner S. Bates)将一封标题为"南京暴行"的信带出南京。[②] 在信的开头,贝茨写道:"在强奸和刺刀刺杀以及无情的射杀的氛围中,匆忙地写了南京暴行,利用自南京被占领后第一次外国船只——美国海军打捞'帕奈'号的拖船——到达的机会将其寄出。上海的朋友将会从[美国驻上海]总领事那里取到这封信,并在没有新闻审查的情况下,设法通过一艘外国的船只将其带出。"[③]

南京金陵文理学院的魏特琳则是以另一种方式向美国传送南京的情况。日军占领南京后,魏特琳保护难民的工作十分繁重,但她每天坚持写日记,并定期将这些日记通过各种途径寄给其在美国的朋友和派遣机构。[④] 1938 年 4 月 30 日,莫德·萨维斯(Maude T. Sarvis)以《来自南京日记的说明》(Notes From a Nanking Diary)为题在俄亥俄州辛辛那提市的《同学》报纸上发表,并进行连载。[⑤]

在获准离开南京时,传教士们又亲自将有关资料带出南京。1938 年

---

① William E. Daugherty, China's Official Publicity in the United States, *The Public Opinion Quarterly*, Vol. 6, No. 1(Spring, 1942), p. 73.

② 尽管这封信没有签名,但从内容看,特别是与贝茨在东京审判作证的内容比较,可以确定是贝茨所写。

③ January 10, 1938 "Nanking Outrages", RG 10, Box 90, Folder 719, Special Collections of the Yale Divinity School Library.

④ 日军占领南京后,她的日记和信件也是通过美国或英国的船只带出南京的。

⑤ Maude T. Sarvis, Notes form a Nanking Diary, *The Classmate*, RG 20, Box 10, Folder 220, Special Collections of the Yale Divinity School Library.

1月30日，菲奇(George A. Fitch)将马吉(John G. Magee)拍摄的胶卷带到美国。[①] 而菲奇的日记则由第一个获准离开南京的外国人——德国人克勒格尔带到上海(1938年1月23日)，后被带出中国，并广为流传。他的日记不仅在传教士的社交圈传播，而且在田伯烈和徐淑希各自编撰的书籍中被全文收录。[②] 更重要的是该日记以第三者转述的形式在Ken杂志上发表，题目为《南京劫掠：一名在中国居住20年，南京陷落时留在南京的美国人向约翰·马洛尼的讲述》。1938年7月号美国《读者文摘》全文转载了这篇文章。[③] 当时《读者文摘》的发行量和影响力极大，这对美国民意产生的影响也是显而易见的。

另一方面，与纯商业活动不同，在华的传教士通过传播大量有关中国的消息，培养了美国的亲华群体，影响了美国民意，并成为美国民众了解中国的一个最主要的渠道。用约翰·马斯兰德的话说：传教士们"似乎是通过两个独特的手段对政府政策的形成施加影响。一是刺激公众舆论非常同情中国人和高度支持美国亲中国的政策，这是间接的；二是通过直接与政府官员接触，并在一定程度上，通过压力[集团]政治促进这样的亲华政策[的产生]"。[④] 许多在华传教士与其国内众多的朋友、支持者、大学同学建立了密切、广泛的联系。他们定期将有关他们在中国工作的情况及其他的当地见闻和发展变化以信件的形式寄回美国。这些信件往往由雇佣这些传教士的机构油印，并在相当的范围内传播。许多在教会和宗教杂志及

---

① 菲奇在12天后，即2月12日返回中国。

② 参见 H. J. Timperley (ed.), *What War Means: The Japanese Terror in China, A Documentary Record*, London: Victor Gollancz Ltd, 1938, pp. 20－51; Hsu Shuhsi(ed.), *The War Conduct of the Japanese, A Digest of Japanese War Conduct*, Shanghai: Kelly and Walsh, 1939, pp. 151－180。

③ Ken, The Sack of Nanking, as told to John Maloney by an American with 20 years experience in China who remained in Nanking after its fall, *The Reader's Digest*, Vol. 33, No. 195 (July, 1938), pp. 28－32.

④ John W. Masland, Missionary Influence Upon American Far Eastern Policy, *The Pacific Historical Review*, Vol. 10, No. 3(Sep., 1941), p. 280.

报刊上发表，有些也在普通的报刊上发表。借此，大量有关中国的信息提供给了美国一个广大的群体，并产生了相当大的影响。此外，每年大批的传教士返回美国休假也是影响美国民意的一条途径。他们往往会应邀作有关中国局势及其所在城镇情况的报告，并与当地众多的美国人进行交流互动，增加了美国人对中国的了解和好感。50 多家派遣传教士的机构，通过其人脉网络及定期会议、杂志刊文、筹款等活动使得许多美国民众保持了对中国事务的兴趣和关注。七七事变后，传教士对美国民意的影响得到了进一步的加强。大批传教士由于日本发动的战争被迫返回美国，他们将有关日本侵华战争的一手信息也带回美国，并用各自不同的方式从事着促进对华援助、救济难民和对日本实行经济制裁的活动。

曾在南京金陵神学院任教的毕范宇(Frank Price)(见图 5.9)及其兄哈里・普赖斯(Harry Price)在因战争爆发被迫返回美国后，于 1938 年夏成立了名为“不参与日本侵略美国委员会”(American Committee for Non-Participation in Japanese Aggression)的组织。传教士是该委员会的主力。在他们的邀请下，前国务卿史汀生出任该委员会的名誉主席，

图 5.9　范毕宇、陈光裕、吴贻芳在重庆

包括美国亚洲舰队前司令亚奈尔(Harry E. Yarnell)将军在内的一批知名人士担任了委员会的荣誉成员。该委员会的目的是"探讨阻止向日本出口战争物资及贷款的有效方式方法"。为实现这一目的,委员会通过各种途径做了大量的宣传工作,并取得了明显的成果。[①] 金陵文理学院的海伦·卢米斯(Helen M. Loomis)在1937年9月被迫撤离南京返回美国后于1938年夏成立了"中国信息服务"(China Information Service)组织。她建立了一个由5000人组成的通讯网络,这些人来自宗教界、学术界。她定期向他们寄送双周新闻通讯,内容由在华传教士撰写并包括由中国消息来源提供的各种宣传材料,其目标是增加对华援助和对日本实行经济制裁。类似的组织以及为推动抵制日货运动而专门成立的组织还有:"中国人民美国之友"(American Friends of the Chinese People)、医疗救援中国美国办事处(American Bureau for Medical Aid to China)、中国工业合作美国委员会(American Committee for Chinese Industrial Cooperatives)、中国战争孤儿美国委员会(American Committee for Chinese War Orphans)、中国援助委员会(China Aid Council)、中国救济基督教委员会(Christian Committee for China Relief)、中国盲人协会(Institute for the Chinese Blind)、中国平民救济联合委员会(United Council for Civilian Relief in China)、抵制日本侵略委员会(Committee for Boycott against Japanese Aggression)和美国和平民主联盟中国援助委员会(The China Aid Council of the American League for Peace and Democracy)等。这些组织绝大部分的运作经费都是由中国的同情者捐赠的。

同时,来自中国的由传教士个体所写的信件也源源不断地到达美国。许多信件动情地呼吁美国消费者抵制日货,抗议美国向日本运送潜

① John W. Masland, Missionary Influence Upon American Far Eastern Policy, *The Pacific Historical Review*, Vol. 10, No. 3(Sep., 1941), p. 295.

在战争物资，并质问美国为什么向日本这一正在侵略爱好和平的国家出售飞机、废钢铁和石油产品。许多传教士敦促采取具体措施停止这些交易。他们认为向日本出售这些物资违反了道德原则。对那些担心这样的禁运可能导致战争的人，这些传教士回应道，因为这样的禁运削弱了日本经济，日本不敢冒险与美国开战，这样的禁运会迫使其更快地放弃对中国的侵略。①

最后，抵制运动既满足了孤立主义的核心诉求也表达了美国的民意。无论是对日军南京暴行的反感和厌恶，还是对中国人民的同情都不足以抵消30年代美国盛行的孤立主义思潮。孤立主义核心的诉求是不惜任何代价避免美国再次卷入对外战争。根据《财富》1936年1月的民意调查，在受到充分挑衅的情况下，仅有11%的美国人支持采取军事惩罚措施。在1938年4月的调查中发现："即便在受到极端挑衅的情况下，只有16%的公众愿意与日本打仗。"②尽管不愿卷入战争，但绝大部分美国民众认为在中日冲突中日本毫无疑问是侵略者，并同情中国人民反抗侵略的斗争，特别是日军在中国，尤其是在南京的系列暴行被广泛地报道后，更是如此。日军的行为突破了美国民众的道德底线。

在这一背景下，抵制日货运动不失为一种两全其美的选择：一方面，打击和削弱了日本军国主义侵略的经济基础，表达了民众对日本侵略行径的愤怒；另一方面，因为抵制日货运动是民间自发的行动而非政府行为，因而又不会将美国拖入战争。这满足了孤立主义思潮的核心诉求。《远东观察》(*Far Eastern Survey*)1939年的一篇论文总结了美国出现抵制日货运动的原因："近年运用经济武器作为国家或国际政策工具引起

---

① John W. Masland, Missionary Influence Upon American Far Eastern Policy, *The Pacific Historical Review*, Vol. 10, No. 3(Sep., 1941), p. 290.

② Fortune April 1938，转引自 Philip E. Jacob, Influences of World Events on U. S. "Neutrality" Opinion, *The Public Opinion Quarterly*, Vol. 4, No. 1(Mar., 1940), p. 59. 这一调查是在摄影记者在"帕奈"遇袭时拍摄的关于日本飞机低空轰炸、扫射"帕奈"号的纪录片在美国放映后不久进行的。从该记录片可以看出日本对美国进行赤裸裸的挑衅和侵犯。

了广泛的讨论。辩论中,在不参战或是不涉及官方经济制裁风险的情况下,民间抵制(日货)运动作为对侵略国家施压的一种手段而受到提倡。"①

3. 抵制日货运动的效果　历时一年的抵制日货运动效果如何?可以从直接效果,即日本对美国出口的减少和间接效果,即对美国政府对日政策的潜在影响两方面来分析。

一是抵制日货运动的直接效果。七七事变之前,由于美国对日本产品实行了保护性关税和进口配额的限制,美国从日本进口的大部分商品是非竞争性的,亦即美国本土无法替代的产品,如丝绸占了美国从日本进口货物的大头,这在一定意义上削弱了抵制日货运动的效果。但由于经济萧条和人造纤维的应用,还是导致了生丝在日本对美国出口产品中所占的份额的不断地减少。如1924—1928年间,生丝占日本对美出口总额的83%,但到1937年已降至49%。日本被迫开发新的出口产品,特别是轻工产品以弥补这一下降。1929年,美国从日本进口额中,制造业产品占8.8%,到1937年增至26.2%。在1937年7月至1938年7月间,美国从日本的进口额为1.52亿美元,而之前12个月的进口额为2.04亿美元,也就是减少了5200万美元。换言之,降幅为26%。但由于在该阶段美国经济处在衰退周期,因此无法将这一降幅完全归结为抵制日货运动。在同一时期,美国从其他国家的进口额减少19%。② 如果以此为参照值的话,抵制日货运动还是取得了相当的成果。

抵制日货运动究竟为日本对美国的出口额的减少做出了多少贡献?南森·贝克尔(Nathan M. Becker)通过问卷调查,分析新闻报道、杂志文章和贸易数据以及采访个体等方式对这一问题进行了专门的研究。

① Nathan M. Becker, The Anti-Japanese Boycott in the United States, *Far Eastern Survey*, Vol. 8, No. 5(Mar. 1, 1939), p. 49.

② Nathan M. Becker, The Anti-Japanese Boycott in the United States, *Far Eastern Survey*, Vol. 8, No. 5(Mar. 1, 1939), p. 53.

他将日本出口美国的货物分为三种类型：一类是通过商标或其他标识很容易被确定为日本生产，且在零售商店销售时能够被其他来源所替代的商品，如玩具、电灯、洋娃娃、金枪鱼、螃蟹肉、瓷器、陶器、刷子、棉地毯、袜子及其他棉织品等。据估计，这类产品占战前（七七事变）美国从日本进口额的23%。在1937年7月至1938年7月，这类产品减少了2020万美元，即43%。根据贝克尔的推算，其中约55%是由抵制运动造成的，也就是说抵制运动给这类产品造成了1100万美元的损失，即较之战前，抵制运动造成这类产品的损失为23.6%。第二类是生丝。在战争爆发的前一年，生丝占美国从日本进口商品总额的52%，货值为1.06亿美元。战争爆发后的第一年，美国从日本进口的生丝额降至8600万美元，即下降了22%。但贝克尔认为抵制日货运动在生丝进口额下降方面发挥了一个相对次要的作用，原因是1937年上半年由于生丝价格的上涨和进口商对经济形势的乐观态度导致了美国生丝库存的增加。1937年下半年开始，美国经济陷入衰退及去库存导致了美国从日本进口生丝数量的下降。另一个原因是纺织业人造纤维取代生丝的长期趋势。尽管抵制日货运动的宣传活动很多都是围绕着丝绸进行的，并在短期内取得了显著的效果，但作为替代品，人造丝和莱尔线的质量似乎不完全令人满意。1938年第二季度开始，抵制丝绸的运动逐步退潮。根据贝克尔推算，从日本进口的生丝额下降的2300万美元中，大约有15%，即340万美元归功于抵制运动。第三类产品是抵制日货运动在大多数情况下都没有触及的产品。这类产品之所以没有被触及，原因是一般民众无法识别其为日本生产的产品，或者是因为它们为原材料或者为半加工的材料，或者是没有替代品，而且这些材料在批发市场销售。这类产品包括毛皮、猪鬃、紫苏油、除虫菊、薄荷醇和樟脑等。贝克尔推算，在战争爆发后的一年时间里，第三类产品损失的1020万美元中，大约有5%归功于抵制运动的影响。贝克尔强调，“这些推算是不精确的，只是一个近似值。将这三类产品放在一起，我们的估计使得我们相信，来自日本进口额下降的总数中大约28%是由于抵制日货运动造成的。我们的结论是在战争爆发后的第一年中,美国消费者抵制日货运动使日本大概损失了1500万美元,即占日本战前(七七事变)出口到美国货物总额的7.4%”。他最后又指出,“尽管抵制日货运动对日本出口美国所造成的损失不是特别巨大,但是未来这些出口并非安全可靠,这里还没有考虑官方禁运或是惩罚的可能性”①。

显然,上述分析是严谨的,对抵制日货运动所产生效果的估计也是相当谨慎和保守的。考虑到第一类产品,即消费者很容易确定其产地为日本的产品的损失额中55%是由于抵制运动所造成的这一事实,抵制日货运动不仅反映了美国民众对日本侵略中国,特别是南京系列暴行的反感和厌恶,而且也对日本出口造成了实质性的打击。另外,在澳大利亚、英国、法国、加拿大等许多国家也出现过抵制日货运动,这充分表明了日本的失道寡助。

二是抵制日货运动的间接效果。日军南京暴行在美国广为传播后,日本政府采取的对策,不是有效地制止日军暴行,而是提供秘密经费,用于在美国的宣传和公关活动。根据美国破译的日本外交文件,9月19日,日本外务省向日本驻美国大使馆汇去10万美元用于公关和宣传。10月5日,外务省又向日本驻美国大使馆提供了用于宣传的专款,并指示:“无论何时有了好的结果,或无论何时制定了明确的计划,执行这些计划的资金将会随即汇过来。另外,为此问题特别拨款的这笔资金应该被直接用在宣传上,在任何情况下这笔资金都不得用做弥补由于临时人员的增加或购买设备所造成的赤字。发票和开支报告应该附在每月最后一天提交的报告后面。”同一天,外务省还向日本驻芝加哥领事馆汇款

① Nathan M. Becker, The Anti-Japanese Boycott in the United States, *Far Eastern Survey*, Vol. 8, No. 5(Mar. 1, 1939), pp. 53-55.

一万美元“用于宣传工作”和“用于发表支持日本的文章”。①

根据威廉·多尔蒂(William Daugherty)的研究，“在战争的前四年，众所周知，日本每年仅在美国就花费了数百万美元用于宣传和公关”。日本宣传的目的之一是“防止美国对日本实行战争物资禁运”和“挫败美国民众抵制日货运动及美国政府提高关税和其他惩罚日本产品在美国销售的企图”。② 这也从反面说明了美国抵制日货运动的作用和效果。

由于日本的经济结构和自然资源禀赋及地理位置的特点，无论是政府还是民间都清楚地认识到限制日本贸易，打击日本经济是阻止日本侵略和继续施暴的最有效的手段。实际上，在日本大规模地轰炸南京后不久，罗斯福就发表了“隔离演说”，暗示要对日本实施经济制裁。在日军炸沉“帕奈”号后，罗斯福与英国大使讨论了联合对日本实行海上封锁的构想，之后，两国海军的参谋人员还具体落实了这一计划。③ 只是由于美国孤立主义思潮的制约和美国国会的反对，这些构想才未能得到落实。副国务卿韦尔斯后来不无遗憾地指出：“美国民众拒绝他们的总统在‘隔离演说’中提出的建议，这一决定使美国失去了避免与日本交战的最佳机会。”④他还将美国民众反对罗斯福对日本实行“隔离”的决定归为影响历史的七大决定之一。

在相当长的时间里，日本都是美国在亚洲的第一大贸易伙伴，而且两国经济和贸易存在着巨大的互补性。以 1931—1940 年这一时间段为

---

① Diplomatic Message Translation, RG 457, Location: 190/37/13/01, Box 286, National Archives II at College Park.

② William E. Daugherty, China's Official Publicity in the United States, *The Public Opinion Quarterly*, Vol. 6, No. 1(Spring, 1942), pp. 71 - 72.

③ 参见 Sir R. Lindsay(Washington) to Mr. Eden(Received December[18], 9. 30 a. m.), *Documents on British Foreign Policy 1919 - 1939*, *Vol. 22*: *Far Eastern Affairs*, November 6, 1936 - July 27, 1938, pp. 589 - 592; Lawrence Pratt, The Anglo-American Naval Conversations on the Far East of January 1938, *International Affairs*(*Royal Institute of International Affairs 1944 -*), Vol. 47, No. 4,(Oct. , 1971), pp. 760 - 763.

④ Sumner Welles, *Seven Decisions that Shaped History*, New York: Harper, 1950, p. 92.

例,美国对日本的年平均出口额占美国对亚洲出口额的48%,从日本进口的年平均额占从亚洲总进口额的21%。在此期间,日本是仅次于英国和加拿大的美国第三大贸易伙伴,而美国则是日本第一大贸易伙伴,同时,美国还是日本第一大进口国。[①] 换言之,包括对日本进出口商在内,美国存在着一个与日本贸易有关的产业链和相当规模的从业者。他们反对罗斯福1937年10月5日发表的"隔离"演说,更反对美国的抵制日货运动和之后对日本实施贸易禁运的呼吁。实际上,就在华盛顿女性购物者联盟1938年1月28日在沃德曼公园剧院举行抵制丝绸的时装秀的同时,美国针织业工人联盟(American Federation of Hosiery Workers)组织的由300多人参加的游行在剧院外进行了抗议抵制丝绸运动。游行者举着的标语牌写道:"穿戴丝绸,拯救我们的工作"和"为什么要让我们成为外国战争的受害者?"等。另外,由美国丝绸进口商和加工商组成的针织制造商全国协会(National Association of Hosiery Manufacturers)、国际丝绸协会(The International Silk Guild)以及两家工会组织还成立了一个联合委员会专门应对抵制丝绸运动。

正是在这样的环境下,特别是在当时美国盛行的不惜任何代价避免卷入外国战争的孤立主义思潮中,抵制日货运动的组织者、参与者和同情者以一种较为折衷的方式拉开了美国对日本实行经济制裁的序幕。正如美国学者劳伦斯·格利克曼(Lawrence Glickmen)所评论的那样:"抵制日货参与者要求孤立主义盛行的美国心甘情愿地接受[抵制日货]这一运动。但这个运动是为了改善一个远在天边的民族的生活,而且许多人相信,这一运动还是以牺牲美国工人的一些利益为代价的。抵制日货(丝绸)参与者巧妙地以娱乐、时尚,尤其是道德的方式推动这一运动……随着备战的强化,政府的政策逐步取代了'人民的抵制'。这一运

① John W. Masland, Commercial Influence upon American Far Eastern Policy, 1937 - 1941, *The Pacific Historical Review*, Vol. 11, No. 3(Sep., 1942), p. 582.

动尽管在减少日本的关键出口方面受到欢迎并且卓有成效，但无法阻止战争物资销往日本，特别是废钢铁和石油。”①

随着局势发展，特别是美国民意变化，美国政府开始承担起阻止战争物资销往日本的责任。1939 年 7 月，美国废除《日美通商航海条约》，并于 1940 年 1 月 26 日生效；1940 年 9 月 26 日，美国禁止废钢铁出口；1941 年 7 月，罗斯福宣布冻结日本在美国的资产；同月，美国政府颁布行政命令，禁止从日本进口丝绸。而实际上，抵制日货运动的组织者和参与者的实践比美国政府的这一禁令整整早了四个年头。在很大程度上，抵制日货运动实际上是之后由美国政府实施的经济制裁的准备和预先实践。

美日最终走向战争的直接导火索是美国逐步对日本实行石油、废钢铁等物资的禁运及冻结日本在美国的资产。从某种意义上说，开启这一进程的正是日军的侵华战争，特别是日军的南京暴行及由此而引发的美国抵制日货运动。

① Lawrence B. Glickmen, “Make Lisle the Style”: The Politics of Fashion in the Japanese Silk Boycott, 1937 - 1940, *Journal of Social History*, Vol. 38, No. 3(Spring, 2005), pp. 596 - 597.

结 语

梳理美国外交文件，可以清晰地看出1937—1938年日本军队在南京及周边地区的完整行为模式和所产生的影响。本研究的第一部分除了记叙日军如何轰炸南京、国际社会对日军轰炸南京做出了何种反应及日本外务省的应对之策外，还展示了日军当局是如何拒绝在南京设立一个可以免遭日军轰炸的“安全区”和如何企图迫使外国外交使团及外国人撤离南京，并揭示了两者之间的联系，认为其目的都是为了赶走第三方目击者。

第二部分除了还原“帕奈”号事件的来龙去脉外，重点论证了轰炸“帕奈”号是日军故意所为，并探讨日军轰炸“帕奈”号的原因及其隐含的逻辑，特别是对在南京“安全区”内避难的中国民众而言意味着南京不再有任何的安全区可言，无论是外国的使领馆、教堂还是外国学校都是如此。事件后来的发展也完全证实了这一含义的真实性。

第三部分专门论述了日本当局是如何拖延、阻止和干扰外国人（包括外交官、记者等）前往或返回南京。直到穷尽各种借口及在美国政府多次交涉的情况下，美国的外交官、医务人员、传教士和商人才先后被允许返回南京。本章展示了日本当局一方面为外国记者离开南京提供方便;另一方面,对之后申请前往南京的外国记者加以拒绝,并对其他外国人返回南京设置各种障碍,同时又警告南京沦陷时留在南京,之后由于各种原因申请离开南京的外国人要谨言慎行。联系到之前日军轰炸南京时千方百计地赶走外国人的企图,读者很容易看出这一现象背后的原因是日本当局完全了解日军在南京的所作所为,并千方百计地企图加以掩盖。

返回南京后,美国外交官通过与留在南京的美国人的交谈及亲自观察了解了南京陷落后所发生的各种暴行。1月25日,大使馆官员埃斯皮起草了《南京的现状》的长篇报告,由阿利森签署后寄给了国务院及大使约翰逊。阿利森还将《美国公民财产损失调查》和《中国财产损失调查》的长篇调查报告先后寄给国务院及约翰逊大使。与此同时,还有大量的有关日军在南京各种暴行的电报。本研究的第四部分分门别类地概述了日军在南京的暴行对中国及外国公民的生命和财产所造成的损失。

面对日军如此众多的暴行,美国官员是如何分析其背后的原因,日本官员对此又是如何解释的?罗斯福对日军南京暴行做出了怎样的回应?美国民意受到了哪些影响,并作出了何种反应?

本研究的第五部分回答了上述问题。如美国驻华大使1938年1月11日给国务卿的电报中认为,“他们[日军]对放下武器的中国士兵进行了大规模的处决,而这些中国士兵已经向安全区的外国人委员会交出了他们的武器。大规模处决的部分动机是希望以此使中国人相信他们不能有任何指望白人进行干预的想法”,而美国外交档案中记载的日本各级官员在不同场合对日军暴行的解释则可以概括为:“控制力量不足”“供应不足”“纪律松弛”等。

在日军发动对中国侵略,特别是轰炸南京及其他城市的高峰后不久,罗斯福发表了“隔离”演说。“帕奈”号事件后,罗斯福提出了与英国一道对日本进行海上封锁,美英两国海军也进行了实质性的商谈。对日军占领南京后的暴行,罗斯福指示设法向媒体透露相关暴行的信息及考虑冻结日本在美国的资产。

日军南京暴行对美国民意也产生了明显的影响,其表现形式:一方面是美国民意出现了对日本持续的负面评价;另一方面则是美国民间出现了抵制日货的运动,并产生了重要的效果。1941 年 7 月,美国政府颁布行政命令,禁止从日本进口丝绸。而实际上,抵制日货运动的组织者和参与者的实践比美国政府的这一禁令整整早了四个年头。在很大程度上,抵制日货运动实际上是之后由美国政府实施的经济制裁的准备和预先实践。

尽管上述各个章节的着重点不同,但构成了一个指向明确的完整体系,并提出了下列主要观点。一是日军南京暴行包括 1937 年 8 月 15 日开始的对南京的轰炸,其造成大量平民伤亡和财产损失;12 月 12 日炸沉美国炮艇“帕奈”号并重创三艘美国商船;12 月 13 日占领南京后大规模屠杀放下武器的中国军人及平民,强奸妇女,抢劫中国及外国公民和机构的财产,以及大规模的纵火破坏行为,而且这些暴行之间存在着内在的联系。如果用南京大屠杀来概括上述行为,存在着概念的内涵和外延的错位。因此,用日军南京暴行来概括则更加准确,即日军南京暴行是包括大屠杀在内的系列战争罪行。

二是美国外交档案不仅证明了日军南京暴行是客观史实,而且表明日本当局不仅了解日军的暴行,而且试图加以掩盖。赶走外国记者、威胁见证者、报复干预者等都是具体的掩盖措施。

三是日军的南京暴行不仅对美国民意产生了影响,而且对决策者也产生了深远影响。虽然美国的孤立主义思潮并没有就此得以扭转,由于各种制约因素,罗斯福提出的“隔离”战略也没有立刻被贯彻执行,但美日最终走向武装冲突的直接导火索是美国对日本实行石油、废钢铁等物资的禁运及冻结日本在美国的资产。这些措施实际上是罗斯福“隔离”战略的执行和落实,而“隔离”战略的产生在很大程度上是源于日军对华的侵略,特别是在南京的暴行。

就日军南京暴行而言，通过对美国外交文件及相关资料的梳理、归纳、分析和研究，我们还可以发现日军的一些具有规律性和趋势性的行为模式，而这些行为过去往往被忽略：

第一，拒绝在南京建立一个可以免遭轰炸的“安全区”。在日军开始轰炸南京后，出于自身安全和人道主义的考虑，8月20日驻南京的美国、英国、法国、德国、意大利等国大使协商后，决定由美国大使约翰逊出面，通过美国国务院和美国驻日本大使格鲁，并联合各国驻日本大使向日本外务省表达他们希望在南京建立一个可以免遭日本飞机轰炸的区域。范围从汉西门到新街口，再到北极阁(气象台)，一直到城墙，沿着城墙往北直到长江边上的火车轮渡。8月23日，日本政府拒绝了各国大使提出的要求，理由是该区域内“有几处中国军事工事和一些与军事行动有关的建筑物以及一些中国战舰及炮台”。几天后，即8月26日下午，日本飞机袭击了行驶在前往上海途中的英国驻华大使许阁森的汽车，并炸伤英国大使。同日的午夜时分，日本飞机又轰炸了位于前面提到的区域内的一个贫民区，并投掷了多枚燃烧弹，造成150多名平民丧生，数十人受伤的惨剧。

无独有偶，当战火日益逼近南京城时，1937年11月，留在南京的西方民间人士试图建立一个为平民躲避战火的临时避难场所。一旦日军完成占领，战火平息后“安全区”就自行结束自己的使命。南京“安全区”的建立是受到了上海“安全区”的启发，完全是出于人道主义的考虑。

美国外交文件中收录了美国大使馆和上海总领事馆为南京“安全区”的筹建者和日本当局之间传递信息的电报。在12月4日的一封电报中，尽管日本承认筹建者“高尚的动机”，但仍以军事考虑为由拒绝承认南京“安全区”。日本当局的回复内容如下：

> 1. 考虑到这样的事实，拟议中的地区位于南京城守备坚固的壁垒之内，而且相当开阔。因此，在它的周围不存在天然高地或人造结构，通过它们，一旦需要可以有效地切断交通。有必要将足够的

权力、物资或其他东西交到支持安全区计划的人手中，以便有效地防止中国武装军人的进入，倘若在附近的敌对行动爆发时，他们可能会到安全区寻找庇护所或将其用于军事目的。

2. 还必须指出的是，在上述的地域里面和周围存在着中国的军事设施。一旦将来在南京爆发战事的话，这块地方里面及周围的一些场所很难不被留下来的中国士兵使用。

3. 考虑到上述问题，日本当局认为即使中国当局经过评估接受了该计划，当南京城内战事爆发时，仍然缺乏足够的保证，完全不让中国军人进入该地区或将其用于军事目的。

4. 在这种情况下，尽管日本当局完全赞赏该计划负责人高尚的动机，但却不能承诺上述区域不会受到空袭或炮击。

5. 然而，理所当然，日本军队无意攻击任何中国军队未用于军事目的的地方，或中国军队未建造军事工事和设施的地方及没有中国军队驻扎的地方。①

我们知道，“安全区”国际委员会的西方人士，正是依据上述电报的第五点，宣布“安全区”成立，并让难民进入“安全区”避难的。由于日军占领南京后的持续暴行使得“安全区”存在的时间远远超过了先前的预期。正如日军当局所宣称的那样，占领南京后的日军并未尊重“安全区”的地位。日军的许多暴行就发生在“安全区”内。

日本当局一再拒绝接受在南京建立保护平民的“安全区”，特别是避免空袭的“安全区”，其背后的原因要比担心影响其军事行动，甚至比“缺乏人道主义”的文化背景要复杂得多，绝非巧合，值得关注。

第二，拒绝西方目击者。9 月 19 日，日本海军第三舰队司令发布公告，表示日本将于 9 月 21 日对南京实施大规模的轰炸，并要求所有“仍

① The Consul General at Shanghai(Gauss) to the Secretary of State，United States Department of State，*Foreign Relations of the United States Diplomatic Papers*，*1937*，*The Far East*，Vol. 3，Washington：United States Government Print Office，1954，p. 757.

居住在南京市内及周边地区的官员或居民应采取充分的措施自愿转移到比较安全的地点”,但又不表明何处为比较安全的地方。这实际上是为赶走西方目击者而进行的赤裸裸的恐怖威胁。这也从一个方面诠释了日军为什么拒绝西方五国驻华大使提出在南京市区设立一个免遭日军轰炸的“安全区”的真正原因。即便在当时,很多人士看出了这一威胁的本质。英国政府明确指出:“英国政府也不能承认日本政府有权要求外国外交官和国民撤离南京以避开空袭的危险,或调离原本应保护其国民及维持大使馆通信的军舰。”①绝大部分驻南京外交官识破了日本这一通告的真实目的,没有理会日本要求其撤离的通知。

在中国政府撤离南京后,尽管所有驻南京的外国大使馆及大部分外国公民都陆续撤离了南京,但仍有数十名西方人士拒绝离开。日本又多次发出警告要求他们离开南京。其托词是为了这些人的安全,但本质依然是不希望有西方的目击者。

日军占领南京后,首先采取各种措施限制仍留在南京的外国人的行动自由,并切断了南京与外界的所有联系,迫使留在南京的五名西方记者分别于12月15日和16日离开南京。日军当局在记者离开南京时提供了充分的“帮助”,不仅允许记者搭乘路过南京的美国炮艇“瓦胡”号离开南京,而且为美联社记者麦克丹尼尔提供日本驱逐舰“铁杉”号前往上海。

早在12月20日,留在南京的美国公民鉴于局势严峻,希望通过日本大使馆向美国驻上海的总领事馆发电报,要求美国政府尽快派使馆官员返回南京。两天后,他们再尝试着发送电报,但日本当局拒绝将这两封电报发给美国驻上海总领事馆。

不仅如此,在12月26日美国国务院决定重开南京美国大使馆后,

---

① The Charge in the United Kingdom (Johnson) to the Secretary of State, United States Department of State, *Foreign Relations of the United States Diplomatic Papers, 1937, The Far East*, Vol. 3, Washington: United States Government Print Office, 1954, pp. 535.

尽管日本当局完全了解自己无权阻止外国外交官返回南京，但日本军事当局一再以南京不安全为借口拖延美国大使馆官员返回南京。直到1938年1月6日，几经周折后，美国大使馆三等秘书阿利森一行才得以返回南京。之后南京的日本军事当局又以各种理由不允许在美国大使馆安装无线电发报机，拒绝让海军报务员去美国大使馆。直到美国政府出面交涉，问题才最终得到解决。

在外国人返回南京的问题上，日本南京当局更是一再阻扰，尽可能的拖延。另外，日本当局还试图用“单程通行证”的方式威胁离开南京的外国人，阻扰他们传播日军在南京犯下的各种暴行。日本大使馆官员在与阿利森的一次非正式的谈话中说出了日本军事当局上述举动的真实原因：“当地的军事当局对批评非常敏感，对南京的外国人发往国外有关南京现状的报告非常不安。因此，他们对允许更多的外国人来的这座城市犹豫不决。”①这里一语道破了日本当局拒绝西方目击者的真实原因。

第三，报复干预者。这实际上是上面问题的另一个方面。尽管日本当局不希望有西方人士留在南京见证日军在南京的行为，但还是有不少西方人士留在了南京，不仅见证、传播了日军在南京的种种行径，而且还对日军的暴行进行干预，这使得被干预者时常恼羞成怒，进行报复。这其中最著名的就是美国大使馆的三等秘书阿利森与里格斯陪同一名中国妇女去日军驻地指认之前强奸她的日本人时遭到日本军官的殴打，而后酿成外交事件，被美国媒体广泛地报道。但还有更多鲜为人知的类似事件：12月17日晚7时，日本士兵在金陵文理学院搜寻中国士兵时，魏特琳告知对方没有士兵时，被打了一个耳光；12月23日下午5时，金陵神学院的索恩教授在上海路2号遭到一名醉酒的日本士兵的拖拽和殴

① The Third Secretary of Embassy in China(Allison) to the Secretary of State(Mar. 15, 1938), United States Department of State, *Foreign Relations of the United States Diplomatic Papers, 1938, The Far East*, Vol. 4, Washington: United States Government Print Office, 1955, p. 293.

打;12 月 25 日上午 10 时,金陵大学里格斯教授在护送一名中国妇女回汉口路难民营的路上,在金陵大学农作物园附近遭到一名日本军官的多次殴打和侮辱;1938 年 1 月 8 日下午 2 时许,金陵大学的贝茨教授在小粉桥 32 号询问金大附中刘姓翻译被抓的情况时遭到日军军官推搡和一名日本士兵的殴打;1938 年 1 月 27 日下午约 2 点,两名日本士兵闯入金陵大学医院(鼓楼医院),与医院的麦卡伦发生冲突,并将其脖子划破;1938 年 6 月 15 日上午快到 12 点时,金陵大学的老师汤姆森(J. C. Thomson)博士乘坐一辆人力车在南京的街道上行驶时被一名日本哨兵拦住,提问题,搜身,并被打耳光。

上述事件中除了汤姆森事件外,美国政府并没有进行交涉,有些案例甚至不为人们所知晓。更不为人们所了解的是,12 月 12 日,日本陆军的桥本大佐命令向在长江航行的英国船只开炮,结果击中英国炮舰"瓢虫"号并造成人员伤亡。这一事件真正的原因是日军第十军司令官柳川得到情报,外国船只正在帮助中国军队撤退,因此命令:"桥本大佐要将所有驶离南京的船只,不论国籍,予以击沉"。

"帕奈"号被炸沉的原因之一也是日本陆军通知海军航空队,"满载着残败兵和伤残兵的中国船队正沿着扬子江向南京上游逃跑。由于陆军没有攻击的手段,希望海军航空部队予以攻击"。① 有资料显示,日本陆军还通知海军,附近江面没有外国船只。结果是日本飞行员在清楚地看到美国国旗的情况下,仍对"帕奈"号进行了攻击。日本陆军所以要让日本海军航空队实施攻击的另一个原因是 12 月 12 日上午 7 时,美国大使馆的二等秘书艾奇逊从"帕奈"号上发电报,通知日本方面:"一旦情况允许,'帕奈'号将返回南京江面以便与留在南京的美国人重新确立联系,并使本使馆尽可能快地在岸上恢复其功能。请告知,美国大使馆希

① 奥宫正武:《我所目睹的南京事件》,张宪文主编、王卫星编:《南京大屠杀史料集·日军官兵与随军记者回忆》,江苏人民出版社,2006 年版,第 122 页。

望有关当局采取适当的措施以帮助这一计划的实现。”①如果我们将上述所有事件联系在一起的话，那么就很容易理解为什么日军会炸沉“帕奈”号——赶走目击者，报复干预者。

梳理美国外交文件，我们几乎可以看到日军在南京暴行的全貌：埃斯皮的两篇长篇报告及附件涵盖了日军在南京的屠杀、强奸、抢劫、纵火等暴行，并有具体的案例，内容十分详细、具体；有关美国公司和公民的财产损失更是具体、详实，无可争辩；阿利森在1938年4月28日邮寄给国务院和驻华大使的有关中国财产损失的调查报告十分专业，报告的结论部分这样写道：“据信，在现代战争编年史上很难找到另一个受到侵略的民众遭受的由于军事行动（例如炮击、轰炸和巷战）所造成的损失占总损失的比例如此之小的案例。”②这一结论高度概括了日军南京暴行的规模和性质。

从军事角度看，日本占领南京取得了巨大军事胜利，但日军的系列暴行最终也为其失败埋下了伏笔。广为报道的日军暴行不仅增强了中国人民抗战的决心，而且对世界舆论，特别是美国民意产生了影响，对美国决策者也产生了影响。正如前文所述，美日最终走向战争的直接导火索是美国对日本实行石油、废钢铁等物资的禁运及冻结日本在美国的资产，这实际上是对罗斯福“隔离”战略的贯彻和落实，而“隔离”战略的产生在很大程度上源于日军对中国侵略，特别是日军在南京的暴行。

---

① The Ambassador in China(Johnson) to the Secretary of State, United States Department of State, *Foreign Relations of the United States Diplomatic Papers*, *1937*, *The Far East*, Vol. 4, Washington: United States Government Print Office, 1954, pp. 486 – 487.

② RG 59, M977, Roll 54, National Archives at College Park.

参考文献

一、英文文献

（一）政府外交文件

1. United States Department of States, *Foreign Relations of the United States, Japan*: 1931 - 1941, Vol. 1, Washington: U. S. Government Printing Office, 1943.

2. United States Department of States, *Foreign Relations of the United States Diplomatic Papers, 1937, The Far East*, Vol. 3, Washington: U. S. Government Printing Office, 1954.

3. United States Department of States, *Foreign Relations of the United States Diplomatic Papers, 1937, The Far East*, Vol. 4, Washington: U. S. Government Printing Office, 1954.

4. United States Department of States, *Foreign Relations of the United States Diplomatic Papers, 1938, The Far East*, Vol. 3, Washington: U. S. Government Printing Office, 1955.

5. United States Department of States, *Foreign Relations of the United States Diplomatic Papers, 1938, The Far East*, Vol. 4, Washington: U. S. Government Printing Office, 1955.

6. RG 59, Entry 198B, boxes 0810 - 1830, National Archives.

7. RG 59, M976, Roll 50 - 65, National Archives.

8. RG 238, Entry 180 - 185, Boxes 1 - 89, National Archives.

9. RG 238, Entry 168, Boxes 1 - 51, National Archives.

10. RG 457, Entry 190, Boxes 280 - 290, National Archives.

11. *Documents on British Foreign Policy 1919 - 1939, Vol. 22: Far Eastern*

Affairs, *November 6*, *1936 - July 27 1938*.

12. RG 10, Boxes 1 - 90, Special Collections of the Yale Divinity School Library.

13. RG 20, Boxes 1 - 50, Special Collections of the Yale Divinity School Library.

14. Martha Lund Smalley (eds), *American Missionary Eyewitnesses to the Nanking Massacre*, *1937 - 1938*, Yale Divinity School Library Occational Publication No. 9.

(二) 决策者日记、回忆录

1. Elliott Roosevelt, eds., *F. D. R.: His Personal Letters*, *1928 - 1945*, New York: Dull, Sloan and Pearce, 1950, Vol. III.

2. Cordell Hull, *The Memoirs of Cordell Hull*, New York: Macmillan Company. 1948, 2 Volumes.

3. Harold L. Ickes, *The Secret Diary of Harold L. Ickes*, New York: Simon and Schuster, 1954, Vol. I, II.

4. John M. Blum, *From the Morgenthau Diaries*, *Years fo Crisis*, *1928 - 1933*, Boston: Houghton Mifflin Co., 1959.

5. Henry L. Stimson, *The Far Eastern Crisis: Recollections and Observations*, New York: Harper and Brothers, 1936.

6. Sumner Welles, *Seven Decisions that Shaped History*, New York: Harper, 1950.

7. Joseph C. Grew, *Ten Years in Japan: A Contemporary Record Drawn from the Diaries and Private and Official Paper of Joseph C. Grew, United States Ambassador to Japan*, New York, Simon and Schuster, 1944.

8. Francis Perkins, *The Roosevelt I Knew*, New York: Viking Press, 1946.

(三) 学术著作、论文

1. Abend, Hallett E., *My Life in China 1926 - 1941*, New York: Harcourt, Brace and Company, 1943.

2. Adams, Fredercik C., The Road to Pearl Harbor: A Reexamination of American Far Eastern Policy, July 1937 - December 1938, *The Journal of American History*, Vol. 58, No. 1 Jun., 1971.

3. Becker, Nathan M, The Anti-Japanese Boycott in the United States, *Far Eastern Survey*, Vol. 8, No. 5(Mar. 1, 1939).

4. Boothe, Leon E., The Brussels Conference and Conflict With Japan, *World Affairs*, Vol. 135, No. 3(Winter 1972).

5. Carlisle, Rodney, The Foreign Policy View of an Isolationist Press Lord: W. R. Hearst and the International Crisis, 1936 - 1941, *Journal of Contemporary History*, Vol. 9, No. 3(Jul., 1974).

6. Clifford, Nicholas R., Britain, America, and the Far East, 1937 - 1940: A Failure in Cooperation, *Journal of British Studies*, Vol. 3, No. 1(Nov., 1963).

7. Carns, Neil S., *A Far Eastern Munich: Appeasement by Omission*, Submitted for a Master of Public Administration degree-Navy Postgraduate Curriculum Number 680, University of Washington, 1970.

8. Daugherty, William E., China's Official Publicity in the United States, *The Public Opinion Quarterly*, Vol. 6, No. 1(Spring, 1942).

9. Dorothy, Borg, Notes on Roosevelt's "Quarantine" Speech, *Political Science Quarterly*, Vol. 72, No. 3, Sep. 1947.

10. Divine, Robert A., *The Illusion of Neutrality*, Chicago: The University of Chicago Press, 1962.

11. Doenecke, Justus D., Non-Interventionism of the Left: The Keep America out of the War Congress, 1938 - 1941, *Journal of Contemporary History*, Vol. 12, No. 2(Apr., 1977).

12. Dorothy, Borg, *The United States and Far Eastern Crisis of 1933 - 1938*, Cambridge, Mass.: Harvard University Press, 1964.

13. Davidann, Jon Thares, "Colossal Illusions": US-Japanese Relations in the Institute of Pacific Relations, 1919 - 1938, *Journal of World History*, Vol. 12, No. 1(Spring, 2001).

14. Donovan, John C., Congressional Isolationists and the Roosevelt Foreign Policy, *World Politics*, Vol. 3, No. 3(Apr. 1951).

15. Daugherty William E., China's Official Publicity in the United States, *The Public Opinion Quarterly*, Vol. 6, No. 1(Spring, 1942).

16. Feis, Herbert, *The Road to Pearl Harbor: The coming of War Between the United States and Japan*, Princeton: Princeton University Press, 1971.

17. Fensterwald, Bernard Jr., The Anatomy of American "Isolationism" and Expansionism, *The Journal of Conflict Resolution*, Vol. 2, No. 2(Jun., 1958).

18. Glickman, Lawrence B., "Make Lisle the Style": The Politics of Fashion in the J apanese Silk Boycott, 1937 - 1940, *Journal of Social History*, Vol. 38, No. 3 (Spring, 2005).

19. Hosoya, Chihiro, Miscalculations in Deterrent Policy: Japanese-US Relations, 1938 - 1941, *Journal of Peace Research*, Vol. 5, No. 2(1968).

20. Harmon, M. Judd, Some Contribution of Harold L. Ickes, *The Western Political Quarterly*, Vol. 7, No. 2(Jun., 1954).

21. Homan, Paul T., Must it be War with Japan?, *Political Science Quarterly*, Vol. 53, No. 2(Jun., 1938).

22. Haight, John McVickar Jr., Roosevelt and the Aftermath of the Quarantine Speech, *The Review of Politics*, Vol. 24, No. 2(Apr., 1962).

23. Haight, John McVickar, Jr., France and the Aftermath of Roosevelt's "Quarantine" Speech, *World Politics*, Vol. 14, No. 2(Jan., 1962).

24. Haight, John McVickar, Franklin D Roosevelt and a Naval Quarantine, *The Pacific Historical Review*, Vol. 40, No. 2, May, 1971.

25. Hsu, Shuhsi, ed, *The War Conduct of the Japnese*, *A Digest of Japanese War Conduct*, Shanghai: Kelly and Walsh, 1939.

26. Harrison, Richard A., A Neutralization Plan for the Pacific: Roosevelt and Anglo-American Cooperation, 1934 - 1937, *Pacific Historical Review*, Vol. 57, No. 1(Feb. 1988).

27. Jacob, Philip E., Influence of World Events on US "Neutrality" Opinion, *The Public Opinion Quarterly*, Vol. 4, No. 1(Mar., 1940).

28. Jacobs, Travis B., Roosevelt's "Quarantine Speech", *The Historian*, Aug. 1, 1962.

29. Johnson, Paul, The myth of American isolationism: Reinterpreting the past, *Foreign Affairs*, Vol. 74. No. 3, May 1995.

30. Koginos, Manny T., *The Panay Incident*: *Prelude to War*, Lafayette, Ind.: Purdue University Studies, 1967.

31. Kitaoka, Shinichi, Diplomacy and the Military in Showa Japan, *Daedalus*, Vol. 119, No. 3(Summer, 1990).

32. Langer, William L., and Gleason, S Everett, *The Challenge to Isolation*, *1937 - 1940*, New York: Harper, 1952.

33. Lowenthal, Mark M., Roosevelt and the Coming of the War: The Search for United States Policy 1937 - 1942, *Journal of Contemporary History*, Vol. 16, No. 3(Jul., 1981).

34. Masland, John W., American Attitudes toward Japan, *Annals of the American Academy of Political and Social Science*, Vol. 215, American and Japan (May, 1941).

35. Masland, John W., Missionary Influence Upon American Far Eastern Policy, *The Pacific Historical Review*, Vol. 10, No. 3(Sep., 1941).

36. Masland, John W., Commercial Influence upon American Far Eastern Policy, 1937 - 1941, *The Pacific Historical Review*, Vol. 11, No. 3(Sep., 1942).

37. McKechney, John, The Pearl Harbor Controversy: A Debate Among Historians, *Monumenta Nipponica*, Vol. 18, No. 1/4, 1963.

38. Perry, Hamilton, *The Panay Incident*: *Prelude to Pearl Harbor*, New York: Macmillan Company, 1969.

39. Pratt, Lawrence, The Anglo-American Naval Conversations on the Far East of January 1938, *International Affairs* (*Royal Institute of International Affairs 1944 -*), Vol. 47, No. 4(Oct., 1971).

40. Schatz, Arthur W., The Anglo-American Trade Agreement and Cordell Hull's Search for Peace 1936 - 1938, *The Journal of American History*, Vol. 57, No. 1(Jun., 1970).

41. Sears, Louis Martin, The Roosevelt Foreign Policy, 1937 - 1940, *The Journal of Modern History*, Vol. 15, No. 1(Mar., 1943).

42. Timperley, H. J., ed., *What War Means: The Japanese Terror in China. A Documentary Record*, London: Victor Gollancz Ltd, 1938.

43. Vautrin, Minnie, *Diary of Wilhelmina Vautrin, 1937 - 1940*, Yale Divinity Library, Special Collections, Film Ms62.

44. Watt, Donald, Roosevelt and Neville Chamberlain: Two Appeasers, *International Journal*, Vol. 28, No. 2(Spring 1973).

45. Walter, John C., Congressman Carl Vinson and Franklin D. Roosevelt: Naval Preparedness and the Coming of World War II, 1932 - 1940, *The Georgia Historical Quarterly*, Vol. 64, No. 3(Fall, 1980).

46. Wright, Quieny and Nelson, Carl J., Attitudes Toward Japan and China, 1937 - 1938, *The Public Opinion Quarterly*, Vol. 3, No. 1(Jan., 1939).

47. *New York Time*, Aug. 1, 1937～Apr. 1, 1938.

二、日文文献

1. 南京事件调查研究会编:《南京事件资料》,日本青木书店,1992年版。

2. 笠原十九司:『日中全面戦争と海軍——パイナ号事件の真相』,日本青木書店,1997年版。

3. 田中正明:《"南京虐殺"の虚構——松井大将の日記をめぐって》,日本教文社,1984年版。

4. 自由主义史观研究会编,《教科書が教えない歴史》,日本产经新闻社,1996年版。

5. 竹本忠雄、大原康男:《再審"南京大虐殺"——世界に訴える日本の冤罪》,日本明成社,2000年版。

6. 松村俊夫:《"南京虐殺"への大疑問》,日本展转社,1998年版。

三、中文文献

1. 张宪文主编,杨夏鸣编,杨夏鸣等译,《南京大屠杀史料集·美国外交文件》,江苏人民出版社,2011年版。

2. 张宪文主编,杨夏鸣编,杨夏鸣等译,《南京大屠杀史料集·国际检察局文书·美国报刊报道》,江苏人民出版社,2007年版。

3. 张宪文主编,杨夏鸣编,杨夏鸣等译,《南京大屠杀史料集·东京审判》,江苏人民出版社,2005年版。

4. 张宪文主编,王卫星编:《南京大屠杀史料集·日军官兵日记》,江苏人民出版社,2005年版。

5. 张宪文主编,王卫星编:《南京大屠杀史料集·日军官兵日记与书信》,江苏人民出版社,2006年版。

6. 张宪文主编,王卫星编:《南京大屠杀史料集·日本军方文件与官兵日记》,江苏人民出版社,2007年版。

7. 张宪文主编,王卫星编:《南京大屠杀史料集·日军官兵日记与回忆》,江苏人民出版社,2010年版。

8. 陆束屏编著翻译,《美国外交官的记载——日军屠杀与浩劫后的南京城》,南京出版社,2012年版。

9. 杨夏鸣、吴泽林:《日本屠杀虚构派"外宣"研究:现状与影响》,《南京大学学报》,2013年第3期。

10. 拉贝:《拉贝日记》,江苏人民出版社,江苏教育出版社,1997年版。

11. 任东来:《中美"桐油贷款"外交始末》,《复旦学报》,1993年第1期。

12. 张生:《美国文本记录的南京大屠杀》,《历史研究》,2012年第5期。

13. 赵德教,赵文莉:《"帕奈号"事件及美国对其采取温和路线的原因》,《广西社会科学》,2007年第11期。

14. 孟明铭:《试论日美"'帕奈'号"事件对两国关系之影响》,《历史教学问题》,2009年第5期。

本书常见外国人名翻译对照表

姓名	新华社译名	曾用中文名	其他译名	国籍	机构/任职
A.					
Hallett. Edward Abend	阿本德		哈立德·埃邦德	美国	纽约时报
John. Moore Allison	阿利森		爱利生、亚立逊、阿里逊、爱理逊、艾利森	美国	美国驻华大使馆
Altenburg	阿尔滕堡		阿尔滕布格	德国	德国驻华领馆
George Atcheson, Jr.	艾奇逊			美国	美国驻华大使馆
Clayson W. Aldridge	克莱逊·奥尔德里奇			美国	美国驻华大使馆
B.					
Miner Searle Bates	M. S. 贝茨	贝德士	裴志、裴滋、贝特斯	美国	金陵大学
Grace Bauer	格雷斯·鲍尔		格瑞丝·鲍尔	美国	金大医院
Prideaux-Brune	普里多-布龙			英国	英国驻华大使馆
F. J. Buck	巴克	卜克		美国	金陵大学
Richard F. Brady	布雷迪			美国	金大医院
Catherine Bryan	凯瑟琳·布莱恩			美国	

续表

姓名	新华社译名	曾用中文名	其他译名	国籍	机构/任职
Brown	布朗			美国	芜湖总医院
Bos	博斯			荷兰	荷兰公使馆
C.					
Mar Coppening	马尔・科本林			美国	芝加哥论坛
Arthur Comyns-Carr	阿瑟・科明斯-卡尔			英国	国际检察局
Robert L. Craigie	克雷吉		克莱琪	英国	英国驻日本大使
D.					
Dirksen	德克森		迪克森	德国	德国驻日本大使馆
Frank. Tillman. Durdin	德丁		F. 提尔曼・杜丁	美国	纽约时报
Dodd	多德			美国	美国驻德国大使馆
E.					
James. Espy	詹姆斯・埃斯皮			美国	美国驻华大使馆
Robert AnthonyEden	艾登			英国	英国外交部
F.					
George. A. Fitch	乔治・菲奇	费吴生	费奇、费区、费尔生、菲思	美国	基督教青年会
Fischer	费希尔		菲舍尔	德国	德国驻华大使馆
Ernest H. Forster	欧内斯特・福斯特		福斯多、厄内斯特・福斯特、厄恩斯特・H・福斯特	美国	圣公会
Von Falkenhausen	冯・法肯豪森			德国	军事顾问
G.					
John Nance Garner	约翰・加纳			美国	美国白宫
H.					
Cordell Hull	赫尔				

续表

姓名	新华社译名	曾用中文名	其他译名	国籍	机构/任职
J. M. Hanson	汉森		翰生	丹麦	德士古石油公司
R. R. Hatz	R. R. 哈茨			奥地利	安全区机械师
R. Hempel	R. 亨普尔		黑姆佩尔	德国	北方饭店
Iva. Hynds	伊娃・海因兹			美国	金大医院
Jules Henry	亨利			法国	法国驻美国大使馆
I.					
Harold L. Ickes	哈罗德・伊克斯			美国	美国内政部
R. E. Ingersoll	英格索尔			美国	美国海军部
J.					
Reverent. Jacquinot	雅坎诺	饶家驹	饶神父	法国	上海法国教会
Jeffery	杰弗里			英国	英国驻华大使馆
Douglas Jenkins，Jr.	格拉斯・詹金斯				美国驻华大使馆
R. Y. Jarvis	贾维斯			美国	美国驻汉口领事馆
K.					
Keenan	基南		季南	美国	远东国际法庭
Christian. Kroeger	克里斯蒂安・克勒格尔		克罗戈、克鲁格、克鲁治、克罗格	德国	礼和洋行(卡洛维兹公司)
L.					
Sidney K. Lafoon	悉尼・拉封			美国	美国驻华大使馆
Lindsay	林赛			英国	英国驻美国大使馆
William Daniel Leahy	莱希		李海	美国	美国海军作战部
Helen M. Loomis	海伦・卢米斯			美国	金陵文理学院
M.					
Ivor. Mackay	麦凯		麦寇	英国	太古公司

续表

姓名	新华社译名	曾用中文名	其他译名	国籍	机构/任职
John. G. Magee	约翰·马吉		梅奇、马约翰、马冀、麦琪	美国	圣公会
James. H. McCallum	詹姆斯·麦卡勒姆		麦卡伦、麦考伦、麦加伦	美国	基督会
W. Plumer. Mills	W. P. 米尔斯		米尔士、密尔士	美国	长老会
L. J. Mead	米德			美国	美孚石油公司
C. Yates McDaniel	麦克丹尼尔			美国	美联社
Arthur Menken	门肯			美国	派拉蒙电影新闻
Morgan	摩根			美国	芜湖总医院
HenryMorgenthau	摩根索			美国	美国财政部
N.					
Newiger			内维格尔	德国	德国驻华大使馆
Willey. Noebel	内贝尔		奈贝尔	德国	德国驻日本大使馆
Erima Harvey Northcroft	艾里玛·诺思克罗夫特			新西兰	远东国际军事法庭
Henry Nolan	诺兰			加拿大	国际检察局
Robert L Oneto	罗伯特·奥内托			法国	国际检察局
P.					
G. Schultze-Pantin	舒尔茨·潘廷		舒尔彻·潘丁、舒尔兹兹·潘亭	德国	兴明贸易公司
J. V. Pickering	皮克林	毕戈林		美国	美孚洋行
Cola. Podshivoloff	科拉·波德希沃洛夫		普特希伏洛夫、克拉·波德希伏洛夫	白俄	桑格伦电器商行(桑德格林电器商店)
Francis Perkins	帕金斯			美国	美国劳工部
John Hall Paxton	帕克斯顿			美国	美国驻华大使馆
Frank Price	弗兰克·普赖斯	毕范宇		美国	金陵神学院

续表

姓名	新华社译名	曾用中文名	其他译名	国籍	机构/任职
Harry Price	哈里·普赖斯			美国	不参与日本侵略美国委员会
Q.					
R.					
John H. D. Rabe	约翰·H. D. 拉贝	艾拉培	雷伯、拉比、锐比、诺波	德国	西门子洋行
Charles H. Riggs	查尔斯·里格斯	林查理	李格斯、里格斯	美国	金陵大学
G. F. Rosen	罗森			德国	德国驻华大使馆
Bert Roling			伯特·罗林、洛林	荷兰	远东国际军事法庭
S.					
Sauken			绍肯	德国	德国驻华大使馆
Scharffenberg			沙尔芬贝格	德国	德国驻华大使馆
Archibald T. Steele	阿奇博尔德·斯蒂尔		阿契包德·斯提尔、A. T. 斯提尔	美国	芝加哥每日新闻报
L. C. Smith	史密斯		莱斯利·史密斯	英国	路透社
Lewis. S. C. Smythe	刘易斯·斯迈思		史迈士、史密斯、史迈斯、路易斯·S. C. 史迈士	美国	金陵大学
Hubert. L. Sone	休伯特·索恩	宋煦伯	宋尼	美国	金陵神学院
Eduard. Sperling	爱德华·施佩林		史波林、斯伯林、斯波林	德国	上海保险公司
Albert. N. Steward	艾伯特·斯图尔特	史德蔚	司徒华	美国	金陵大学
T. F. Shields	希尔德			美国	古士德公司
J. Smion	西蒙			英国	英国财政部
Claude A. Swanson	斯旺森			美国	美国海军部
Henry L. Stimson	斯廷森		史汀生	美国	美国国务院

续表

姓名	新华社译名	曾用中文名	其他译名	国籍	机构/任职
T.					
C. S. Trimmer	C. S. 特里默		德利谟	美国	金大医院
Paul D. Twinem	特威纳姆	戴籁三夫人	特文兰太太、德威南夫人、特威兰、杜南夫人、特维内姆	美国	金陵大学
J. C. Thomson	汤姆森			美国	金陵大学
H. J. Timperley	坦珀利		田伯烈	英国	曼彻斯特卫报
U.					
V.					
Minnie. Vautrin	明妮·沃特林	华群	魏特琳	美国	金陵女子文理学院
Edward S. McDougall	麦克杜格尔			加拿大	远东国际军事法庭
W.					
Robert. O. Wilson	罗伯特·威尔逊			美国	金大医院
Sumner Welles	韦尔斯			美国	美国国务院
X.					
Y.					
Harry E. Yarnell	亚奈尔			美国	美国亚洲舰队
Z.					
Aug. Zautig	A. 曹迪希			德国	起士林糕饼店(基士林克和巴达公司)
A. Zial	齐阿尔		塞尔	白俄	安全区机械师
I. M. Zaryanov	扎里亚诺夫			苏联	远东国际军事法庭

后　记

1995年，张纯如在南京采访南京大屠杀幸存者，我作为翻译全程陪同。她返回美国后不久，将其在美国国家档案馆收集的东京审判中有关南京暴行的庭审记录请去美国参加会议的孙宅巍先生带回南京。孙先生回国后，将这些资料转送予我。这些资料是长达数千页的复印件，我花了大半年的时间仔细地阅读了一遍，并对检方律师萨顿在法庭上摘要宣读的美国驻华大使馆官员埃斯皮起草的《南京现状(1938年1月7日—2月25日)》的报告留下了深刻的印象。该报告详细记载了日军在那段时间内在南京犯下的各种战争罪行。这也使我第一次了解到美国外交文件中存有日军南京暴行的记录。后来，我将该报告翻译成中文，并以《美国驻华外交官有关"南京大屠杀"的证言》为题在《民国档案》(1997年第3期)上发表。

实际上，我的学术研究方向和兴趣也因此发生了改变——开始关注英文中的日军南京暴行这一课题的研究。我先后翻译了"马吉书信""麦卡伦日记""威尔逊日记""魏特琳日记"等日军占领南京后仍留在南京的美国传教士的日记和书信，并进行了包括"南京安全区"在内的其他相关议题的研究。与此同时，也始终没有忘记对美国外交文件这一资料来源的关注，我数次前往自己曾经学习过的南京大学-霍普金斯大学中美文化研究中心的图书馆查阅由美国国务院编撰的《美国对外关系文件》。由于资料数量庞大，一两次查阅很难取得实质性的进展，不过我对《美国对外关系文件》的编排逻辑和方式有了大致的了解，并积累了不少查阅经验。

2001 年，我参与了《南京大屠杀史料集》的编写工作（任副主编），先后数次前往美国国家档案馆收集资料。在汗牛充栋的档案中，查阅和收集了不少与南京有关的资料，当然美国国务院的档案是调档查阅的重要内容。经过多年的积累和准备，2010 年 11 月，由我编译的《南京大屠杀史料集 · 美国外交文件》由江苏人民出版社正式出版。

在编译史料集以及追踪日本“屠杀虚构派”在英语世界推介其观点的过程中，我逐步产生了利用美国外交文件为主要资料来源，写一部研究专著的想法。根据自己对美国政治和社会的了解，既然有如此众多的外交文件呈现和主流媒体报道的日军在南京的所作所为，那么这些信息必然会对美国决策者和美国民众产生一定的影响，并导致他们作出相应的回应。因此，我将日军暴行所产生的影响作为研究课题的重点，并认为这个课题的学术价值在于突破了传统的回应式研究模式，有助于南京大屠杀研究的深化。2011 年，这一研究课题得到了国家社科基金的立项和资助（11BZS041）。

在国家社科基金的支持下，笔者得以再次前往美国档案馆和图书馆，并查阅了大量的一手资料。作为阶段性成果，先后发表了《日本屠杀虚构派“外宣”研究：现状与影响》（《南京大学学报》2013 年第 3 期）、《日军南京暴行与罗斯福的反应》（《历史研究》2015 年第 5 期）、《日军南京暴行与美国抵制日货运动》（《南京大学学报》2016 年第 1 期）、《“帕奈”号事件的原因及后果》（《日本侵华史研究》2016 年第 2 卷）等数篇论文。经过多年的积累与努力，现在完整的成果——《美国外交文件中的日军南京暴行研究》终于得以付梓，甚感欣慰。

从朦胧的构想到有型的专著，除了感叹学术研究之不易外，还要感谢许多人,正是他们的帮助使得这一研究的完成成为可能。美国的蔡德良夫妇在我第一次去华盛顿美国国家档案馆查阅资料时,深夜到华盛顿杜勒斯机场接我。当时机场候机厅已经关闭,到达区也几乎无人。这一场景至今历历在目,不能忘怀。在美期间,蔡先生还提供了各种便利和帮助。如在档案馆附近帮我租房,提供扫描仪等设备使我的资料收集计划得以顺利完成。第一次去国家档案馆,王鄂先生特地陪我同行,介绍档案馆的使用规则,并协助我办理相关手续,避免了不必要的弯路,节省了很多时间。我回国后王先生还数次去档案馆帮我复印遗漏的资料。在国外读研的杨萌、许子晨、李莜微在其所在大学的图书馆帮我复印了不少急需的资料,为我节约了大量的时间和经费,在很多时候堪比雪中送炭。杨萌还翻译了不少日文资料,这些资料在本书中多次引用。张连红、王卫星先生曾对本书的部分内容提出过有益的修改意见。刘燕军先生对相关的老照片十分熟悉,为本书提供了部分照片及图片库链接。在此,对上述提供宝贵帮助的,以及未提及的所有提供过帮助的人表示衷心的感谢!

本书所用的照片主要来自美国国家档案馆、耶鲁神学院图书馆和China Christian Colleges and Universities Images Database、USC Digital Library。与后两所机构一样,威斯康星大学将美国国务院编纂的《美国对外关系文件》(FRUS)全部数字化,并上网与所有研究者共享,为像我这样的研究者的研究工作提供了极大的便利,在此也一并表示感谢。最后,也是最重要的,是感谢国家社科基金。社科基金的资助不仅为研究提供了经费保障,而且为高质量地完成该研究课题提供了持续的动力。

杨夏鸣

2017 年 11 月 8 日于龙江

凤凰文库书目

历史研究系列

《中国近代通史》(10卷)　张海鹏 主编

《极端的年代》［英］艾瑞克·霍布斯鲍姆 著　马凡 等译

《漫长的20世纪》［意］杰奥瓦尼·阿瑞基 著　姚乃强 译

《在传统与变革之间:英国文化模式溯源》　钱乘旦 陈晓律 著

《世界现代化历程》(10卷)　钱乘旦 主编

《近代以来日本的中国观》(6卷)　杨栋梁 主编

《中华民族凝聚力的形成与发展》　卢勋 杨保隆 等著

《明治维新》［英］威廉·G.比斯利 著　张光 汤金旭 译

《在垂死皇帝的王国:世纪末的日本》［美］诺玛·菲尔德 著　曾霞 译

《美国的艺伎盟友》［美］涩泽尚子 著　油小丽 牟学苑 译

《戊戌政变的台前幕后》　马勇 著

《战后东北亚主要国家间领土纠纷与国际关系研究》　李凡 著

《战后西亚国家领土纠纷与国际关系》　黄民兴 谢立忱 著

《民国首都南京的营造政治与现代想象(1927－1937)》　董佳 著

《战后日本史》　王新生 著

《衣被天下:明清江南丝绸史研究》　范金民 著